KB125191

내 생애 최고의 샷

최고의 플레이어가 되기 위한 멘탈 관리법

내 생애 최고의 샷

밥 로텔라 지음/ 이종철 옮김

예문당

최고의 플레이어가 되기 위한 멘탈 관리법

내 생애 최고의 샷

제1판 제1쇄 발행 2023년 10월 10일

지은이 밥 로텔라
옮긴이 이종철
펴낸이 임용훈

마케팅 오미경
편집 전민호
용지 (주)정림지류
인쇄 올인피앤비

펴낸곳 예문당
출판등록 1978년 1월 3일 제305-1978-000001호
주소 서울시 영등포구 문래동 6가 19 문래SK V1 CENTER 603호
전화 02-2243-4333~4 | **팩스** 02-2243-4335
이메일 master@yemundang.com | **블로그** www.yemundang.com
페이스북 www.facebook.com/yemundang | **트위터** @yemundang

ISBN 978-89-7001-636-8   03690

서로를 사랑한 부모님.

자식들에게 동등한 사랑을 나누어 주셨고,

노력 없이는 아무것도 얻을 수 없음을 가르쳐주셨다.

인생은 열정으로 살아야 한다.

자신이 얻은 모든 것에 감사하며

지금까지 자신을 도와준 모든 이에게 고마움을 가지고 살아야 한다.

추천사

패드릭 해링턴

내가 밥 로텔라 박사를 처음 만난 것은 1988년의 어느 날이다. 우리는 그 만남 이후로 20년을 함께 해왔다. 로텔라와 함께했던 가장 중요한 순간 중 하나는 뉴욕 마마로넥의 윙드 풋에서 열린 2006년 US오픈 직후이다. 당시 마지막 세 홀에서 파를 기록하면 우승을 거둘 수도 있는 상황이었다. 세 번 모두 티샷은 좋았지만, 16번 홀에서 보기를 기록한 이후 너무 큰 압박감을 받으면서 17, 18번 홀에서 두 개의 보기를 더하고 말았다.

그렇게 나는 18번 홀 그린에서 나와 관중석을 지나고 돌길을 따라 웅장한 튜더 클럽하우스를 향해 걸었다. 그 순간 로텔라는 예약석에서 날 기다리고 있었고, 곧 만날 수 있을 것 같았다. 나는 스코어 카드를 정리하면서 마음이 좋은지 혹은 나쁜지 아무런 말도 하지 않고 그에게 정중히 인사했다. 내가 스코어 카드를 신경 쓰는 동안 로텔라는 좀 더 기다려야 했다. 나는 그가 나를 걱정하고 있다는 것을 알았다. 로텔라는 내가 망연자실했다고 생각한 것 같았다. 하지만 그렇지 않았다. 로텔라가 항상 말하듯이 나에게는 선택권이 있다. 다른 선수들을 통해 보아왔던 것처럼 마지막 3홀이 남은 선수 생활에 부정적인 경험이 될 수도 있고, 긍정적인 경험이 될 수도 있다. 나는 이런 경험을 18세 이후로 계속해왔고, 윙드 풋에서의 그날은 깨달음의 날이었다.

아시다시피 나는 이미 이와 비슷한 일을 겪었다. 그 일은 나의 조국에서 열린 아일랜드 청소년 챔피언십에서 일어났다. 그 대회 역시 나에게 너무나 중요했지만, 마지막 4홀에서 보기 3개를 기록하면서 무너졌다. 아이들에게 '새가슴'과 같은 단어를 사용하는 것은 너무나 가혹한 일이다. 나는 경기가 끝난 후 주차장에서 울음을 터트리고 말았다. 사람들이 나를 그렇게 불렀기 때문만은 아니었다. 내가 울음을 터트린 진짜 이유는 마지막 3홀에서 왜 보기를 했는지 그 이유를 알지 못했기 때문이다. 다행히도 24세에 프로로 전향하기 전, 아일랜드에서의 탄탄한 기록과 3회의 워커컵 대회 1991, 1993, 1995 출전으로 이 경험을 극복했다. 2006년에 이르러 나는 마치 내 몸 밖에서 나를 바라보는 것처럼 내가 경험했던 것을 정확히 이해하게 되었다. 로텔라의 가르침 덕분이었다. 이제 나는 경기가 끝나갈 무렵 확신을 가질 수 있다. 나는 이런 마음 상태에 어떻게 들어가야 하는지 알고 있다. 그리고 이 상태에서 승리하는 방법을 알고 있다고 스스로에게 말한다.

US오픈도 그렇지만, 메이저 대회에서 우승하려면 항상 다른 선수들이 실수를 해줘야 한다고 생각해왔다. 그러나 US오픈을 뛰는 동안 나에게 믿을 수 없는 일이 일어났다. 로텔라는 나의 멘탈 게임을 최적의 상태로 만들어 주었다. 우리는 꽤 오랫동안 이러한 태도를 만들기 위해 열심히 훈련하며 노력해왔다. 나는 항상 메이저 대회의 우승을 바라왔지만 이번에는 혼자서 해낼 수 있다고 느꼈다. 그것은 내 능력 안에 있었다. 나는 롱 퍼트를 할 필요가 없었고, 행운의 라이를 바랄 필요도 없었다. 로텔라는 나의 가장 큰 꿈을 성취하기 위한 자신감을 심어주었다. 이제 나는 망쳤다고 생각하기보다는 계획이 있다고 생각한다. 그리고 그 계획을 실행하고 나의 과정을 잘 수행한다면 승산은 충분하다. 나는 US오픈에서 특별할 것 없는 평범한 골프를 쳤지만 거의 우승할 뻔했다. 환상적인 퍼트나 칩인은 없었지만, 할 수 있다고 생각하는 일은 모두 해낼 수 있을 것처럼 느꼈다. 내 경기에 극단적인 플레이 방식은 없었다. 경기를 하는 동안 정신적으로 올바른 곳에 있다는 것을 알았지만 신체적으로는 그저 평범했다. 기적 같은 샷이 없어도 계획을 세워 과정에 집중했고 잘 수행했다. 전에는 한 번도 가져보지 못한 느낌이었다. 이전에는 메이저 대회에서 승리하기 위해서는 절대적으로 최선을 다해야 한다고 생각했다. 그런데 갑자기 그것이 사실이 아님을 깨달았다.

나는 스코어 텐트로 돌아와서 큰 웃음을 지었고, 로텔라의 안도를 확신했다. 나는 마치 좋은 소식을 전해주는 어린 학생처럼 무척이나 흥분했다. 그리고 로텔라에게 말했다. "저는 이제 메이저 대회에서 우승하는 방법을 알았어요." 이날의 일은 나에게 있어서 너무나 획기적인 사건이었다. 로텔라가 나의 가장 친한 친구이듯이, 가장 먼저 알려주고 싶은 사람 역시 로텔라였다. 이것이 바로 내가 로텔라와 함께 하고 싶은 수많은 이유 중 하나이다.

나는 항상 그와 의견을 나눈다. 로텔라도 항상 그렇듯 우리는 경험을 공유한다. 그는 남을 도우려는 만큼 항상 배우려고 노력한다. 우리는 둘 다 점점 좋아지고 있다. 나는 로텔라로부터 정신적으로 편안할 때 좋은 일이 일어난다고 배웠다. 로텔라는 어떻게 하면 선수들이 편안한 마음을 가질 수 있는지 알고 있으며, 각자의 능력에 자신감을 갖도록 도와준다. 우리는 큰 연못에 있는 작은 물고기일 때보다 작은 연못에 있는 큰 물고기일 때 더 잘할 수 있다. 나는 그날 윙드 풋에서 큰 물고기가 되었다.

나는 그 후로 2년2007, 2008 동안 브리티시오픈디 오픈 챔피언십뿐만 아니라 PGA 챔피언십에서도 우승했다. 이 모든 일이 13개월 안에 이루어졌다. 나는 프로 통산 31번의 우승을 기록했고, 라이더 컵에만 6번 출전했다. 그리고 2020년에는 라이더 컵 유럽 대표 단장이 되었다. 하지만 대회는 코로나 19 때문에 2021년으로 연기됐다. 이 많은 성공은 모두 밥 로텔라 박사 덕분이다.

로텔라는 자신의 태도를 한 번도 바꾼 적이 없다. 그는 골프, 농구, 축구, 라크로스, 테니스, 승마, 자동차 경주 심지어 음악과 연기에 이르기까지 방대한 경험을 가지고 있으며, 다른 스포츠나 활동 분야의 최고 명인들과 늘 함께 일해왔다. 그가 들려주는 말은 화려하지 않다. "날마다 실천하라. 그러면 나아질 것이다"처럼 간결하고 쉽다. 하지만 항상 의무감을 가지고 해야 한다. 오늘도 실천하고 내일도 실천하고 모레도 실천해야 한다. 실천하면 할수록 당신은 더 나아지게 된다. 이런 과정은 생각 이상으로 간단할 수 있다. 이것이 바로 내가 로텔라 박사를 좋아하는 이유이다. 로텔라는 당신을 도와주려 하겠지만 그가 당신의 손을 잡고 끌고 가는 것은 아니다. 궁극적으로, 특히 골프에서는 혼자 힘으로 해내야 한다. 그는 버팀목이 아니다. 그는 스스로 실천함으로써 편안해지도록 도구를 줄 뿐이다. 로텔라는 자신의 이론을 매우 설득력 있게 가르치는 현실적인 자질을 가지고 있다. 절대로 교묘한 술수를 쓰지 않는다.

우리는 전 세계의 많은 골프장을 다니면서 클럽에서 훈련하는 선수들뿐만 아니라 투어를 뛰는 선수들도 만날 수 있다. 이들 중 일부는 언더파에서 80타까지 성적 기복이 크다. 이런 선수들의 가장 큰 차이점은 틀림없이 멘탈적인 부분에 있다. 오늘날 골프를 하는 사람들은 경기의 신체적인 부분을 좋아한다. 측정이 가능하기 때문이다. 우리는 스윙이 어떤지 평가할 수 있고, 클럽 헤드의 스피드, 접근 각도 등을 판단할 수 있다. 누군가가 만약 뛰어난 골퍼처럼 보인다면 우리는 그 사람의 모든 전제조건을 먼저 생각한다. 만약 누군가가 190cm의 키에 완벽한 스윙을 가지고 있다면 우리는 그가 틀림없이 훌륭한 골퍼라고 생각하기 쉽다. 하지만 로텔라 박사는 그런 조건에는 관심이 없다. 그는 오직 성과에만 관심이 있다.

그렇다. 성과는 측정할 수 있다. 중요한 것은 멘탈적인 측면에서 어떻게 그 성과에 이를 수 있는지이다. 골프를 처음 시작할 때는 누구라도 대부분 신체적인 측면에 집중하게 된다. 하지만 일단 프로 선수가 된다면 경기의 모든 승패는 멘탈에 달려 있다. 자신이 어떤 단계에 있든 자신을 방해하는 것이 무엇이든, 자신을 억제하는 것은 스윙이나 기술이 아닌 멘탈적인 부분이다. 유튜브와 트위터의 시대인 지금, 코치를 직접 대면하지 않아도 완벽한 스윙에 대한 시각적 정보를 충분히 얻을 수 있다. 하지만 반대로 골프의 길을 잃게 될 수도 있다. 오늘날 선수들을 차별화하는 단 한 가지는 멘탈 게임이다. 그리고 그것은 측정할 수 없기에 신비한 영역이라고 말할 수밖에 없다. 심지어 이러한 일은 앞으로 더 많이 일어날 것이다. 골퍼의 스윙 차이는 과학기술의 발전으로 인해 점점 좁혀지고 있다. 결국 정신적으로 더 강한 선수가 가장 눈에 띌 것이다.

방송 해설자들은 세계에서 골프를 가장 잘 치는 사람이 누가 되었든 그가 최고의 골프 스윙을 가지고 있다고 말한다. 하지만 실제로 최정상급 선수들의 스윙을 보면 모두 다르다는 것을 알 수 있다. 어떤 선수는 완벽한 동작의 클래식 스윙을 하고, 어떤 선수는 자신만의 스윙을 가지고 있다. 그러므로 진정 훌륭한 선수들을 차별화하는 기준은 오직 멘탈적 접근이다. 한 골퍼가 훌륭한 경기를 하다가도 2~3년 후에는 그렇지 못할 수 있다. 그러면 사람들은 가장 먼저 그 선수의 스윙이 어떻게 변했는지 추측한다. 하지만 실제로는 스윙에 아무런 차이가 없다. 변한 것은 코스에서 신체적인 경기력을 약화시키는 선수의 믿음이다. 이러한 상황은 새롭게 주목받는 선수에게 올 수도 있고, 여러 가지 정보원으로부터 너무 많은 정보를 받았기 때문에 올 수도 있다. 또는 신체적인 부상 때문일 수도 있다. 결국 투어 선수 수준에서의 유일한 차이점은 멘탈이다. 그리고 이는 성취도가 낮거나 경험이 적은 선수들에게도 해당될 수 있다.

로텔라와 나는 가장 효율적인 멘탈적 접근이 무엇이고, 그것이 나의 게임과 골프의 발전에 어떻게 연관되어 있는지 오랫동안 이야기해 왔다. 나는 이러한 교류를 소중히 여긴다. 왜냐하면 골프가 내 인생의 전부이기 때문이다. 로텔라의 경험은 단지 골프에서만 겪은 것이 아니라 다른 많은 스포츠에서 비롯됐다. 로텔라가 나의 스포츠 지식을 넓혀 주었던 것처럼 이 책의 독자들에게도 같은 일을 할 것이다.

나에게 있어 그 지식은 스윙의 한계를 깨닫게 해주었고, 내가 할 수 있는 일이 무엇인지 알려주었다. 내가 최고의 골프를 펼쳤던 몇몇 경기에서는 어떤 스윙의 추세를 따르지 않았고, 강력하고 절제된 멘탈적 접근으로 플레이했다. 또한 약점을 피하고 강점을 살리는 전략을 활용하여 결국 승리했다. 이러한 방식은 특히나 나이가 들어갈수록 더욱 유효하다. 이 원리는 이 책의 독자들에게도 그대로 적용된다. 과연 어떻게 해야 최적의 정신 상태를 유지하는 동시에 스윙의 완벽함을 추구하면서 계속 발전할 수 있을까? 나는 신체적인 스윙이 플레이의 범위를 결정한다는 것을 알게 되었다. 예를 들어, 드로우 샷을 칠 때 페어웨이 오른쪽을 겨냥하면 공은 휘어서 다시 플레이 구역으로 들어온다. 만약 당신이 드라이버로 캐리 230m를 칠 수 있다면, 우리는 220m 지점에 있는 벙커를 겨냥하고 칠 수 있다. 하지만 압박을 많이 받는 시합에서는 실제로 드로우를 치든 안 치든, 그 판단은 완전히 우리의 멘탈 게임에 의해 결정된다.

　　다른 예를 들어보자. 우리는 260m 지점, 한쪽에 벙커가 있는 왼쪽 도그렉 티에 있다. 우리는 구르는 것을 포함하여 비거리 250m 정도 낮은 페이드 샷을 칠 수 있는 능력이 있다. 그리고 캐리로 270m를 칠 수 있는 상대 선수와 경기 중이다. 상대의 선택은 270m 드로우 샷이다. 우리는 한쪽을 겨냥해서 260m 드로우 샷을 칠 일이 없다. 만약 둘 다 계획대로 샷을 실행한다면 당연히 상대가 유리하다. 하지만 골프의 장점은 신체적 이점에 있지 않다. 나의 멘탈이 좋다면 상대의 멘탈도 좋아야 한다. 상대도 반드시 멘탈 게임을 해야 한다. 결국 우승과 성공적인 결과들은 궁극적으로 멘탈 게임을 어떻게 하느냐에 달려 있다. 그렇다. 기술 연습은 샷의 한계를 개선하는 데 도움을 줄 수 있지만, 꾸준한 성과는 자신의 플레이를 위해 오로지 강하고 신뢰할 만한 멘탈적 접근으로 얻을 수 있다.

나는 종종 게임을 바라볼 때 신체적인 면과 정신적인 면, 이렇게 두 가지 면을 본다. 우리는 자칫 완벽한 신체적인 면을 바라는 집착에 빠질 수 있다. 하지만 우리가 기술만을 위해 노력할 때마다 반대로 정신적인 면에 구멍이 하나씩 생기면서 손상을 입을 것이다. 골프의 세계는 두 개의 면을 모두 완벽하게 만들 수 있다는 착각을 불러온다. 그리고 정신적인 면에 관심을 두기 전에 신체적인 면이 완벽해야 한다고 주장하는 경향이 있다. 하지만 실제로는 신체적인 면은 그냥 괜찮은 정도면 되지만 견고한 정신적인 면은 반드시 필요하다. 만약 당신이 이 책으로부터 배울 것이 있다면, 신체적인 면에 애쓰다가 정신적인 면을 손상하는 일이 없어야 한다는 점이다. 만약 누군가가 나에게 3주 후 열리는 경기에서 내 삶이 위태롭게 될 것이라 말한다면, 나는 오직 멘탈적인 노력만 할 뿐 신체적인 준비는 하지 않을 것이다. 이는 내가 여러 메이저 대회에서 우승했을 때 사용한 방법이다. 나는 메이저 대회 전, 스윙의 기술적인 측면에 대한 모든 노력을 중단하고 마음을 가라앉히는 데만 3주가 걸렸다.

이렇게 메이저 대회에서 내가 원하는 최상의 상태를 만드는 것은 쉬운 일이 아니다. 실제로 어떻게 가능한지 의문을 가질 수도 있다. 하지만 나를 믿어라. 효과는 있다. 나는 멘탈 게임이 전등 스위치처럼 껐다 켰다 하는 것이 아님을 깨달았다. 분석적인 사고에서 직관적인 사고로 이동하는 일에는 시간이 필요하다. 그렇기에 시합과 같이 점수를 잘

내야 하는 라운드를 위해서는 절대 기술적인 연습을 해서는 안 된다. 오직 몸을 푸는 정도여야 한다. 라운드 직전까지 여러 가지 기술적인 스윙에 대해 생각한다면 마음을 차분하게 만들 수 없다. 기술적으로 마음이 복잡한 상태에서는 첫 번째 티에서 좋은 샷을 기대할 수 없다. 거의 불가능에 가깝다. 그러니 분석적 사고방식에 빠지지 않도록 몇 개의 볼만 쳐야 한다. 단순히 타깃으로 공을 보내고, 리듬감과 느낌을 얻어야 한다. 그리고 플레이에 들어가라.

나는 이러한 멘탈적 원리뿐만 아니라 많은 것을 로텔라로부터 배웠다. 1998년 로텔라의 책 『Golf is not a Game of Perfect 골프는 완벽한 게임이 아니다』를 읽었을 때, 내 골프에 엄청난 변화가 찾아왔다. 그것은 스코어가 나빠져 가는 과정을 이해할 수 있도록 도움을 주었다. 나는 책을 읽은 후 즉시 로텔라를 만나러 갔다. 내 아내 캐롤라인은 로텔라의 아내 달린에게 전화했고, 그 후 나는 며칠 동안 버지니아에 있는 로텔라의 지하실에서 시간을 보냈다. 2000년대 초반, 내가 정기적으로 PGA 투어에서 뛰기 시작하면서 우리는 꾸준히 협력하기 시작했다. 로텔라는 나의 능력을 최대한 끌어내는 방법을 가르쳤고, 끈기는 훌륭한 특성이라고 가르쳤다. 나는 첫 번째 메이저 우승 전까지 2등을 29번 했다. 그는 나 자신을 신뢰하는 법을 가르쳤다. 스윙은 충분히 좋다는 것을 깨달았기에 멘탈적인 부분에만 집중할 수 있었다. 로텔라는 자신감을 심어주었고, 나는 '그냥 하는 골프'를 할 수 있었다.

간혹 어떤 스포츠 심리학자들은 그들에게 전적으로 의지하도록 만들지만 로텔라는 그렇지 않다. 우리는 그들에게 의지하는 실수를 범하지 않아야 한다. 우리는 독립적이고 자신의 운명을 스스로 통제할 수 있다. 로텔라는 조력자일 뿐이다. 그는 목표에 도달할 수 있는 방법을 알려주지만 그 일은 당신이 홀로 실천해야 한다. 이것이 로텔라의 선수들이 많은 메이저 대회에서 승리하는 이유이다. 로텔라는 선수들에게 해야 할 일을 알려준다. 만약 당신이 자신의 능력을 최대한 활용하고 싶다면, 나는 이 책이 도움이 될 것이라고 믿는다. 하지만 그것은 자신의 책임이다. 당신의 아내도 아니고, 코치도, 캐디도, 친구도, 로텔라도 아니다. 오직 자신에게 달려 있다. 그것은 정말 일상적인 과정이다. 이는 골프라는 위대한 경기의 궁극적인 매력이다. 골프는 개인 스포츠이고 당신 자신의 주인은 바로 당신이다. 로텔라의 조언을 잘 따른다면, 당신은 **다음 샷을 '내 생애 최고의 샷'으로 만드는 방법**을 터득하게 될 것이다. 가장 진실한 아일랜드 전통에 따라 나는 당신에게 행운을 기원한다. 만약 당신이 이 책의 궁극적 목표에 충실히 다가간다면, 당신은 매우 운이 좋은 사람일 것이다.

프롤로그

이렇게 책을 쓴다는 것은 나에게 여러 의미가 있다. 그것은 세계 최고의 선수들과 코치들로부터 배운 것을 공유할 수 있는 소중한 기회일 뿐만 아니라 그들이 나에게 무엇을 배웠는지 소통할 수 있는 기회이기도 하다. 그 교훈들은 골프 잠재력을 끌어내는 데 효과가 있다는 것을 증명해준다. 나에게 직접 지도받는 선수들은 물론이고, 결코 만날 수 없는 다른 선수들, 코치들과 이러한 정보를 공유할 수 있게 되어 매우 기쁘다. 나는 골프 멘탈을 연구하고 적용하면서 이 부분에서 지속적으로 효과를 얻을 수 있음을 밝혀왔다. 당신은 매일 새 아침을 맞이하면서 실행에 옮겨야 한다. 이를 위해서는 수양이 필요하고 인내와 끈기가 필요하다. 골프는 어려운 게임이지만, 그것은 즐거움과 여정의 일부이다. 골프는 우리에게 행복을 주기도 하고, 마음을 아프게도 할 수 있다. 또한 자신을 좌절시킬 수도 있지만 매우 큰 감동을 주기도 한다.

당신은 그 혜택을 얻기 위해 여정을 사랑하는 법을 배워야 한다.

경쟁에서는 마음과 감정이 자신의 능력을 발휘하는데 큰 역할을 한다. 이 사실을 터득한 모든 선수들에게 감사의 마음을 전한다. 그리고 의심 없이 잘 따라준 선수들에게도 감사의 마음을 전한다. 또한 최고의 자리를 위해 노력하면서 자신을 따르는 세대에 영감을 준 모든 선수들과 코치들에게 감사하고 싶다. 타이거 우즈, 그렉 노먼, 안니카 소렌스탐, 팻 브래들리, 세베 발레스테로스, 오스카 드 라 호야, 마이클 조던, 빌 러셀, 르브론 제임스, 그렉 매덕스, 톰 브래디, 패티 웨그스태프, 매클레인 워드, 라파엘 나달, 세레나 윌리엄스, 마이클 펠프스, 시몬 바일스, 빌 벨리칙, 앤슨 도런스, 밥 나이트, 존 칼리파리, 제노 아우리엠마, 닉 새반 그리고 에디 로빈손까지 모두에게 감사의 마음을 전하고 싶다.

차례

들어가는 말

대체로 사람들은 목표한 것만 쫓는다.
그러므로 목표는 더 높을수록 좋다.

-헨리 데이비드 소로

이 책의 내용을 한 문장으로 요약하자면 '다음 샷을 내 생애 최고의 샷으로 만들어라!'라고 할 수 있다. 골프에서 자신의 잠재력을 최대로 끌어내기 위해서는 지금껏 생각해왔던 것보다 한 단계 더 높은 목표를 설정해야 하고, 목표 성취 과정을 항상 긍정적으로 생각해야 한다. 나는 당신이 큰 목표를 향해 노력하길 바란다. 이를 위해서는 마음을 비우고, 자신의 과정에 집중해야 하며, 무슨 일이 일어나더라도 받아들여야 한다. 또한 라운드가 끝날 때까지 과정을 계속 반복함으로써 최고의 샷을 만들기 위해 전념해야 한다. 이 과정을 말로 하기는 쉽지만 실천하는 것은 어렵다.

인생에서 최고의 골프를 한다는 것은 공을 홀에 넣어 좋은 점수를 만드는 것이지만, 그 과정은 플레이하면서 혹은 라운드하는 동안 어떤 샷을 할지 판단하고 예측하면서 단순히 스코어를 줄이는 것 이상을 포함하고 있다. 그 과정은 공이 어디로 가든지 샷의 결과를 받아들이고 다음 샷을 최고의 샷으로 만드는 것이다. 이 책의 목적은 그 과정을 잘 실천하도록 도움을 주고 긍정적인 마음가짐을 갖도록 하는 데 있다. 나는 당신의 마음속에 있는 다음 샷이 현실에서 최고의 샷이 되길 바란다.

매 라운드 전, 당신은 18홀 동안 어떤 샷을 바라는가? 라운드가 끝난 후 자신에게 물어보라. 자신이 하려고 마음먹은 것을 실천했는가? 실천했다면 정말 어려운 일을 해낸 것이다. 그러니 다음 라운드에서 다시 실행해라. 만약 실천하지 못했다면 다음 18홀의 모든 샷에서 다시 실천하겠다고 다짐하라. 중요한 사실은 플레이할 때 맑은 정신과 전념하는 마음으로, 자신이 실천하고자 마음먹은 것에 집중해야 한다는 점이다. 샷이 어디로 가든 받아들이고 다음 샷이 생애 최고의 샷이 될 것이라는 태도를 가져야 한다. 18홀 내내 이 과정을 실행할 것이라 약속하고, 그 약속을 지키리라 다짐하라. 코스에 발을 디딜 때마다 끊임없이 멋진 샷을 상상해야 한다. 생애 최고의 골프는 본질적으로 자신이 하고자 하는 바를 잘 알고 그것을 실천할 때 비로소 가능하다.

재능이 아무리 좋고 아무리 많은 연습을 한다 하더라도 골프는 언제나 실수의 게임이다. 완벽함을 위해 노력할 수는 있지만, 결코 완벽에 이를 수 없다. 왜냐하면 완벽의 진짜 본질과 골프의 속성에는 항상 오류가 생기기 때문이다. 나는 이것을 내 첫 번째 책『골프는 완벽한 게임이 아니다Golf is Not a Game of Perfect』에서 설명하려고 했다. 타이거 우즈는 컨디션이 좋지 않은 경기에서도 다른 선수들을 이길 수 있다는 점을 밝히려고 애썼다. 그는 자신이 원하는 대로 경기가 진행되지 않음을 느낄 때도 항상 나아지기 위해 노력했다. 골프는 실수의 게임이며, 애초에 인간은 선천적으로 약점이 많고 실수가 많은 존재이다. 그 누구도 실수를 피할 수 없다. 우리는 이 사실을 인정해야 한다.

우리는 골프를 하면서 다른 사람에 맞서 경쟁하지 않아야 한다. 우리의 상대는 나 자신과 골프 코스이다. 우리는 계획을 세우고 코스로 가야 한다. 그리고 그 계획을 실행해야 한다. 이를 위해서 무슨 일이 일어나든 냉정함과 침착함을 유지하며 당황하지 않아야 한다. 그리고 라운드 중 다른 계획으로 망설이거나 산만하지 않아야 한다. 골프 실력을 향상시키기 위해 우리가 하는 모든 것은 예측 가능성을 증가하는 일이다. 다시 말해 모든 샷에 같은 과정을 계속해서 실행할 수 있어야 한다는 뜻이다. 이것이 일관성을 만드는 열쇠이다. 이를 위해서는 당신의 마음과 감정이 안정적으로 유지되어야 한다. 왜냐하면 당신은 다른 골퍼가 아니라 자기 자신과 코스를 상대로 경쟁하고 있기 때문이다. 다른 선수들은 나에게 태클을 걸 수 없고, 내 코에 펀치를 날릴 수도 없다. 나의 볼을 빼앗아 갈 수도 없고, 샷을 방해할 수도 없다. 사실상 상대는 내가 샷을 하는데 아무런 관련이 없다. 우리의 유일한 목적은 다음 샷을 내 생애 최고의 샷으로 만드는 것뿐이다.

당신이 이 책을 읽는 동안 마치 당신에게 같은 일을 반복해서 억지로 주입시키는 것처럼 보일지도 모른다. 하지만 다른 스포츠의 성공한 코치들도 똑같이 하는 일이다. 어쩌면 지루할 수도 있다. 이 일에 흥미를 느끼려면 한 샷 한 샷 훈련하는 방법을 매일 개발해야 한다. 바로 이러한 점이 골프를 힘들게 만들지만 코칭에 있어서는 성과를 만든다. 이 책의 모든 내용은 이런 작업을 실행하는 데 도움이 될 것이다. 나는 당신의 다음 샷이 자신의 최고 샷이 되도록 전념하기를 바란다. 다음 어프로치 샷을 최고의 어프로치 샷으로, 다음 벙커 샷을 최고의 벙커 샷으로, 다음 퍼트는 최고의 퍼트가 되도록 전념하기를 바란다. 나는 당신의 다음 훈련 시간이 최고의 훈련 시간이 되고, 당신의 다음 홀이 최고의 홀이 되길 바라며, 당신의 다음 9홀이 최고의 9홀이 되기를 바란다. 다음 라운드를 생애 최고의 라운드로 만들어라. 다음 경기를 생애 최고의 경기로 만들어라. 다음 달이 생애 최고의 달 그리고 내년을 생애 최고의 해로 만들어라. 이것이 당신의 커다란 도전이다. 자, 이제 시작해보자!

큰 꿈 꾸기

꿈이 없다면 어떻게 꿈을 이룰 것인가?

-뮤지컬 '남태평양' 중에서, 오스카 해머스타인

나는 40년이 넘는 시간 동안 다양한 수준의 골퍼들이 최고가 될 수 있도록 옆에서 도왔다. 당신이 이제 갓 입문한 사람이든, 주말 골퍼든, 대학 유망주든, 아마추어 챔피언이든, 신인 선수든, 심지어 프로 메이저 대회 챔피언이든 골퍼라면 누구나 자신의 모든 잠재력을 발휘할 수 있다. 나는 이 가능성에 대해 강한 확신을 가지고 있다. 그렇지만 주의할 점이 있다. 우선 상상이 가능한 큰 꿈을 꾸어야 한다. 나는 이것을 '현실 창조하기'라고 부른다. 이 책은 그것을 어떻게 실현할지를 당신에게 보여줄 것이다. 나는 당신이 가장 멋진 꿈을 꾸는 골퍼가 되기를 바란다.

골프 잠재력을 발휘하는 과정에서 가장 중요한 것은 방향만 제대로 잡는다면 당신이 어떤 골퍼라 할지라도 자신의 능력을 완전하게 펼칠 수 있다는 사실이다. 인간의 정신에는 자유의지라는 훌륭한 것이 있다. 당신은 무엇이 되고 싶은지 그리고 후대에 무엇을 남기고 싶은지 스스로 결정할 수 있다. 자유의지는 가장 훌륭한 힘의 원천이고 강점이다.

생각하는 방법을 선택하는 것은 중요한 결정이고 강력한 책임이기도 하다. 그것은 다른 누구도 아닌 바로 자신에게 달려 있다.

다른 사람이 자신을 정의하도록 내버려두지 않아야 한다. 다른 선수든, 자신의 잠재력을 알아보지 못한 고등학교 코치든 혹은 자신을 믿지 않는 골프 지도자든 아무도 신경 쓰지 말고 자신의 운명은 스스로 결정해야 한다. 반드시 자기 자신이 그 결정권을 소유해야 한다. 남들이 나에 대해 어떻게 생각하든 스스로를 믿어야 한다. 그러면서 자신이 믿는 것을 함께 추구할 수 있는 사람들을 만나야 하며, 자신이 나아가는 방향으로 함께 나아갈 수 있는 사람들을 만나야 한다.

만약 당신이 나이가 들어 골프를 그만둘 때가 되면 이런 생각을 할지도 모른다. '나는 골프를 너무 좋아했어. 그렇기에 열심히 운동했고 후회 같은 건 전혀 없어. 그저 내가 골프를 얼마나 잘할 수 있을지 늘 지켜보면서 신나게 즐겼을 뿐이야. 나는 핑계 없이 그리고 한계 없이 경기했어. 그리고 다음 샷이 항상 최고가 되도록 노력했어.' 이와는 반대로 '나는 골프를 잘 치려고 노력했지만 최선을 다하지는 않은 것 같아. 나는 솔직히 내가 잘할 수 있을지 믿지 못했어. 그래서 나의 능력을 모두 사용하지 않았던 것 같아. 나는 골프를 얼마나 잘하게 될지 혹은 얼마나 높게 올라갈 수 있을지 확인하기 위해 내가 해야 할 일을 한 적이 없어. 왜냐하면 잘 해낼 능력이 없다는 것을 스스로 확신했기 때문이야. 비록 마음속으로는 정말로 잘하고 싶었지만 아무리 열심히 해도, 아무리 믿음을 가지려 해도 나는 크게 발전할 수 없다고 확신했어. 나는 골퍼로서 가능한 일이 무엇인지 깨닫지 못했어'라고 생각할 수도 있다. 후자처럼 생각한다면 스스로에게 너무나 부끄럽지 않을까? 변명도, 한계도, 후회도 없다고 말하는 골프가 훨씬 더 좋게 들리지 않을까?

수행 심리와 예외주의例外主義, exceptionalism 심리를 수년 동안 연구하면서 내가 내린 결론은 그저 좋다고 하는 것은 최고가 되기에 가장 좋지 않은 평가라는 사실이다. 당신은 자신에게 무엇이 좋은지 평가할 수 있다. 만약 자신에게 '좋다'라는 것만으로 충분하다고 생각한다면 당신은 최고가 될 가능성이 없다. 당신은 결국 스스로 자신의 꿈에 대한 기준을 설정할 것이고, 스스로 감수할 수 있는 최소한의 기준을 설정할 것이다. 이러한 결정은 자신이 얼마나 훌륭한 일을 해낼 수 있을지에 대해 매우 큰 역할을 하고, 얼마나 전념할 수 있고 얼마나 자신감을 가질 수 있는가에 영향을 미치며, 얼마나 오랫동안 지속할 수 있는지를 좌우한다.

나를 찾아오는 많은 사람들은 기술 수준에 상관없이 어린 시절의 꿈을 포기해왔다. 이 말은 자신의 꿈을 합리적이라 생각되는 목표로 하향 조정했다는 의미이다. 그들은 스스로 '현실적'이라고 생각하지만, 사실은 자신의 능력을 믿지 않거나 도전적이고 높은 목표를 세우지 못하기 때문에 주저하고 있다. 그들은 실패와 좌절에 대한 두려움이 크다. 자신이 그렇게 하고 있다는 자체를 인지하지 못한 채로 꿈을 포기한다. 이런 일들은 사회화가 진행되면서 또는 교육을 받으면서 서서히 일어나고 있다. 그들은 좋은 의도였을지 몰라도 자신의 사회적 역량을 알게 모르게 축소시키고, 자신이 얼마나 좋은 경력과 이력을 만들 수 있는지 모른 채 스스로를 제한한다. 당신은 자신만의 현실 세계를 창조할 수 있다. 자신만을 위한 그 현실 세계는 골프를 통해 가장 큰 꿈을 이루게 할 수도 있고, 자신의 꿈과 야망을 파괴할 수도 있다.

팻 브래들리의 꿈

내가 팻 브래들리를 처음 만났을 당시, 그녀는 투어에서 10년 만에 우승 트로피를 들어 올렸다. 첫 미팅에서 그녀에게 물었다. "팻, 당신은 어떤 꿈이 있나요?" 팻은 무덤덤하게 말했다. "저는 최소 평균타수를 기록한 선수에게 주는 베어 트로피를 받고 싶어요. 우승도 하고 싶고, 올해의 선수도 되고 싶어요." 그녀는 망설임 없이 말을 이었다. "저는 최소한 한 번쯤은 상금왕이 되고 싶어요. 그리고 모든 메이저 대회를 석권하고 싶기도 하고, 명예의 전당에도 오르고 싶어요."

LPGA 명예의 전당에 들어가는 것은 매우 어려운 일이다. 당시에는 LPGA 대회에서 30번을 우승해야 그 자격을 얻을 수 있었다. 나는 그녀를 보면서 가만히 미소 지었다. 그러자 팻이 말했다. "왜요? 박사님 생각에도 제가 성취할 수 있을 것 같나요?"

"난 잘 모르겠어요. 하지만 투어 10년 동안 한 번의 우승밖에 못 했는데도 여전히 큰 꿈을 가지고 있다는 것이 너무 좋아 보여요. 그것을 어떻게 이뤄낼지 이야기 나눌 생각을 하니 정말 기대가 되네요."

결국 팻은 6번의 메이저 대회를 포함, 31번의 우승을 거머쥐었다. 팻이 LPGA 명예의 전당에 입성한 1991년, 나는 아내 달린과 함께 보스턴 리츠칼튼에서 열린 입성 축하 파티에 참가했다. 파티에 도착하자 팻이 손님들을 반갑게 맞이하고 있었다. 우리를 발견한 그녀가 다가와 반갑게 인사하더니 "박사님! 떠나시기 전에 잠시 이야기 좀 해요." 하고 말했다. 내가 말했다. "오늘 밤은 팻의 밤이에요. 그냥 즐겨요." 그녀가 말했다. "아니에요, 박사님. 우리는 새로운 꿈을 찾아야 해요. 꼭 그렇게 해야 합니다. 우리는 아침에 일어나야 할 새로운 이유가 필요해요." 나는 너무나 감명받아 말했다. "좋아요, 팻! 아주 멋집니다!"

이것이 인생이다. 꿈은 우리에게 아침에 일어나야 할 이유를 준다. 팻은 1990년, 1992년, 1996년 솔하임 컵에 참가했고, 2000년에는 미국 팀 주장이 되었다. 또한 선수 생활 초기에 갑상선 질환을 극복한 경험으로 갑상선 재단을 적극적으로 지원하기도 했다.

골프에서의 큰 꿈은 예를 들면 타이거 우즈의 메이저 대회 우승과 같은 것이다. 2016년 오크몬트 US오픈 직전, 한 스포츠 기자가 인터뷰 당시 나에게 이런 말을 했다. "타이거 우즈가 어린 선수들에게 미치는 영향력에 대해 이야기하려 합니다. 타이거 덕분에 어린 선수들이 연습을 더 많이 하고, 다양한 체력운동을 통해 이전보다 더 열심히 운동하고 있습니다." 나는 기자를 바라보며 "기자님이 무엇에 대해 이야기하는지 모르겠군요." 하고 대답했다. "기자님도 알다시피, 벤 호건은 누구보다 연습을 많이 하는 선수입니다. 믿을 수 없을 정도로 많이 하죠. 그리고 어느 누구도 타이거 우즈가 벤 호건보다 더 많은 연습을 한다고 말하는 사람은 없을 것입니다. 연습량에 있어서는 톰 카이트나 비제이 싱도 마찬가지죠."

기자의 입이 벌어졌다. 나는 다시 "게리 플레이어는 50~60년 전에 윗몸일으키기, 웨이트 트레이닝, 매일 16km 달리기와 같은 운동을 했습니다. 그렇죠? 타이거는 꽤 좋은 사이즈의 팔을 가지고 있지만, 만약 기자님이 타이거의 상체를 본다면 그리 발달하지 않은 근육을 보게 될 것입니다. 타이거는 근육질처럼 보이지 않지만 오랜 시간 동안 운동해서 만든 정말 큰 팔을 가지고 있습니다. 하지만 게리 플레이어 이전에도 프랭크 스트라나한처럼 웨이트 트레이닝을 했던 골퍼가 있습니다. 데이비드 듀발이 세계 1위에 올랐을 때도 좋은 몸을 가지고 있었습니다. 그렉 노먼도 마찬가지였고요." 이 대화에서 내가 계속 강조한 것은 좋은 몸매를 유지하는 것은 더 이상 장점이 아니라 골프에서 큰 꿈을 이루기 위한 가장 최소한의 요구사항이라는 사실이다. 하지만 기자는 이해하지 못하겠다는 듯 나를 보며 "박사님, 그건 제 이야기의 요점을 벗어난 것

같아요." 하고 말할 뿐이었다.

투어에서 많은 젊은 선수들이 타이거 우즈에게 영감을 받고 그를 따라하지만, 우리는 어느 누구도 잭 니클라우스의 메이저 대회 기록을 깨보겠다고 말하는 사람을 본 적이 없다. 심지어 타이거의 메이저 대회 기록을 깨보고 싶다고 말하는 사람도 들어보지 못했다. 타이거 우즈를 유명하게 만든 것은 잭 니클라우스의 18번이나 되는 메이저 대회 우승 기록을 깨보겠다는 그의 도전이었다. 그렇다면 타이거는 어떻게 영향력을 가질 수 있었을까? 나는 타이거가 젊은 선수들에게 자극을 주지 않았다고 말하는 것이 아니다. 하지만 젊은 선수들은 타이거 우즈라는 선수를 존재하게 만든 가장 중요한 사실을 놓치고 있다.

나는 계속해서 기자에게 말했다. "무엇보다 잭 니클라우스는 타이거 우즈에게 대단한 영감을 주는 사람이었죠. 그리고 확실히 잭의 기록이 타이거 우즈의 마음을 불태웠습니다." 타이거는 잭의 메이저 대회 기록에 도전하면서 지금까지 총 15번 우승했다. 그가 메이저 대회에서 14번에서 22번 사이쯤 우승할 것이라고 말했을 때 우리는 꽤 확실한 예측을 할 수 있었다. 심리학을 통해 짐작했기 때문이다. 우리의 목표가 어디에 있든, 그 목표를 성취하든 못하든 심리적으로 편안한 상태를 찾아서 자신이 세운 목표 언저리 어딘가에서 끝을 낼 것이기 때문이다.

"만약 당신이 타이거의 처음을 기억한다면 사람들이 잭의 기록을 깨는 것은 불가능하고, 절대 일어나지 않을 일이며, 해낼 수도 없다고 말했던 사실을 알고 있겠죠. 또 어떤 사람들은 '오 신이시여! 이렇게 흥분될 수가 없습니다'라고 말하기도 했습니다. 고무적인 일이지만 타이거 우즈가 잭 니클라우스보다 더 재능 있는 선수일 가능성도 있습니다.

그리고 잭의 18번 우승 기록은 타이거에게 너무 낮은 기준일 수도 있습니다. 결국 타이거 우즈가 더 많은 우승을 할 수 있었는데 그렇지 못했다는 이야기죠."

"그게 무슨 뜻이죠?" 기자가 물었다.

"만약 잭이 메이저 대회에서 32번쯤 우승했다면 잭은 19번의 준우승 기록이 있다, 제 생각에 타이거는 지금쯤 26~28번 정도 우승했을 것입니다. 그리고 정말 타이거가 자신의 목표를 그런 방식으로 정했을 때, 잭의 기록은 타이거의 능력을 제한시켰을 가능성이 매우 큽니다."

이 말의 요점은 잭의 18승을 기준으로 삼았기 때문에 타이거가 15번 우승했다는 것이다. 비록 타이거가 잭의 기록을 뛰어넘겠다는 목표에 실패하더라도 그는 결국 두 번째로 훌륭한 메이저 챔피언으로 남게 될 것이다. 우리는 여기서 목표 설정의 중요함을 배우고 목표를 향해 노력해야 한다는 점을 배운다. 하지만 이때도 대부분의 사람들이 가능하다고 생각하는 꿈보다 더 큰 꿈을 가져야 한다. 특별해지고 궁극적으로 최고가 되기 위해서는 얼마나 큰 꿈을 이룰 수 있는지 무한한 상상과 함께 생생한 상상이 필요하다.

예를 들어 만약 타이거의 유일한 목표가 각 메이저 대회에서 한 번씩 우승하는 것이었다면, 그 목표를 이루고 '이것으로 충분해!'라고 생각했다면 그는 어떻게 됐을까? 만약 타이거가 "나는 내가 할 수 있다는 것을 증명했고, 큰 성공을 거두었으며, 많은 트로피와 많은 돈을 벌었어. 이 정도면 충분해." 혹은 "세계 1위까지 해봤으니 내 할 일은 다 했어"라고 말했다면 우리는 그를 어떻게 바라봤을까? 또 타이거는 자신을 어떻게 바라볼까? 타이거를 선수로서 특별하게 만든 점은 그가 여전히 성취를 갈구하고, 여전히 운동하면서 노력하고 있다는 것이다. 그렇다면 스스로에게 물어보라. "나는 어떤 수준에 만족하는가?"

나는 지금까지 최고의 자리에 있는 사람들의 마음을 오랫동안 연구해 왔다. 나는 대부분의 사람들이 학교에서 배우는 심리학 따위에는 관심이 없다. 혹시나 당신은 대학에서 이상심리학 수업을 들었을지도 모른다. 심리학자 혹은 정신과 의사들은 병적인 문제가 있는 사람들을 대상으로 그들이 정상적인 생활을 하도록 애쓴다. 그리고 그것은 성공적인 결과로 간주된다.

하지만 나의 일은 이미 정상 이상의 기능을 가진 사람들을 대상으로 그들이 최상의 수행을 할 수 있도록 도와주는 것이다. 나는 일반적이고 평범한 또는 평균적인 것을 뛰어넘어 최고가 되려는 예외주의에 대해 모든 것을 다룬다. 그것은 보통 꿈과 함께 시작된다. 꿈은 그야말로 자신과 자신의 삶에 대한 목적이자 신념이다. 사람은 태어나서 살다가 언젠가는 죽는다. 중요한 점은 어떻게 살아갈 것인가이다. 당신은 어떤 멋진 일을 해내기 위해 노력할 것인가? 그 과정을 신나게 즐길 생각인가? 아니면 다른 사람들의 눈에 어떻게 보일지 걱정하면서 목표를 낮게 설정하고 결국 실패하지 않은 것처럼 혹은 실패자처럼 보이지 않기 위해 애쓸 생각인가? 자신의 꿈을 낮추거나 포기하기 시작한 것이 언제부터인가? '현실적'인 생각을 한 것은 언제부터인가? 이러한 과정을 누가 가르쳐 주었는가? 이것이 진정 자신이 원했던 것인가? 언제부터 최고가 되는 꿈은 불가능한 일이 되어 버린 것인가? 이런 과정은 많은 사람들에게 일어난다. 예를 들어 어떤 대학 골프팀이 대회에 나가기 전에 이렇게 결과를 예상해본다. "우리는 A팀과 B팀은 이길 수 있고, C팀과 D

팀은 이길 수 없다. 우리 팀은 4등에서 7등 정도는 할 수 있다고 생각한다. 우리에게 정말 좋은 대회가 될 것 같다." 실제로 많은 선수들이 이처럼 예상할 것이다.

왜 이렇게 하는 걸까? 상대 선수나 팀의 연습을 보지 않고, 플레이하는 모습을 보지도 않고서 왜 섣부른 생각을 하는가? 단지 온라인에 들어가서 상대 팀 선수들이 과거에 무엇을 했는지 연구했기 때문인가? 아니면 이번 주 혹은 영원히 하던 방식대로 플레이하기로 마음먹었기 때문인가? 어떤 사람들은 아예 연습을 하지 않거나 레슨도 받지 않는다. 나아지려고 애쓰지 않는다. 왜냐하면 스코어가 좋을 것 같지도 않고, 발전 가능성이 없다고 스스로 확신하기 때문이다. 우리는 이 책에서 자신의 잠재력을 발휘하는 즐거움 그리고 골프에서 얼마나 좋은 성과를 얻을 수 있을지 도전하는 즐거움이 어떤 것인지 살펴볼 것이다. 그것은 자신의 목표를 높게 설정하여 얼마나 많은 꿈이 실현되는지 그리고 자신의 게임이 어디까지 도달할지 발견하는 여정이다.

만약 당신이 높은 목표와 함께 진정으로 자신의 골프 잠재력을 발휘하고 싶다면, 다른 사람들이 자신을 바라볼 때 미쳤거나 망상에 빠졌다고 생각할 가능성이 있음을 각오해야 한다. 만약 당신이 윤리, 신념, 훈련, 끈기와 인내심 없이 골프 선수로서 성공을 생각한다면, 그것이 진짜 망상이다. 목표를 높게 설정했을 때의 큰 이점은 그 목표를 달성했을 때는 더할 나위 없이 좋지만, 목표한 바를 이루지 못한다 해도 결국엔 원래 자신이 원했던 수준은 달성할 수 있다는 것이다. 예를 들어, 자신이 현재 100타 정도의 실력이고 더 나아지기를 원한다면 단지 100타를 깨려고 하지 말고 더 크게 85타를 목표로 삼는 것이 좋다. 그러면 만약 당신이 85타에 이르지 못하더라도 87, 88타 정도는 치면서 두드러지게 발전한 모습을 보일 것이다. 만약 자신이 스크래치 골퍼핸디캡 0의 실력으로 향하는 핸디캡 12의 실력이라면 스크래치 골퍼가 될지도 모른다. 하지만 실패한다 해도 핸디캡 1, 2, 3이 될 수 있다. 만약 시니어클럽 챔피언십에 도전하는 골퍼라면 6번의 우승을 목표로 삼아라. 그러면 6번 혹은 7번의 우승을 할 수도 있지만, 그렇지 못해도 결국 3, 4번의 우승을 할 수 있다. 선수라면 65타를 목표로 설정하라. 그러면 65타를 칠 가능성이 증가할 것이고, 만약 실패하더라도 67타 혹은 68타를 칠 것이다. 만약 세계 탑 5위를 목표를 정한다면 결국에 탑 5위 안으로 들어갈 수 있겠지만, 실패하더라도 6위 혹은 7위, 8위가 될 수 있다. 무슨 말인지 이해하겠는가?

한계는 없다

사람으로 태어난다는 것은 어린 소년과 소녀들이 다른 사람들처럼 훌륭하게 살아갈 기회를 얻는 것이다. 그리고 그들보다 더 훌륭한 삶을 살아갈 수 있는 기회이기도 하다. 자신이 속한 클럽, 지역, 도시, 나라에 있는 모든 사람, 나아가 이 세상 모든 사람보다 더 훌륭한 삶을 살아갈 수 있는 기회이다. 훌륭한 삶을 살기 위해 한계를 두지 않고 얼마나 큰 꿈을 꾸느냐, 얼마나 전념하느냐는 그들 자신의 선택에 달려 있다.

벤 호건은 언젠가 이렇게 말했다. "제가 지독한 연습 벌레라는 이야기를 들었을 겁니다. 하지만 저는 즐기고 있어요. 공을 치기 위해 아침까지 기다릴 수가 없어요. 공을 내가 원하는 곳으로 보내는 일에 몰두할 때 극소수의 사람만이 경험하는 즐거움을 느껴요." 나는 당신이 호건처럼 열정과 함께 동기를 갖고, 설레는 마음이 되기를 바란다.

자신이 추구하는 어떤 흥미로운 일이 기다리고 있다면 잠이 쉽게 오지 않게 된다. 다음 날 아침 연습이 너무나 기다려지기 때문이다. 잠을 자려고 아무리 애써도 어떤 일에 노력할지, 코스에는 몇 시에 도착할지, 도착해서 무엇을 할지 한참을 머릿속에 떠올리다 잠이 들 것이다. 그리고 다음 날 아침이 되면 빨리 그 일을 하고 싶어 참을 수 없게 된다. 반대로 열망하는 마음이 낮으면 연습을 억지로 하게 된다. 연습을 하더라도 누군가 시켜서 하고 의무감으로 연습한다. 이런 태도는 쉽게 산만해지고 우선순위가 무엇인지 잊도록 만든다. 아마도 연습과 경기를 위해 노력한다고 말할 수는 있지만, 현명하고 목적 있는 연습은 되지 않는다.

우리는 다른 스포츠에서도 최고의 코치들로부터 많은 것을 배울 수 있다. 훌륭한 코치들은 챔피언의 자리와 승리 그리고 탁월함에 대해서 끊임없이 이야기한다. 성공한 리더는 평범함을 추구하지도 않을 뿐더러 평범함으로 팀을 설레게 할 수도 없다. 다른 스포츠에서 유능한 코치들은 매우 높은 목표와 열정 그리고 최고의 자리를 위한 전념의 중요성을 알고 있다. 만약 지도자가 자신의 실력에 대해서 그저 "괜찮은 정도는 할 수 있을 것 같다"라고 말한다면 기분이 어떻겠는가? 혹은 "열심히 한다면 80타에서 90타 정도는 칠 수는 있겠지만, 그 이상은 안 될 것 같다"라고 말한다면 기분이 어떻겠는가? 과연 그 지도자를 좋아할 수 있을까? 믿을 수 있을까? 그 지도자의 레슨을 받으면서 신나게 연습할 수 있을까? 지도자의 이런 방식은 바람직하지 않다. 그러니 자신에게 그런 평가를 내리지 않도록 확실하게 대처해야 한다.

타이거 우즈를 만든 가장 중요한 자질은 자신에 대한 믿음이다. 2021년 초, 타이거는 심각한 자동차 사고를 당했다. 그가 또다시 놀라운 모습으로 재기할 수 있을지의 여부는 지금으로서는 알 수 없다. 역주: 2022년 마스터스에 참가하여 재기를 노렸지만 공동 47위에 그쳤다. 타이거 우즈는 분명히 노력하는 선수이고 고도로 훈련된 선수지만, 그가 다른 선수들과 구별되고 특별한 점은 골프 선수로서의 비전 그리고 스스로 공개적으로 드러낸 꿈과 목표이다. 25세 이전에 유일하게 메이저 대회PGA 챔피언십와 월드골프챔피언십WGC에서 우승한 콜린 모리카와는 타이거의 사고 직후 이렇게 말했다. "우리는 타이거에게 감사의 말을 충분히 전하지 못한 것 같다. 이 자리를 빌어 타이거에게 감사의 말을 전하고 싶다. 그는 내 전부이다."

많은 선수들이 저마다의 재능을 가지고 있다. 하지만 성공을 위해서는 재능 외에도 커다란 신념이 필요하고, 그 신념을 지키면서 훈련에 전념하는 태도가 필요하다. 그리고 이러한 과정을 믿어야 한다. 또한 직업정신을 가지고 엄청나게 부지런해야 한다. 왜냐하면 타이거 우즈뿐만 아니라 오늘날 최정상에 있는 선수들은 모두 열심히 운동하기 때문이다. 그리고 어떤 신념이 마음속에서 끓어오르듯 더 많은 경험을 통해 신념을 더 크게 키워야 한다. 바로 그것이 자신에 대한 기대와 설레는 마음을 유지시켜 준다. 더 큰 꿈은 자신의 열정을 불타오르게 하고, 매일 아침 일어나야 하는 이유가 된다. 또한 자신의 꿈과 신념을 공개적으로 자주 말하다 보면 당신 자신은 그 신념을 지키려고 노력하게 된다. 최소한 자신을 가르치고, 걱정하고, 사랑하는 사람들 그리고 자신의 꿈을 지지하는 사람들에게는 그 꿈과 신념을 말하는 것이 좋다.

　　과거를 돌아보면, 선수들이 이전 세대로부터 배우고 습득한 지식이 후대로 전해지는 것처럼, 성공에 도전하는 새로운 세대들이 더욱 훌륭한 결과를 만들어내기 때문에 선수들의 재능은 점점 향상되어 간다. 그래서 오늘날에 성공한다는 것은 더욱 대단한 도전이다. 하지만 당신은 어쩌면 클럽에 가입하거나 그럭저럭 괜찮게 치는 골퍼가 되거나 혹은 그냥 골프를 치는 것만으로도 충분하다 생각할지도 모른다. 아니면 클럽 챔피언십에서 우승하거나 또는 멤버 게스트가 되는 것으로 만족할지도 모른다. 어쩌면 당신은 그저 장학금을 받아서 어려움 없이 대학 생활을 경험하는 것으로 충분할지도 모른다. 혹은 그저 투어에 참가해서 큰일에 도전하지 않고 대충 투어 경험을 쌓는 것으로 만족할지도 모른다. 하지만 여기서 중요한 사실은 용기를 북돋아 주고, 노력하도록 만들며, 자신의 내면을 테스트하도록 만드는 도전을 스스로 쉽게 포기한다는 점이다. 물론 지도자는 당신을 도울 수 있다. 하지만 지도자가 매일 당신의 뒤를 따라다닐 수는 없다. 그러니 스스로 그 열정을 만들어내야 한다.

　　골프에서의 꿈은 그야말로 삶의 신념이자 골프 게임 그 자체이다. 그 꿈은 자신에게 큰 즐거움과 만족 그리고 자부심을 갖도록 해줄 것이다. 꿈과 신념은 자신에게 목표를 주고, 임무를 부여한다. 왜냐하면 우리는 인간으로서 자유의지를 가지고 태어났기 때문이다. 이것은 축복이다. 그러므로 우리는 어떤 것이든 자신이 원하는 대로 꿈과 신념을 선택할 수 있다. 우리는 각자의 머릿속에서 자신만의 현실을 창조할 수 있다. 그러면 자신만의 인생을 살아갈 수 있다.

현명하게 선택해야 한다. 왜냐하면 자신이 얼마나 골프를 잘 칠 수 있을지 확인할 수 있는 좋은 기회이기 때문이다. 그 선택의 기회 중 일부는 자신의 마음에 있다. 벤 호건이 말하길 그것은 깊숙한 어딘가에 묻혀 있을지도 모르고 자신의 마음이나 본능, 영혼이나 인간의 어떤 정신에 있을지도 모른다.

이 책이 바로 당신의 잠재력을 찾아내어 폭발시키는 방법을 알려줄 것이다. 스스로 자신의 목표를 선택한다는 것은 얼마나 훌륭한 선수가 될지, 얼마나 전념하게 될지, 얼마나 자신감을 가질지, 얼마나 침착해지고 정신적으로 강인하게 될지, 얼마나 현명하게 연습할지 깨닫는 것이며, 자신의 임무를 도울 누군가를 선택할 때도 매우 중요한 역할을 한다. 만약 큰 꿈을 선택한다면 매일 아침 목적을 가지고 일어나게 되고, 명확한 비전과 사명감을 가지게 된다. 그러면 자신에게 무엇이 중요한지, 무엇이 우선순위인지 깨닫게 될 것이다. 그리고 그 과정에서 자신에게 일어날 수 있는 모든 방해 요소와 변명을 피할 수 있다.

꿈을 꾸어야 한다

타이거 우즈와 똑같은 꿈을 가질 필요는 없다. 꿈은 반드시 자신의 것이어야 한다. 거창한 꿈을 만들어라. 꿈은 틀림없이 자신의 열정을 불태울 것이고, 매일 설레는 마음을 만들어 줄 것이다.

당신의 태도는 확률을 생각하기보다 가능성을 더 생각하는 쪽이어야 한다. 도전을 피하면서 미래에 대한 보장을 바라고, 그저 좋다는 말을 들으면서 그것으로 충분하다고 만족해서는 안 된다. 진정으로 잠재력을 발휘해서 자신이 꿈꾸던 골프를 하고자 한다면 기꺼이 최선을 다해 파고들어 그 재능을 한 단계 더 끌어올리기 위해 노력해야 한다.

그것은 자신의 선택이다. 다른 사람들이 말하는 이성적이고 현실적인 삶을 희망하면서 그들처럼 생각하고 싶은가? 아니면 다른 사람들이 볼 때 비이성적이고 터무니없고 비논리적이고 비현실적이며 불가능으로 여기는 일에 도전하고 싶은가? 진정한 천재들은 보통 자신의 꿈을 믿고 밀고 나간다. 자신의 꿈을 믿지 않는다는 것은 인생에서 단 한 번의 기회를 걷어차는 것과 같다. 만약 지구에 사는 동안 보통의 다른 사람들처럼 되고 싶지 않다면 사람들이 쉽게 생각할 수 없는 꿈과 목표를 머릿속에 그려내야 한다.

꿈은 자신의 인생을 위한 자신만의 목표이자 신념이다. 무엇을 믿을 것인가? 자신을 믿을 것인가 아니면 자신의 꿈을 믿을 것인가? 혹은 자신이 할 수 없는 일을 알려주고 자신에게 부족한 것을 지적해주고 싶어 하는 소위 전문가라고 불리는 사람들을 믿을 것인가? 전에 해보지 않은 일을 하려면 당연히 많은 상상력이 필요하다. 아마도 당신은 타이거 우즈, 잭 니클라우스 혹은 안니카 소렌스탐의 경기 방식에 감탄하고 그들이 성취해낸 것에 감탄했을 것이다. 하지만 더 큰 도전은 자신의 인생에서 무엇을 할 것인지 그리고 자신을 위해 무엇을 꿈꿀 것인지 결정하는 일이다. 자신의 꿈을 이루기 위해서는 기발한 상상력과 즐거운 마음이 필요하고 몸과 마음, 체력과 정신에 있어서 가능한 모든 방법을 동원해 도전하는 탐구 열정이 있어야 한다. 다른 사람들이 자신의 가능성을 점치기 전에 먼저 마음속에 있는 가능성을 느낄 수 있어야 한다.

무하마드 알리가 가장 많이 했던 말은 "나는 가장 위대하다. 내가 위대하다는 것을 알기 훨씬 전부터 나는 위대하다"이다. 알리는 자신만의 현실을 창조했다. 당신도 할 수 있다. 다음 샷을 내 생애 최고의 샷으로 만드는 도전을 시작해보자. 자신의 목표를 이루고 자신의 잠재력을 발휘하기 위해 각자의 임무에 충실해보자.

자기 자신은
생각한 대로 만들어진다

내일이 빨리 오기를 바라는 이유는
매일 더 좋아지기 때문이다.

-조 나마스(미식축구선수), 그의 책 제목에서

몇 년 전, 유명한 대학 농구 코치인 짐 라라냐가^{현재 마이애미 대학 헤드코} 치 감독은 나에게 자신의 팀인 조지 메이슨 대학 선수들을 위한 강연을 부탁했다. 2005/2006 시즌에 들어서면서 그 팀 선수들은 상위 100위 안에 한 명도 오르지 못하고 있었다. 대학 캠퍼스는 버지니아주 페어팩스에 있었다. 선수들을 만나기 위해 잠시 기다리는 동안 'USA Today^{일 간신문}'의 시즌 전 여론조사를 살폈는데, 조지 메이슨 대학이 리스트에 오른 건 단 하나도 없었다. 내가 강의실에 들어갔을 때 선수들은 열정적이었고 집중도가 높았다. 그리고 내가 어떤 말을 하더라도 모두 받아들일 자세가 되어 있었다. 나는 목청을 가다듬고 말했다. "스포츠 기자들은 얼마나 어리석은지! 여러분은 올해 전국선수권대회에서 우승하고 기자들은 여러분을 한 번 만나기도 어려울 것입니다." 그리고 이런 말과 함께 강연을 끝냈다. "여러분의 코치는 얼마나 똑똑한지 모릅니다. 그는 여러분에게 얼마나 재능이 있는지를 알아본 유일한 사람입니다. 그는 우리나라에서 여러분을 믿고 있는 유일한 사람 중 한 명입니다.”

내가 떠난 후, 라라냐가 감독에게 전화가 왔다. 그가 선수들에게 올 시즌 목표를 쓰게 했더니 모두가 ‘전국대회 우승!’ ‘최종 4강 진출!’이라는 목표를 적어냈다는 것이었다. 선수들이 그 목표의 가능성을 믿는다면 라라냐가 감독 역시 그 목표를 믿기로 결심했다고 말했다. 시즌이 끝날 무렵, 조지 메이슨 대학팀은 정규시즌 23번의 승리를 거두면서 팀 기록을 세웠고, 역사상 유일하게 1번 시드에 있는 팀을 상대로 3승을 거두었다. 결국 최종 4강에 진출했으며, 이 업적은 콜로니얼 체육협회 최초의 일이었다.

자신을 어떻게 바라보느냐의 문제는 ‘자기충족예언’으로 설명할 수 있다. 연구에 따르면, 선생님이 특정 학생들에게 높은 기대와 함께 얼마나 똑똑한지를 말해줄 때 이 학생들은 보통의 학생보다 뛰어나고 더 나은 결과를 보인다. 심리학자들은 이러한 현상을 ‘피그말리온 효과’라고 부른다. 반대의 경우도 마찬가지이다. 그저 평균적이거나 재능이 없다는 말을 들은 학생들 역시 그렇게 들은 모습대로 살아간다. 이런 현상은 코칭에서도 비슷하고, 선수들에게 주어지는 피드백의 질과 교육정보에도 영향을 미친다. 코치가 선수들을 더 많이 믿을수록 선수들은 양질의 피드백을 더 많이 받는다. 비록 그중 일부는 지적이 있거나 비판적일 수도 있다. 하지만 자신을 더 재능 있다고 인식하는 선수들은 언제나 교육적인 피드백으로 받아들인다.

기본적으로 자신을 어떻게 생각하는지가 바로 자신의 모습이다. 다른 사람들이 자신을 어떻게 생각하는지는 중요하지 않다. 피그말리온 효과는 그리스 신화에 등장하는 자신이 만든 조각상과 사랑에 빠진 피그말리온이라는 인물에서 이름을 따왔다. 책, 연극, 심지어 영화에도 이 스토리에서 영감을 받은 작품들이 많다. 가장 유명한 작품은 1913년 조지 버나드 쇼의 『피그말리온』이고, 뮤지컬이자 영화 '마이 페어 레이디'는 이 희극을 토대로 만들어졌다. 결론은 자신의 게임, 재능, 기술과 사랑에 빠질 것인가, 아니면 자신의 부정적인 모습을 들추는 사람들 혹은 자신의 능력과 미래에 부정적인 자극을 주는 다른 누군가지도자 혹은 다른 선수를 그대로 내버려 둘 것인가이다.

이번 챕터의 서두에 언급한 조 나마스의 인용구는 얼핏 농담처럼 들리지만, 그는 자신에 대해 한 치의 의심도 가져서는 안 된다는 사실을 누구보다 잘 알고 있었다. 자신에 대해 어떤 방식으로 생각하든 그것은 자신의 선택이고 결정이다. 오늘날 프로골프에서 빗대어 생각해보면 투어 선수인 다니엘 버거가 그와 같은 경우이다. 그는 코로나 19 시대에 갤러리 없이 열린 첫 대회인 찰스 슈왑 챌린지에서 우승을 거두었다. 다니엘은 경기 내내 마스크를 쓰고 있었고, 마스크를 착용한 경기가 어떠했냐는 질문에 주저 없이 "그냥 하던 대로 했습니다. 훌륭했습니다!"라고 답했다. 당신도 자신의 경기와 선수 생활 그리고 자신의 인생을 어떻게 느끼는지 스스로 조절할 수 있다. 자신의 재능과 잠재력에 대한 스스로의 평가는 정말로 중요하다. 자신에 대해서 어떻게 바라보고, 어떻게 생각할 것인지 주의를 기울여야 한다.

그리고 이것은 자신의 꿈을 이루기 위해 스스로를 어떤 방식으로 생각할 것인지를 의미한다. 스스로에 대해 긍정적으로 생각해야 한다. 그 생각들을 나 자신에게 큰 소리로 말하라. 그러면 그 생각이 우리의 마음을 자극할 것이다. 때때로 자신의 생각을 큰 소리로 말하면 실제 내면의 생각을 들을 수 있다. 자신이 경기에 대해 얼마나 부정적이었는지 깨닫게 하거나 경기를 얼마나 긍정적으로 생각했는지 감사한 마음을 갖게 해줄 것이다. 매일 밤, 잠들기 전에 자신의 생각을 큰 소리로 말해 보라. 그리고 그런 생각들을 긍정적으로 유지하라. 자신이 얼마나 훌륭한지 마음을 강하게 만드는 말을 실제로 내뱉는 것은 실로 바람직한 일이다.

피그말리온 효과는 결국 자기충족예언으로 절정에 다다를 수 있다. 이런 일은 실제로 슈퍼볼 3차전, 제츠 팀의 조 나마스로부터 일어났다. 나마스는 상대 팀 볼티모어 콜츠가 18점 차로 달아났음에도 불구하고 자신의 팀이 역경을 이겨내고 승리할 것이라고 예상했다. 실제로는 승리를 장담했다. 이런 일은 타이거 우즈에게도 똑같이 일어났다. 그의 아버지 얼 우즈는 타이거가 어렸을 때부터 마하트마 간디보다 더욱 위대한 사람이 될 것이라고 항상 말해주었다.

누가 자신의 운명을 통제하는가?

숙명이나 운명이 있다고 생각하는가? 나는 있다고 믿는다. 문제는 그것을 지배하는 것이 자신인가 아니면 다른 누구인가이다. 어느 쪽이든 인간의 마음이 위대하다고 말할 수 있는 이유 중 하나는 자신을 창조하여 자신만의 운명을 만들 수 있다는 점이다. 그리고 우리에게는 위대한 사람이 될 운명이라고 믿을 자유가 있다. 그렇다면 우리가 확실하게 해야 할 것은 그 운명을 망치지 않도록 노력하는 것이다. 자신과 자신의 꿈을 믿음으로써 각자의 골프 운명을 명확하게 드러내 보자.

1980년, 미국 올림픽 하키 대표팀에게 기적 같은 일이 일어났다. 당시 어중이떠중이 대학과 마이너리그 선수들로 구성된 미국 대표팀은 뉴욕 레이크플래시드에서 열린 올림픽 준결승전에서 우승 후보 소련팀을 물리쳤다. 미국팀을 이끈 하키의 전설 허브 브룩스 감독은 NHL 올스타팀을 이긴 베테랑 선수들로 구성된 소련팀을 상대로 프로도 아닌 오합지졸 선수들을 지도해야만 했다. 올림픽 시작 전, 브룩스 감독은 선수들에게 이렇게 말했다. "우리는 오로지 재능만으로 승리하기에는 충분치 않다. 우리가 하는 일에 대한 믿음을 가져야 하고, 우리가 가진 재능을 존중하고 감사해야 한다." 사실 미국팀은 올림픽 3일 전 치러진 연습경기에서 소련팀에게 10대 3으로 패했다. 하지만 그들은 흔들리지 않았다. ABC 방송국 해설자 앨 마이클스는 준결승 3피리어드에서 미국팀이 2점을 기록하자 "당신은 기적을 믿습니까? 예스!"라고 소리쳤다. 결국 미국팀은 4-3으로 승리했다. 미국팀의 승리가 확정되었을 때 얼음판 위는 완전한 승리의 기쁨으로 아수라장이 되었다. "우리가 소련팀을 이겼다! 우리가 이긴 거야!" 스포츠 일러스트레이티드는 이 경기를 20세기 스포츠 사상 최고의 순간으로 선정했다. 이 경기는 두 편의 영화와 수많은 책으로 제작되었다. 이틀 후 결승전에 오른 미국팀은 핀란드를 이기고 금메달을 획득했다.

미국팀을 이끈 브룩스 감독의 천재성은 선수들이 각자의 잠재력을 발휘할 수 있도록 믿음을 심어줬으며, 선수들은 승리로 보답했다. 브룩스 감독은 말했다. "당신은 평범해지면 안 된다. 왜냐하면 평범한 사람은 아무것도 이룰 수 없기 때문이다." 그리고 중요성을 강조하여 덧붙였다. "당신은 특별해져야 한다. 나는 최고의 선수를 원하지 않는다. 나는 진실한 선수를 원한다." 브룩스 감독이 원하는 선수는 자기 자신을 믿는 사람이었다. 브룩스 감독은 선수들을 자신들이 생각했던 것보다 훨씬 더 나아질 것이라고 설득할 수 있었다. 그리고 선수들은 기적처럼 꿈을 이뤄냈다.

이와 비슷한 일이 골프에서도 일어났다. 패드릭 해링턴은 주니어 시절 무명이었고, 미국 대학 골프 경력도 없었지만, 2007년 브리티시오픈에서 우승했다. 그는 60년 만에 브리티시오픈에서 우승한 최초의 아일랜드 사람이 되었다. 이듬해 패드릭은 또다시 브리티시오픈에서 우승했고, PGA 챔피언십에서도 우승했다. 갑자기 아일랜드의 젊은 선수들은 피그말리온 효과처럼 자신도 우승할 수 있다는 믿음을 가지게 되었고, 실제로 그후 몇 년 동안 수많은 아일랜드 선수들이 메이저 대회에서 우승을 차지했다. 그래엄 맥도웰은 2010년 페블비치에서 열린 US오픈에서 우승했고, 로리 맥길로이는 5년 동안 메이저 대회에서 4번의 우승을 차지했다. 그리고 대런 클라크는 2011년 브리티시오픈에서 우승했으며, 2019년에는 셰인 로리가 브리티시오픈에서 우승했다. 패드릭이 아일랜드 골퍼도 최고가 될 수 있다고 증명한 후 다른 아일랜드 선수들도 자신의 능력을 믿기 시작한 것이다. 히데키 마쓰야마가 2021년 마스터스에서 역사적인 우승을 거둔 후 오거스타에서 우승한 최초의 아시아인이라는 엄청난 타이틀을 얻고 주목받았다. 이 역시 앞으로 일본의 젊은 선수들에게 비슷한 영향력을 미칠 것이다. 역주: 우리나라도 박세리 이후 세계적인 여자 골프 선수가 많이 배출되었다.

당신의 무모한 꿈들을 현실로 만들기 위해서는 자신이 하는 일을 믿어야 하고, 자신에게 있는 재능을 감사하게 생각해야 하며, 그 재능을 존중해야 한다. 왜냐하면 당신이 매일 코스에서 경기할 때 자신의 성격과 마인드, 신체와 기술을 잘 활용해야 하기 때문이다.

브룩스 감독이 기적을 만든 하키팀에게 "세상을 놀라게 하라!"라고 말했던 것처럼 당신도 그런 종류의 마법을 창조해야 한다. 코치가 자신에게 이런 자극을 주지 않는다면 스스로 매일 자신의 머릿속에 긍정의 씨앗을 심어야 한다. 다른 사람이 자신에 대해 부정적으로 말한다 해도 이를 잊고 자기만의 확신을 가지는 것이 중요하다.

2000년 플레이어스 챔피언십에서 할 서튼과 타이거 우즈가 겨룰 때의 일이다. 서튼은 최종일을 앞두고 "나는 다른 사람들이 나를 바라보는 생각과 나에 대한 태도에 짜증이 난다. 내가 타이거 우즈를 이기고 우승할 것이라고 말하면 다른 사람들은 나를 미쳤다고 생각한다." 실제로 그해 타이거 우즈는 생애 최고의 해를 보내고 있었다. 타이거는 페블비치에서 열린 US오픈에서 15타 차로 우승했고, 세인트앤드루스에서 열린 브리티시오픈에서는 8타 차로 우승했다. 그리고 발할라 골프클럽에서 열린 PGA 챔피언십 연장전에서 밥 메이를 꺾고 우승했다.

마지막 홀에서 6번 아이언 샷을 친 서튼은 깃대로 날아가는 공을 보면서 유명한 말을 남겼다. "거리야 맞아라! 거리야 맞아라!" 나중에 그는 완전한 몰입상태였기 때문에 내면에서 너무 많은 감정이 밀려왔고 그 모든 것이 표출됐다고 설명했다. 서튼은 라운드 전 타이거가 16번 홀에서 이글을 할 것이고, 마지막 두 홀에서 자신과 치열한 싸움을 할 것 같다고 예상했다. 서튼은 이처럼 마음의 준비를 했고, 결국 해냈다. 타이거가 13번 홀에서 버디를 기록하고 파5 16번 홀에서 이글을 기록했으며, 서튼이 한 타 앞선 상태에서 맞이한 위험이 도사리고 있는 아일랜드 그린의 파3 17번 홀에서 두 선수 모두 파를 기록했다. 두 선수는 페어웨이에서 그린까지 왼쪽 전체가 물이 흐르는 400m 파4 18번 홀에 도착했다. 여전히 타이거는 1타 뒤지고 있었다. 서튼은 티샷을 완벽하게 쳐낸 후 세컨드 샷에서 6번 아이언을 잡았다. 깃대를 향한 공은 홀에서 2.5m 지점에 떨어졌다.

서튼은 그날 자신의 예언을 실현하면서 타이거 우즈를 이겼다. 기자들이 TPC와 같은 험난한 코스에서 열린 메이저 대회에서 어떻게 그렇게 타이거 우즈를 이길 수 있었는지 물었고 서튼은 이렇게 대답했다. "항상 그렇듯이 전날 밤 잠자리에 들기 전 기도하기 위해 무릎을 꿇었습니다. 그런데 갑자기 타이거 우즈가 떠올랐고 타이거 우즈는 틀림없이 신이 아니라는 생각이 뇌리를 스쳤습니다."

이런 태도는 정신 훈련을 하는 투어 선수들에게 좋은 예이다. 선수들은 어떻게 하면 자신과 자신의 경기를 위해 긍정적인 이미지를 만들어 낼 수 있는지, 어떻게 하면 그 핵심에 다다를 수 있을지 고민해야 한다. 무엇보다도 자신에게 너무 가혹해서는 안 된다. 경기가 완벽할 필요는 없다. 소중한 자신의 삶에서 사람들과의 유대관계 혹은 이성과의 첫 만남, 새로운 사람을 만나는 일은 항상 흥미롭다. 우리는 결코 그들을 끊임없이 비판하면서 나를 더 좋아하라고 강요하지 않는다. 하지만 어떤 이유인지 골퍼들은 자신의 게임을 비판할수록 뭔가 더 좋은 것을 얻을 수 있다고 생각한다. 이처럼 비판적이고 부정적인 태도는 자신의 경기와 능력을 의심하게 되고 더욱 예민하게 만든다. 만약 끊임없이 자신의 경기를 조목조목 따지고 분석하는 태도를 유지한다면 골프 코스에서 행복해지기는 어렵다. 아마도 그러한 일을 다른 사람에게는 하지 않을 것이다. 그러므로 자기 자신에게도 하지 않아야 한다. 다른 사람들처럼 신체적인 재능을 타고나지 않았다고 생각하는 것은 괜찮지만, 정신적인 강인함, 인내심, 회복력, 투지, 현재에 집중, 코스 매니지먼트, 쇼트 게임 등과 같은 게임의 다른 부분에 대한 노력과 헌신으로 경쟁자를 이길 것이라고 다짐해야 한다.

다른 사람이 아닌 자신을 위해 플레이하라

대부분의 선수들은 자신만의 기준과 기대를 위해서 경기할 때 최선을 다한다. 이런 태도로 경기에 임한다면 더할 나위 없이 좋다. 다른 누군가의 기대를 충족시키기 위해 플레이한다면 항상 문제가 발생한다. 이는 마치 카페 한쪽 귀퉁이에서 자신의 음악에 몰입한 뮤지션과 같다. 이때 대부분의 고객들은 음악을 의식하지 못한 채 이야기를 나눈다. 이런 뮤지션처럼 선수들도 자신의 개인적인 만족과 기쁨을 위해 플레이하는 법을 배워야 한다. 비록 사람들이 자신의 샷에 대해 이러쿵저러쿵 말하거나 혹은 칭찬할지라도 몇 분 후면 그 사람들은 당신에 대해 혹은 당신의 스코어에 더 이상 관심을 갖지 않는다. 다른 사람들은 나에 대해 그렇게 많은 신경을 쓰지 않는다.

재능에는 내면의 재능을 포함한 여러 종류의 재능이 있다. 최고가 되기 위해 신체적으로 완벽한 사람이 될 필요는 없지만, 당신은 뛰어난 쇼트 게임 능력을 갖출 수 있다. 어프로치 샷을 더욱 정확하게 할 수도 있고, 더 좋은 스트로크를 만들어서 퍼팅을 잘하는 사람이 될 수도 있다. 이 모든 것은 위대한 골퍼가 되겠다는 자기충족예언에 도움이 될 것이다. 또 다른 재능은 정서적 성숙이다. 이것은 다른 선수들과 함께 하면서 자기 자신을 만들어내는 일이다. 당신은 더욱 끈질기게 노력함으로써 자신만의 정신적인 강인함을 만들 수 있다. 18홀을 라운드하는 동안 참고 버티라고 자신에게 말하라. 실수가 있더라도 강한 정신력을 잃지 않겠다고 다짐하라. 자신이 얼마나 훌륭한지 말하지 않더라도 다른 사람들이 나를 믿는 마음보다 자기가 자기를 믿는 마음이 더 커야 한다. 스스로 해야 할 일 중 하나는 자신을 사랑하며 자신의 재능을 소중하게 생각하는 것이다. 그러한 특성을 잘 활용하여 좋은 성적을 낼 수 있도록 방법을 찾아야 한다.

다음은 스테픈 커리가 'ESPN The Magazine미국 스포츠 잡지'에서 자신의 대학팀 감독 밥 맥킬롭에 대해 말한 이야기와 같다. "제가 어떤 존재가 될지, 어떤 사람이 될지 고민할 때 감독님은 세상에 있는 모든 자신감을 심어주셨습니다. 제가 신입생 때 감독님께서 말씀해주시길 저한테는 어떤 숏도 할 수 있는 자유가 있지만 숏을 잘하기 위해 노력해야 한다고 하셨습니다. 심지어 제가 막 신입생이 되어서 실수할 때도 감독님은 제가 실수하기 전에 이미 잠재력을 알아봤다고 말씀해주셨습니다." 이런 내용은 골프 선수들에게도 그대로 적용된다. 만약 자신의 코치가 이런 말을 해주지 않는다면 스스로 잘할 수 있을 것이라고 말해야 한다. 자신이 해야 할 일 중 하나는 나를 믿어주는 코치를 만나는 것이고, 팀의 구성원이라면 자신의 비전과 꿈을 팀 전체가 공유할 수 있도록 해야 한다. 또한 체력 트레이너, 영양사, 스포츠 심리학자가 옆에 있다면 이들과 자신의 꿈을 공유하고 그 꿈을 함께 바라보아야 한다. 그들이 나를 알아볼 때까지 가만히 기다리지 않아야 한다. 자신의 주변으로 하나의 문화를 만드는 것도 좋다. 시간이 좀 걸리겠지만 모든 사람이 그 문화를 기꺼이 받아들이도록 하라. 빌리 홀리데이의 노래 중에는 이런 가사가 나온다. "엄마가 돈이 있건 없건, 아빠가 돈이 있건 없건 스스로 가진 자여야 복을 받는다."

　　자신에 관한 생각은 과거에 머물러 있으면 안 된다. 그것은 일관되게 미래의 꿈과 원하는 일에 초점이 맞춰져야 한다. 코치가 무엇이 잘못됐는지 분석해주면 단지 그 잘못된 점을 개선하기 위해 집중해야 한다. 그것을 자신에 대한 평가 자료로 사용하면 안 된다. 우리는 꿈과 다음 목표를 바탕으로 생각할 수 있어야 한다. 이것을 '긍정적인 생각'이라 부르자. 혹은 신념, 신뢰, 운명적인 느낌, 낙천주의라고 해도 좋다. 이런 것들은 자기 자신을 창조하는 일이다. 하지만 내 삶을 통해 확실하게 말할 수 있는 것은 무슨 일을 하든 간에 자기 일이 완전히 망할 것이라고 확신한 사람들이 무수히 많았다는 점이다. 그들은 아무리 연습을 많이 하고, 아무리 열심히 노력한다 해도 자신의 능력을 믿지 않을뿐더러 성공은 자신에게 없는 일이라고 생각한다. 이것 역시 자기충족예언이 되고, 결국 자신의 꿈을 포기하게 된다. 그들은 스스로 위대한 일을 이뤄낼 운명이라고 생각하지 않으며, 애초에 그런 기회를 스스로 포기한 것이 되어 버린다. 부디 당신에게 이런 일이 일어나지 않도록 해야 한다. 자기충족예언은 자신의 목표에 기초한 긍정적인 무언가가 되어야 한다.

　　다른 스포츠 코치들은 항상 선수들의 머릿속에 자기충족예언이 들어가도록 씨앗을 뿌린다. 만약 농구 선수가 키가 작다면 넓은 마음을 가졌다고 말한다. 당신 역시 자신에게 꼭 그렇게 해야 할지도 모르고, 머릿속에 씨앗을 뿌려야 할지도 모른다. 브룩스 켑카는 메이저 대회를 치르는 동안 경기가 잘 안 풀리면 스스로를 상기시키고는 한다. '나는 역사에 내 이름을 남기고 싶다. 나는 골프에 대한 능력이 충만하다는 것을 알고 있다. 나는 많은 시간과 에너지를 골프에 쏟았다. 나는 나에 대한 확실한 믿음이 있다.' 최근 경기력이 형편없었다고 인정하는 것은 괜찮지만, 그것이 자기 자신이 형편없다거나 절대로 좋은 경기를 할 수 없다는 의미로 확장되어서는 안 된다. 우리의 태도는 '내 모든 것을 쏟아내면, 나는 최고의 골프를 하게 될 것이다'가 되어야 한다. 당신은 최고가 될 자격이 있다고 느껴야 하고, 당연히 된다고 생각해야 한다.

조던 스피스가 슬럼프에서 벗어날 수 있었던 이유

조던 스피스는 2017년 브리티시오픈 우승 후 스윙에 어려움을 겪어왔고, 캐디였던 마이클 그렐러는 스피스에게 중요한 사실을 상기시켰다. 훗날 스피스가 말했다. "저는 스포츠 종목에서 가장 훌륭한 선수인 마이클 펠프스, 마이클 조던과 하루를 보냈습니다. 물론 저는 그들처럼 훌륭하지 않습니다. 그런데 저의 캐디는 제가 그들과 똑같다고 말해주었습니다. 저는 지금껏 최고가 아니었기 때문에 그렇지 않다고 대답했지만, 그렐러의 말은 스스로에 대한 믿음을 주었습니다. 제 자신이 최고라는 믿음은 정말 최고가 될 만큼 효과적이었습니다. 저에게 너무나 큰 도움이 되었습니다."

투어 선수 맥스 호마는 시즌 후반부 토너먼트에서 우승을 차지한 후 '골프 다이제스트'를 통해 비슷한 말을 했다. "최근에 나의 캐디 조 그리너가 나에게 '난 형편없어!'라는 말을 제발 그만하라고 했다. 사실 모든 골퍼가 이렇게 말한다. '되는 일이 없다. 나에게는 행운이 따르지 않는다. 재수 없는 일만 생긴다.' 하지만 나는 더 이상 이런 말을 하지 않기로 다짐했다. 만약 자신에게 '이 병신아!'라고 시도 때도 없이 말한다면, 결국 자신을 정말로 병신이라고 생각하게 될 것이다."

간혹 어떤 코치가 당신의 자신감을 해칠 수 있다. 그럴 땐 무조건 그 코치로부터 멀어져야 한다. 어떤 코치들은 첫 레슨을 시작할 때 스윙 영상을 촬영한다. 그런 다음 잘못된 점이라고 생각하는 모든 것을 지적한다. 만약 자신이 너무나 착한 학생이고 코치가 말하는 모든 것을 완전히 받아들인다면 아마도 자신의 머릿속에는 의심과 두려움이 일어나기 시작할 것이다. 이런 지적이 약간은 필요할 수도 있지만, 최고의 코치들은 제자들이 스윙 영상을 찍어서 보는 것을 원하지 않는다.

가끔 투어 경력 10년이 넘는 선수들이 나를 찾아와 이렇게 말하는 경우도 있다. 이런저런 코치들에게 레슨을 받았는데 그 코치들이 말하길, 지금의 스윙으로는 투어에서 통하지 않는다는 것이었다. 이 선수들은 그런 말을 해준 코치에게 다시 레슨을 받으러 가지 않았다고 했다. 그들은 이미 자신의 스윙으로 투어에서 10년간 플레이를 해왔기 때문이다. 누군가가 자신에 대한 신뢰를 파괴할 수 있는 말을 하도록 내버려두어서는 안 된다. 이상적인 레슨은 코치가 자신의 스윙을 향상시키기위해 무엇이 필요한지 말할 뿐 절대로 잘못된 것을 언급하지 않는다.

골프는 자동차 경주와 달리 참여하는 스포츠이다. 사람들은 TV로 시청하고 직접 플레이할 수도 있다. 자신의 골프에 대해서 자기충족예언을 만드는 한 가지 방법은 TV를 시청할 때 관전자가 아닌 선수로서 보는 것이다. TV로 방영되는 골프 방송은 대부분 흥미와 드라마를 위해 제작된다. TV 제작진과 해설자들은 늘 긴장감을 조성하기 위해 노력한다. 해설자들은 투어 선수들도 생각하지 못하는 모든 종류의 상황을 꺼내 들고 어떻게 하면 샷을 망칠 수 있는지, 무엇이 좋고 나쁜 결정인지 혹은 어느 부분에서 실수를 피할 수 있었는지를 말한다. 이러한 언급은 선수들이 일반적으로 생각하는 종류의 것들이 아니다.

나는 당신이 이런 소리에 신경 쓰지 말고 마치 자신이 최종일 챔피언 조에서 플레이하는 선수 중 한 명이라고 생각하면서 시청하기를 바란다. 그러면 정신적으로 어떤 반응이 시작될 것이다. 스스로에게 이렇게 말하라. '좋아! 한 타 지고 있고, 이제 두 홀이 남았다. 어떤 전략을 세워야 할까? 만약 내가 한 타 뒤처진 채로 시작해서 다섯 홀 후에 2타로 벌어진다면 어쩌지? 냉정하고 침착할 수 있을까? 내가 현재의 집중을 유지하면서 한 샷 한 샷 계획대로 경기를 진행할 수 있을까? 루틴에 집중할 수 있을까? 만약 내가 한 타 앞서서 출발해서 여섯 홀 후에 4타를 앞서면 어떻게 하지? 마지막 중요한 순간에 무엇을 해야 하지? 내가 리더보드를 보게 될까? 아니면 현재에 집중할 수 있을까? 내가 언제쯤 치고 나갈 생각을 해야 할까? 과연 앞서 나갈 수 있을까?' 이렇게 자신이 직접 경기에 참여하는 선수가 되어 TV를 시청한다면 여러 가지 배울 점이 많을 것이다. 하지만 그저 관전자로 머문다면 당신은 나쁜 습관과 나쁜 사고의 과정을 배우게 될지도 모른다.

또한 생각해보라. 만약 누군가가 당신을 항상 비난하고 괴롭힌다면 어느 누가 좋아하겠는가? 자신의 경기를 조목조목 따지면서 왜 그렇게 스스로를 괴롭히려 드는가? 마치 가장 친한 친구인 것처럼 자신을 믿어야 한다. 단지 자신에 대한 믿음이 없다고 해서 경기 시작 전부터 포기하지 않아야 한다. 무슨 대회인지 의미를 둘 필요도 없고 동반 선수들의 이름 혹은 코스에 있는 다른 선수들의 성적에 관심을 가질 필요도 없다. 나는 선수들에게 이렇게 조언한다. 이제 막 참가하려는 대회 명단에 누가 있는지 확인하기 위해 컴퓨터에 접속하는 것은 쓸데없는 행동이다. 다른 선수들에게 관심을 둘 필요는 없다. 다른 선수들을 눈에 보이지 않는 존재로 만들고, 보잘것없는 사람들처럼 생각하라. 다른 선수들과 함께 하는 일은 아무것도 없다. 우리가 대적해야 할 상대는 자기 자신과 코스이다. 여기서 배울 점을 찾아야 한다. 이것이 골프 경기의 묘미 중 하나이다. 기억하라. 자신이 할 수 있는 최상의 스코어를 만들어내기 위해 코스로 나가는 것이다. 만약 자신에 대한 믿음을 확고히 하고 자신의 능력과 게임을 존중한다면 더 많은 기회를 가질 수 있다. 이것이 바로 자신만의 자기충족예언을 창조해내는 방법이다.

chapter

03

인내심을 발휘하라

> 내 인생에서 2~3일 정도 연습을 안 한 적이 있다.
> 휴식을 취했던 그 3일을 되찾는데 한 달에서
> 세 달 정도 걸린 것 같다. 어려운 상황이었다.
> 나는 항상 연습해야 했다.
>
> **−벤 호건**

벤 호건은 역사상 최고의 골퍼로 손꼽힌다. 그는 마스터스와 US오픈 그리고
1953년 브리티시오픈을 포함하여 메이저 대회에서 9승을 기록했지만, 그 전까지는
프로 전향 이후 9년 동안 빈털터리로 지냈고, 첫 우승을 하기 전까지 두 번이나 파산했다.

이미 여러 번 말했지만, 게임에서 자신이 원하는 모든 것을 성취하기 위해서는 다른 누구보다 열심히 하겠다고 다짐해야 한다. 얼마나 열심히 해야 하는지 혹은 하루에 얼마나 많은 시간을 연습에 투자해야 하는지에 대한 구체적인 답은 할 수 없지만, 자신이 꿈꾸는 것을 이루기 위해서는 무엇이든 기꺼이 하려는 마음이 있어야 한다. 이는 모든 사람에게 다르게 나타난다. 우리는 그것을 인내, 끈기, 불굴의 의지 혹은 단순히 옛날 방식의 고집이라고 말할 수 있다. 그것이 무엇이든 다음 샷을 항상 최고의 샷으로 만들기 위해, 무모해 보이는 꿈을 이루기 위해, 최고의 골프 선수가 되기 위해서는 자신이 하는 일에 푹 빠져야 한다. 좋을 때나 안 좋을 때나 흔들림이 없어야 한다. 또한 자신을 가로막는 어떠한 장애가 있더라도 전념할 수 있어야 한다. 이는 마치 화성 탐사를 준비하는 것과 같다. 탐사선을 고안하고 설계하는 데만 수년이 걸리고, 여러 가지 기계적인 어려움을 극복한 다음 지구에서 출발하여 목적지까지

가는데 7개월의 시간이 필요하다. 이는 인내심이라고 부르면 적당할 것 같다. 골프가 자기 뜻대로 진행되어 좋은 결과를 보이며 코치와 주변 사람들로부터 끊임없이 칭찬과 격려를 받을 때 그 과정을 유지하기는 더 쉬울 것이다. 하지만 이런 과정에 있지 않고 아무리 스윙 연습을 열심히 하고, 쇼트 게임을 몇 시간 동안 노력하고, 기술을 향상시키기 위해 몇 날 며칠을 연습했는데도 여전히 성적이 나아지지 않는다면 어떻겠는가? 어떠한 보상도 받지 못한다면 어떻겠는가? 최고의 샷은커녕 미스 샷만 반복되면 어떻겠는가?

이쯤 되면 자신이 꿈을 향해 얼마나 나쁜 방법으로 가고 있는지 되돌아봐야 한다. 그리고 방향을 바꾸기 쉽지 않다는 것을 인정해야 한다. 지금은 이런 상황을 잘 받아들여서 전열을 가다듬고 노력의 양을 두 배로 올려야 할 때이다. 그리고 다시 도전으로 자신을 더 자극하고 내부의 열정을 불태워야 한다.

아버지께서 항상 말씀하시기를,
"챔피언이 되고 싶다면 다른 사람들이 꺼리는 일을 기꺼이 해야 한다."
– 조니 밀러

당신은 앞을 향해 나아갈 것이라 다짐할 수 있고, 후퇴하거나 포기하는 상황을 맞이할 수도 있다. 이 싸움에서 이겨야 한다. 하지만 진전이 없다고 해서 신세 한탄을 하거나 자신의 노력을 비판해서는 안 된다. 또한 노력에 대한 성과를 얻을 수 있을지 혹은 자신의 능력이 더 나아질지에 대한 의문을 가져서는 안 된다. 어려운 순간에도 계속 정진해야 한다. 이것이 끈기의 본질이다.

하지만 계속 정진하기 위해서는 자신에게 최우선 순위가 무엇인지, 자신에게 중요한 것이 무엇인지 그리고 어떤 방식으로 노력해야 하는지 잘 알아야 한다. 많은 골프 선수들이 성공하기까지 오랜 시간을 무명으로 힘들게 보낸다. 패드릭 해링턴은 아일랜드에서 주니어 시절을 무명으로 보냈다. 그는 분명 골프 신동이 아니었다. 오늘날 유럽의 재능 있는 선수들처럼 미국 대학의 골프 장학생으로 선발되지도 않았다. 그러나 오랜 세월 동안 끈기와 노력으로 13개월 동안 3번의 메이저 대회에서 우승했고 지금까지 통산 31승을 기록했다. 그리고 2021년에는 라이더 컵 유럽팀 단장이 되기도 했다. 그는 세계적으로 가장 성공한 선수 중 한 명이다.

팻 브래들리 또한 마찬가지이다. 그녀는 고향인 매사추세츠에서 평범한 주니어 선수 시절을 보냈고, 플로리다 국제대학교에 진학한 후에는 아마추어 선수로서 어쩌다 한 번 우승하는 정도였다. 그녀가 1974년 투어에 처음 합류했을 때도 우승과는 거리가 있었다. 1976년에 와서야 6번의 준우승을 거두면서 마침내 투어 대회인 걸 토크 클래식에서 첫 우승을 달성했다.

나는 그 당시부터 팻을 지도하기 시작했고, 그녀가 끈기 있고 큰 꿈을 가지고 있다는 것을 알았다. 팻은 혹독하게 노력했고, 항상 더 큰 무언가를 얻기 위해 애썼다. 그 무엇도 게임을 위한 팻의 노력을 막을 수 없었다. 그녀는 하루도 빠짐없이 성장하기 위해 전력을 다했고, 마침내 1981년 US여자오픈에서 큰 성공을 거두었다. 하지만 최고의 해

진정한 영웅은 아무도 보지 않는 곳에서 탄생한다

전설적인 농구 스타 빌 러셀은 두 번의 NCAA(전미대학체육협회) 챔피언십과 11번의 NBA 챔피언십에서 우승했다. 사람들은 이 기록이 역사상 최고라는 사실을 알고 있다. 하지만 그가 중학교 농구팀에서 퇴출당한 적이 있고, 고등학교 팀에 와서도 거의 퇴출당할 뻔했다는 사실을 알고 있는 사람은 별로 없다. 다행히도 한 코치가 빌의 가능성을 보았고, 그에게 기본기에 충실하라는 조언을 해주었다. 그 후 빌은 발놀림, 밸런스, 드리블, 수비기술 등 기초 훈련을 위해 무수히 많은 시간을 보냈다. 투어를 뛰는 정상급 골퍼들도 마찬가지이다. 그들은 경쟁의 승리를 위해 날마다 외로운 시간을 보내며 기본기를 연마한다. 그러나 일반 팬들은 그들이 노력하는 모습을 보지 못한다. 오늘날 빌 러셀은 이렇게 말한다. "저는 빈민가에서 최고의 선수가 되기 위해 오랜 시간 역경을 극복해왔습니다. 농구 실력이 곧바로 좋아진 것은 아닙니다. 실력이 좋아지기까지 쉽지 않은 과정이 있었습니다. 결국 많은 노력과 자기희생이 없었다면 이루지 못했을 것입니다."

는 1986년이었다. 메이저 대회에서 3번의 우승을 차지했고, US여자오픈에서 공동 5위로 마무리하면서 아쉽게 그랜드 슬램을 놓쳤지만 결국 그해 상금왕까지 차지했다. 우리는 계속 함께하면서 사상 첫 2백만, 3백만 그리고 4백만 달러의 상금을 돌파한 최초의 LPGA 선수가 되었다. 팻은 LPGA 투어 통산 31승을 기록했고, LPGA 명예의 전당에 헌액되었다. 그리고 2000년에는 솔하임 컵의 주장이 되었다. 이 놀라운 성공에 대해 팻은 이렇게 말했다. "성공의 핵심은 혼신을 다한 노력이었습니다. 누구든지 성공도 하고 실패도 할 수 있습니다. 좌절도 하고 패배도

할 수 있습니다. 또한 그 모든 것을 초월할 수도 있습니다."

저스틴 로즈는 현 세대에서 가장 위대한 선수 중 한 명으로 손꼽힌다. 그는 2013년 메리온에서 열린 US오픈에서 우승했고, 다른 3개의 메이저 대회에서 준우승을 기록했다. PGA 통산 24번의 우승을 차지했으며, 2016년 리우데자네이루 올림픽에서 금메달을 획득했다. 하지만 그런 그도 프로로 전향한 첫해에는 무려 21개 대회에서 예선 탈락했다. 그럼에도 그는 오로지 순전한 노력과 투지를 통해 지구상 최고의 골퍼 중 한 명이 되었고, 2018년에는 세계랭킹 1위에 올랐다.

골프라는 게임은 항상 공평하지는 않다. 골프로 인해 녹초가 되는 사람이 있고 고통받는 사람도 있다. 하루하루 힘겨운 나날을 보낼 수도 있다. 하지만 그 불공평은 골프를 매력 있게 만드는 이유 중 하나이다. 골프를 정말 잘하려면 엄청난 인내심이 필요하다. 어쩌면 자신에게 이런 질문을 던질지도 모른다. '그럴 가치가 있는가? 과연 성공할 수 있을까? 경기가 잘 풀릴 수 있을까?' 당신은 때때로 고군분투할 것이고, 훈련도 열심히 할 것이다. 뒤로 물러날 수도 있지만 결국 앞으로 나아갈 것이다. 게임은 버텨내는 인내와 끈질김을 요구한다. 게임은 순탄한 여행이 아니다. 고난과 역경을 극복할 수 있는 계획이 있어야 한다. 큰 꿈을 꾸어야 한다. 하지만 그 여정은 장애물로 가득 차 있다. 게임은 자신을 괴롭히면서 스스로의 부족한 점이 드러나도록 한다. 그리고 그 부족함에 집중하도록 만든다. 게임은 자신을 의심하도록 만들면서 자신의 미래에 의문을 품게 한다. 게임은 이 모든 일이 의도된 것인지 아니면 모두 헛수고를 하는 것은 아닌지 궁금하게 만든다.

다음을 반드시 기억해야 한다. 꿈을 좇아 최고가 된다는 것은 확률이 아닌 가능성에 대한 것이다. 당신은 가능성의 기회를 잡은 것이고 그 것을 이루겠다고 전력을 다하는 중이다. 당신은 특별한 무언가를 추구하고 도전하는 중이다. 대부분의 사람들은 그 노력에 가치가 있는지 의심한다. 그리고 어려움과 좌절을 겪으며 자기 생각에 갇혀 혼자만의 순간을 감당하는 것에 힘겨워한다. 당신은 왜 그것이 가치가 있는지 이유를 가지고 돌아와야 한다. 그렇기 때문에 어떤 사람들은 완전하게 헌신하는 것과 중독되는 것 사이에 큰 차이가 없다고 말한다. 실제로 당신은 때때로 골프가 마치 자신을 거의 지배하는 것처럼 느낄 것이다.

정상을 향한 여정에는 마치 자신이 세상을 정복한 듯한 기분을 느끼는 날도 있을 것이다. 그리고 두려움과 싸우고 의심하는 날도 있다. 평상시에는 생각과 감정을 통제할 수 있지만, 게임이 잘 풀리지 않는 시간에는 통제하기가 힘겹다. 그럴 때는 그저 경기가 잘 풀릴 때까지 계속 해왔던 노력을 유지하면 된다. 좋은 샷이 나오긴 하지만 점수에 반영이

절대 포기하지 마라

스위스 출신 중 두 번째로 유명한(로저 페더러 다음으로) 테니스 선수인 스타니슬라스 바브린카는 시인 사무엘 베케트의 구절을 왼쪽 팔에 새겼다. "시도해보고 실패해도 상관없다. 다시 시도하고 또 실패하더라도 더 나은 실패를 하면 된다." 바브린카는 3번의 그랜드 슬램 타이틀 (2014년 호주오픈, 2015년 프랑스오픈, 2016년 US오픈)을 가져왔다. 이때 각각의 결승전에서 세계랭킹 1위 선수에게 승리했다. 그는 3천 4백만 달러 이상의 엄청난 상금을 벌어들였다.

안 되는 그런 날들을 잘 이겨내야 한다. 성공은 자신의 마음속에 있는 의심과 좌절을 얼마나 잘 다루는지에 달려 있다. 특히 자신에 대한 의심은 전문가라고 불리는 사람들에 의해 주입된 것이다. 실패에 대한 두려움, 끝없이 흐르는 눈물, 자신의 처지를 한탄하는 감정, 슬픔, 비웃음 그리고 그렇게 힘든 시간을 보낼 만한 가치가 있는지에 대한 의심. 이러한 감정들을 잘 이겨낼 수 있는가?

프로든 아마추어든 어떤 수준의 골프를 하고 있더라도 멋진 성공 스토리의 주인공이 되고 싶다면 자신의 이름을 걸고 혹은 자신의 이미지와 명성을 걸고 경기장에 들어가야 한다. 다른 사람들이 나에 대해 살펴보고, 평가하고, 판단하도록 자신의 성적을 오픈해야 한다. 다른 사람들은 자신에 대해 악담을 퍼부을 수 있고 칭찬을 할 수도 있다. 하지만 당신은 나쁜 것이든 좋은 것이든 모두 받아들일 수 있어야 한다. 결국 운동선수들은 '나에 대해 어떤 말을 하더라도 내가 가는 길은 틀림없이 옳은 길이고, 나는 정상을 향해 가는 중이다'라는 마음을 가져야 한다. 그러나 이러한 마음 상태가 되기는 쉽지 않다.

부유한가? 아니면 여전히 배고픈 상태인가?

내가 어렸을 때 우리집은 컨트리클럽에 가입할 정도의 충분한 돈이 없었다. 나도 반드시 클럽에 가입하려는 생각은 없었고 스스로가 가난하고 배가 고팠기 때문에 꽤 강인한 사람이라고 생각했다. 우리 동네에 살던 아이들에게 가난과 배고픔은 기회였다. 축구를 하면서도 굶주림 때문에 다른 동네 아이들한테 지지 않으려고 애썼다. 50년이 지난 지금, 부유함과 가난이 동기부여에 더 큰 영향을 미친다는 사실을 깨달았다. 배고파야 동기부여가 쉽게 된다는 뜻이다. 문제는 부족함 없는 환경에서 모든 것을 가진 오늘날의 선수들이 과연 배고픔에서 나오는 동기를 가질 수 있느냐 하는 것이다.

우리는 스스로를 통제해야 한다. 자신이 누구인지, 어떤 존재인지 그리고 어디로 가고 있는지 알아야 한다. 나는 불안감을 느끼지 않는 운동선수를 만나 본 적이 없다. 선수라면 지나치게 예민하지 않기 위해 끊임없이 노력해야 하고 걱정에서 벗어나 안도하는 방법을 배워야 한다. 우리는 외부의 영향에 무신경하고 좀처럼 흔들리지 않는 감정이 필요하다. 자기 자신에 대한 평가는 다른 사람들의 의견보다 스스로 내리는 것이 더 중요하다.

정상으로 향하는 과정은 때때로 맹목적인 믿음이 필요하다. 조롱거리가 될 위험을 기꺼이 감수하지 않는다면 챔피언으로서 인정받는 날은 오지 않을 것이다. 이것이 과정의 전부임을 이해해야 한다. 정상으로 향하는 길은 항상 행복하지만은 않다. 그 길에는 현실을 수용하면서 의도치 않은 다른 측면을 포용할 때도 있다. 그러면 성장을 거듭하면서 경쟁에서 승리하는 날이 올 것이고, 그날이 되면 누구도 나쁜 평가를 하지 않을 것이다.

주변의 모든 선수가 플레이하는 와중에 자신보다 훨씬 더 잘하는 누군가가 나타날 수도 있다. 이때가 바로 정신적인 도전이 필요한 때이다. 이 도전은 선수로서 한 단계 성장할 수 있는 결정적인 요소가 된다. 늦깎이에겐 이 도전이 훨씬 더 의미 있다. 하지만 그 도전이 아무리 훌륭할지라도 언제나 성실함을 유지해야 하고 자신의 꿈과 희망을 붙잡고 있어야 한다. 이러한 모든 과정은 헌신과 전념이라 말할 수 있고, 끈기와 인내라고도 말할 수 있다.

어떤 사람들은 고집스럽게 노력하는 태도를 부정적인 것으로 인식한다. 하지만 지도자에게 충실하면서 자신이 하는 일에 전념하는 것이라면 그 고집스러움은 좋은 것이다. 경기가 잘 풀리지 않을 때도 꾸준히 연습해야 한다. 인내심을 가지고 퍼즐 조각들이 아직 완성되지 않았음을 이해해야 한다. 모든 퍼즐이 완성될 때 비로소 자신의 경기를 뽐낼 수 있다. 언젠가 주인공이 되는 날이 올 것이라는 믿음을 가져야 한다. 이것이 멋진 성공 스토리의 전부이다. 만약 초등학교 때부터 우승을 휩쓸어왔던 사람이 아니라면 지금까지의 모든 이야기는 자신의 이야기가 될 수 있다. 당신은 험난한 과정에 대비해야 한다. 성공 스토리를 만들기 위한 모든 과정을 환영하고 그 도전을 받아들여야 한다.

고난을 즐겨라. 다른 사람들보다 더 강하고 회복력이 좋다는 것에 자부심을 가져야 한다. 자신의 스토리는 스스로 그랬던 것처럼 미래의 다른 이들에게 영감을 줄 것이다. 자신에게 닥칠 고난을 환영하라. 모든 장애물을 이겨내면 그 고난은 자신을 특별한 존재로 만들어 줄 것이다.

패배로 인해 상처 입은 자신을 내버려 두면 쓰러진 자신을 다시는 일으켜 세울 수 없다. 패배로 인한 상처가 운명을 가로막는 것이다. 좌절은 의도치 않게 자신을 인내심 없는 사람으로 여기도록 만든다.

우리는 좌절과 맞서 싸워 이겨내야 한다. 다른 사람들이 경기에 왜 그렇게 많은 것을 쏟아붓냐고 물을 때조차 참고 또 참아내면서 자신의 꿈을 위해 정진해야 한다. 또한 누군가 경기에 쏟는 시간과 에너지가 가치 있는 일이냐고 물을 때도 당신은 끝까지 싸워야 한다.

골프를 시작하면서

골프를 시작한 이후 적어도 7~10년 동안은 다른 모든 선수보다 더 열심히 노력하겠다는 의지를 가져야 한다. 그것은 최고가 되기를 희망하는 젊은 골프 선수들에게도 적용된다. 왜냐하면 골프의 모든 부분에서 기술을 발전시키려면 그만큼의 시간이 필요하기 때문이다. 이런 의지로써 7~10년 후에는 보다 효율적으로 연습할 수 있을 것이고, 더 현명한 방법으로 더 좋은 경기를 할 수 있을 것이다. 하지만 처음 7~10년 동안 다른 선수들이 자신보다 더 열심히 한다면 결국 자신은 곤경에 처할 것이다. 골프에서의 모든 기술은 노력하여 습득하는 것이며 그냥 주어지는 것은 없다. 톰 카이트는 이런 말을 했다. "프로 골프에서 나의 선수 경력은 매일 다시 시작됩니다."

실망은 단지 골프라는 긴 여정의 일부분이다. 긴 안목으로 자신의 성장을 내다볼 수 있어야 한다. 우리는 골프를 사랑한다고 말한다. 우리는 골프라는 게임을 얼마나 잘할 수 있을지 테스트하는 임무를 가졌다.

우리는 매일 열정을 가득 채워서 아침을 맞이할 것이다. 왜냐하면 골프는 자신에게 가장 소중한 일이기 때문이다. 다른 이유는 필요 없다.

게임이 어디로 가고 있는지, 언제 잘할 수 있을지 걱정하면서 시간을 낭비하지 않아야 한다. 또는 그동안 열심히 했는데도 왜 좋은 성적을 거둘 수 없는지 궁금해하지 않아도 된다. 우리는 매일 일어나서 우리가 사랑하는 일을 하면 된다. 다시 연습장으로, 다시 연습 그린으로 향하면 된다. 멘탈을 위해 노력하고 자기 자신과 게임을 발전시켜야 한다.

좌절이 정기적으로 찾아올 수도 있다. 좌절이 자신의 길을 가로막게 내버려 두지 않아야 한다. 그 무엇도 자신을 멈추게 하거나 저지하지 못할 것이다. 늘 결단력이 있어야 하고 헌신적이어야 한다. 계획을 세우고 경기가 잘 풀릴 때까지 전념해야 한다. 실패는 나쁜 것이 아니라 최고가 되기 위한 기초자료임을 이해해야 한다.

실패에 대해서는 좋은 이야기가 될 수 없을지도 모르지만, 최고가 되기 위해서 알아야 할 숨은 진실이 있다. 자신의 잠재력을 발견하기 위한 과정에서 그 진실을 이해하는 것은 매우 중요하다. 그 진실이 자신을 힘들게 한다 해도 걱정하지 마라. 진도가 좀 느리더라도 걱정할 필요 없다. 어떤 선수가 자신보다 열심히 하지 않는 것 같은데 더 잘한다고 느껴지더라도 조급해할 필요 없다. 얼마나 좋은 신체를 가졌는지, 얼마나 오랜 시간 골프를 했는지, 어렸을 때 얼마나 많은 우승을 했는지는 중요하지 않다. 자신이 얼마나 간절하게 최고의 선수가 되고 싶은지, 계속 꿈을 향해 달려갈 것인지가 중요하다. 꿈을 위해 여행하는 동안 즐거운 시간을 보내고, 자신이 성공할 수 있다는 것에 자랑스러워하라.

마크 위어가 포기하지 않았던 이유

나와 오랜 시간 함께한 마크 위어는 인내심에 대해 보여줄 수 있는 가장 좋은 표본이다. 마크는 PGA 투어 Q스쿨에서 5번이나 실패했다. 그가 말하길 "호주 투어 카드를 받지 못하고, 돈 한 푼 없이 혼자 지냈던 기억이 종종 떠오릅니다. 공이 보이지 않을 때까지 혼자 남아 연습했습니다." 마크는 결국 투어에 합류했지만 첫해에 바로 카드를 잃었다. 그런 후 그는 Q스쿨로 돌아가야 했고, 결국 우승을 차지하며 카드를 다시 획득했다. 마크는 PGA 투어에서 8승의 기록을 세웠고, 월드컵 6번, 프레지던트 컵에 5번 출전했다. 그리고 2003년에는 마스터스(캐나다인으로서 최초의 메이저 대회 우승)와 투어 챔피언십에서 우승을 차지했다. 이후 다시 고전하기도 했지만, 여전히 챔피언스 투어(시니어 투어) 생활을 즐기고 있다.

당신은 이것이 운명임을 느끼기 때문에 참고 견딜 수 있다. 당신은 이를 위해 태어났다. 가슴 아픈 순간들이 있겠지만 이는 위대한 일의 이면에 불과하며, 곧 이 사실을 깨닫게 될 것이다. 상처는 최고의 순간을 더 빛나게 만든다. 그러니 계속해서 앞으로 나아가야 한다. 그저 한 번에 한 걸음씩 디디면 된다. 어떤 날은 순수한 기쁨이 있다. 어떤 날은 의심 있는 사람들이 틀렸음을 증명하기 위해 예민해질 수도 있다. 어떤 날은 그저 연습장에서 혼자 연습하며 외로움을 즐기기도 한다. 어떻게 하든지 매일 열정과 에너지를 가지고 연습에 매진할 것이다. 이 과정은 누구에게나 변함없다. 지름길은 없다.

매일 인내심을 발휘해 끈질기게 해낼 수 있는가? 열정을 유지할 수 있는가? 이는 당신의 선택에 달려 있다. 꿈을 위해 싸워야 한다. 당신이 진정 어디까지 올라갈 수 있을지 알고 싶다면, 자신의 운명을 계속해서 좇아야 한다. 이 모든 것이 당신의 인생이고, 당신의 직업이며, 당신의 게임이다. 방법을 찾는 일은 스스로에게 달려 있다. 자신의 길, 자신의 이야기. 이것이 승리하는 법이고, 최고의 선수가 되기 위한 모든 것이다. 매일 자신과의 싸움에서 이겨야 한다. 특히 힘든 시기를 잘 극복해야 한다. 다음 챕터에서 알게 되겠지만 끈기는 골프 게임을 이루는 퍼즐의 중요한 조각이다. 끈기와 인내는 이야기의 핵심이지만, 그것이 전부가 아닌 것은 확실하다.

톰 카이트의 열정

나는 벤 크렌쇼의 레슨 받는 모습을 톰 카이트가 보지 못하도록 할 것이고, 벤 역시 톰의 레슨 장면을 못 보도록 할 것이다.

-하비 페닉

톰 카이트는 1970년대 초 세계 골프 명예의 전당에 올랐다. 그는 가장 헌신적이고, 열심히 하는 선수 중 한 명이라는 평가를 받아왔으며, 이 말에 반론을 제기하는 사람은 없었다. 나는 1980년대 초부터 거의 40년 동안 그에게 조언을 해왔고, 내가 가장 존경하는 선수 중 한 명이기도 하다. 그래서 나는 이 챕터를 위해 톰에게 부탁했다. 경기에서 가장 큰 성공을 거두기 위해서는 어떻게 해야 하는지 그가 말해줬으면 했다.

톰은 어린 시절, 벤 크렌쇼라는 선수의 그늘에 가려 있었다. 벤은 톰보다 2살 어리지만 신체적으로는 더 성숙했다. 누군가가 지금의 자신보다 더 크게 성공했다고 해서 항상 그렇게 성공하는 것은 아니다. 이는 오늘날 아이들에게 교훈이 되는 이야기다. 특히 자신이 큰 꿈을 가지고 열심히 노력하고 있다면 말이다. 톰은 1972년에 NCAA전미대학체육협회 챔피언십 개인전에서 벤과 공동 우승을 했고, PGA 투어에서 신인왕을 차지했다. 이후 톰은 주목할 만한 업적을 이루기 전까지 힘든 시기를 보냈지만, 그는 인내했고 마침내 놀라운 기록을 세웠다. 1989년에는 PGA 투어 올해의 선수가 되었고, 상금왕에 두 번이나 올랐다. 그리고 9년 연속 사상 최고의 상금을 벌어들였으며, 두 번의 바든 트로피역주: 미국프로 골프협회 PGA가 매년 최저 평균타수를 기록한 선수에게 주는 상를 수상했다. 라이 더 컵에 7번 출전하여 15-9-4를 기록했으며, 1997년에는 주장이 되었 다. 1992년에는 페블 비치에서 열린 US오픈에서 우승했고, PGA 투어 통산 19승을 거뒀다. 이후 PGA 챔피언스 투어에서 10승을 기록했다. 오랜 선수 생활과 관련해서 톰은 페블 비치에서 열린 첫 4번의 US오픈 1972, 1982, 1992, 2000에서 컷 통과를 기록한 유일한 선수가 되었다.

이와 같은 톰의 화려한 경력이 도대체 선수들에게 무슨 의미가 있을까? 톰은 수년간 골프에 대한 열정을 생생하게 유지했으며, 믿을 수 없을 정도로 큰 꿈을 이루었다. 나는 톰에게 직업의식, 게임에 대한 열정, 성공에 관한 이야기를 들려달라고 부탁했다. 그 내용은 다음과 같다.

"제 경우에는 좋은 부모님이 시작이었습니다. 부모님께서는 제가 원하는 일을 할 수 있도록 기회를 주셨습니다. 부모님은 정말 훌륭한 분 들입니다. 아버지는 대공황에서 벗어나면서 그 당시 모든 것이 얼마나 어려웠는지를 알고 계셨습니다. 아버지는 뭔가를 성취하려면 모든 사람 을 능가해야 한다는 사고방식을 가지고 계셨어요. 그것이 제가 아버지 로부터 배운 교훈입니다. 기회를 찾기 위해 이 나라에 온 이민자든, 이 상적인 가정생활을 하지 못하고 있거나 경제적인 상황이 좋지 않은 사 람이든 어려운 상황에 있는 사람들은 다른 사람들을 뛰어넘으면서 큰 성공을 이루는 경향이 있습니다. 저는 어렸을 때부터 골프를 시작했습니다. 아버지께 골프에 대한 꿈을 보여드렸을 때 아버지는 제게 아주 극소수의 사람들만이 큰 성공을 거둘 수 있고, 어떤 일을 잘하려면 많은 사람을 뛰어넘어야 한다고 말씀해주셨습니다. 아버지는 이런 생각들을 일찍부터 저에게 가르치셨습니다.

톰 카이트가 자기 자신과 다른 선수들을 도운 방법

내가 톰 카이트를 만나 지도하기 시작하면서 그는 점차 우승을 거두기 시작했다. 몇 년 뒤 톰과 나는 플로리다에서 어린 투어 선수들과 함께 2~3일 정도 이야기를 나눌 기회를 가졌다. 우리는 투어에서 성공하기 위한 방법과 태도에 관한 이야기를 나눴다. 우리가 만난 선수들은 데이비스 러브 3세와 브래드 팩슨, 데이비드 프로스트였다.

데이비스는 자리에 앉은 지 1분도 채 되기도 전에 질문을 던졌다. "톰은 박사님께 지도를 받기 시작하면서 우승하기 시작했죠. 그런데 왜 우리를 여기에 초대해서 박사님께 배운 것을 공유하시는 거죠?" 톰은 데이비스를 바라보며 대답했다. "그건 꽤 간단해. 내가 어렸을 때 성장할 수 있었던 이유 중 하나는 벤 크렌쇼라는 선수가 있었기 때문이지. 벤이 나를 이기면서 자극하지 않았다면 내가 지금처럼 좋은 선수가 될 수 없었을 거야. 마찬가지로 너희들이 경기를 잘하면 잘할수록 나 역시 잘하려고 노력할 거야. 반대로 내가 경기를 잘하면 너희들도 더 잘하려고 노력하겠지. 이것이 바로 경쟁이야. 우리는 서로를 도우면서 얼마나 잘할 수 있는지 보게 될 거고, 우리가 함께 투어를 다니면 박사님이 우리와 함께 있지 않더라도 이 문제에 대해 함께 이야기할 수 있을 거야."

나는 톰의 반응이 훌륭했다고 생각했다. 그는 건강한 자신감을 보여주었다. 톰은 자신이 얼마나 잘할 수 있을지 기대했다. 그것은 게리 플레

톰 카이트의 열정

이어가 한 말과도 같았다. "나는 다른 선수들이 경기를 못할 때보다 그들이 경기를 잘할 때 이기고 싶다."

하지만 저는 정말 그런 일을 즐겼기 때문에 힘들게 느껴지지는 않았습니다. 저는 제가 좋아하는 일을 찾았다는 점에서 운이 좋은 사람이라고 생각합니다. 저는 골프하는 것을 좋아했고 늘 잘하기를 바랐습니다. 게다가 저는 경쟁을 좋아했습니다. 아버지는 제 기술이 향상되고 더 뛰어나려면 그 기술이 완전한 내 것이 되어야 한다고 계속 강조하셨습니다. 박사님도 알다시피 저는 연습하는 것을 좋아합니다. 저는 2000년에 출판된 골프 다이제스트 창립 50주년 기념 책에 이런 말을 했습니다. '11~13살 때 저는 지금과 똑같이 훈련했습니다. 아침부터 밤까지 공을 쳤죠.' 선수 생활 내내 그렇게 했다고 해도 과언이 아닙니다. 70세가 된 지금도 저는 공치는 일을 좋아합니다. 그건 그냥 제가 좋아하는 일이에요. 일이라는 부정적인 의미를 쓰긴 했지만, 저는 골프 연습을 일로써 생각해본 적이 없습니다. 연습은 힘든 일이 아니에요. 하지만 시간적인 측면에서 볼 때 저보다 더 많은 공을 친 사람은 없을 겁니다. 저는 벤 호건이 가장 연습을 많이 했던 선수라는 사실을 알고 있습니다만, 그는 캐디가 다시 공을 주워 올 동안 기다려야 했습니다. 지금 우리는 연습장에서 모든 골프공을 받아서 훈련합니다. 다른 이유가 없다면 제가 벤 호건보다 더 많은 공을 쳤을 것입니다. 게리 플레이어 역시 정말 연습을 많이 했던 선수입니다만, 제가 연습을 가장 많이 한 사람이 아니라면 게리 역시 아닐 것입니다. 다행스럽게도 제 몸은 꽤 잘 견뎌왔습니다. 저는 90년대 초반에 디스크로 작은 수술을 받았고, 60세가 넘어서 어깨와 무릎에 두 번의 수술을 받았지만 그 외의 부상은 없었습니다."

나는 톰의 삶과 골프에서 많은 영향을 끼쳤던 전설적인 골퍼 하비 페닉을 어떻게 만났는지 물었다.

"제가 12살이었을 때 아버지는 달라스에서 오스틴으로 일자리를 옮기셨고, 다행스럽게도 그곳에 훌륭한 지도자인 하비 페닉 선생님이 계셨습니다. 선생님께서는 중부 텍사스 지역에서 정말 좋은 선수들을 많이 가르치는 중이었습니다. 그 지역엔 핸디캡이 한 자릿수인 선수들이 아주 많았습니다. 저는 제 실력이 꽤 좋다고 생각했지만 아직 실력이 많이 부족하다는 것을 금방 깨달았습니다. 제가 그들과 경쟁하려면 정말 열심히 노력해야 한다고 생각했습니다. 오스틴에는 남녀를 가리지 않고 실력자들이 정말 많았습니다. 미국의 어떤 도시보다도 많았고, 심지어 오스틴의 10배나 큰 도시보다도 많았습니다. 골프를 배울 수 있는 좋은 환경이었습니다. 오스틴에 있는 모든 사람은 하비 선생님께 레슨을 받았습니다. 주변에 있는 프로 선수들도 많이 찾아왔습니다. 이런 선생님의 레슨에 대한 가치와 기술은 지금까지도 전해져오고 있습니다.

훌륭한 가르침과 멋진 경쟁의 장 그리고 그 수준에서 경쟁하려는 욕구를 결합하면 열심히 노력하고자 하는 마음이 생깁니다. 저 역시 그랬습니다. 무슨 이유인지 저는 승리하는 것이 좋았습니다. 그것이 저에게 있어서 재미의 일부였고 동기부여가 되었습니다. 저는 트로피를 받고 칭찬을 듣고 사람들로부터 인정받는 것을 즐겼습니다.

하비 선생님은 모든 사람을 다르게 가르쳤습니다. 절대 한 가지 방법만 쓰지 않았습니다. 마치 쿠키를 찍어내듯 똑같은 스윙을 만드는 일은 없었습니다. 단지 선생님이 가지고 있는 몇 가지 간단한 기본기만 있었을 뿐입니다. 예를 들면 '좋은 그립을 가지고 있지 않으면 좋은 스윙을 가질 수 없다.' 이는 그립이 좋지 않으면 다른 보상 동작이 필요하다는 이야기입니다. 선생님은 학생들에게 필요한 것을 주었고, 결과적으로 모든 학생이 더 나아졌습니다.

저는 오늘날까지 하비 선생님으로부터 받은 첫 번째 가르침을 기억합니다. 12세에 오스틴으로 막 이사했을 때 저는 미래에 대해 좋은 느낌을 받았습니다. 선생님과 저는 카트를 타고 오스틴 컨트리클럽의 연습장으로 올라가고 있었습니다. 선생님께서 이렇게 말씀하셨습니다. '난 톰을 가르치는 게 기대가 되는구나. 약간의 연습과 노력을 한다면 중학교 골프팀에 들어갈 수 있을 거야.' 물론 저는 이미 PGA 투어에 가기로 결정한 뒤였습니다. 저는 선생님께 조만간 투어에 가고 싶다고 말했습니다. 선생님께서는 이렇게 말씀하셨습니다. '나도 이해한단다. 하지만 우리는 중학교 골프팀을 만들어야 하고, 고등학교 골프팀도 만들어야 해. 그런 후에는 대학 골프팀도 만들 생각이야. 결국 모든 것이 계획대로 되겠지만 우리는 차근차근해 나가야 해.' 이렇게 첫 수업을 했는데 정말 좋았습니다. 선생님께서는 그렇게 큰 꿈을 가지는 것이 좋다고 말씀해주셨습니다. 하지만 너무 앞서가려고 하지 않았습니다. 큰 꿈을 이루기 위해 저는 정말 열심히 노력해야만 했습니다. 선생님께서는 선수들이 잘 되기를 바랐지만 위대한 사람이 되기 위해서는 정말 큰 노력이 필요하다는 것을 알고 계셨습니다."

　나는 톰 카이트의 직업의식에 대해서 말하고 싶다. 오늘날의 컨트리클럽에 가보면 많은 어린 아이들이 열심히 연습하고 있다. 사실 게으른 사람들은 자신이 현재 엄청나게 노력하는 중이라고 생각한다. 그래서 나는 톰이 자랄 때 평범한 하루 일과가 어땠는지 듣고 싶었다.

　"여름에는 일찍 일어났습니다. 아버지는 출근길에 저를 7시 45분에 내려주셨어요. 골프 코스에는 저와 잔디를 깎는 몇몇 사람들뿐이었습니다. 하비 선생님도 계시곤 했죠. 저는 한 시간 정도 연습장을 혼자 사용했고, 9시쯤 되면 친구들이 나타났습니다. 친구들은 몇 분 정도 몸을 풀고 코스로 나갔죠. 18홀을 돌고 난 후 점심을 먹었고, 친구들은 수영장에 뛰어들었습니다. 그런 후 우리는 플레이를 더 하곤 했습니다. 저는 보통 수영장에서 놀지 않고 연습을 했어요. 아버지가 퇴근하시면 우리는 9홀을 더 쳤습니다. 그렇게 저는 골프 백을 메고 걸으며 45홀을 치는 날이 많았습니다.

　하비 선생님의 책을 읽어보면 그분이 골프 카트에 대해 어떻게 생각하시는지 알 수 있습니다. 우리는 코스에서 카트를 사용하지 않았어요. 저는 요즘도 카트를 사용하지 않습니다. 아버지와 저는 집에 와서 저녁을 먹곤 했습니다. 우리는 뒷마당에 휴대용 전등이 설치되어 있는 퍼팅 그린을 만들었습니다. 좋은 그린은 아니었지만 썩 괜찮았죠. 저는 저녁 식사 후 퍼팅 연습을 했습니다. 해가 떠서 질 때까지 거의 골프만 알고 살았습니다. 학교에 다니는 동안에는 수업이 끝나자마자 가능한 한 빨리 골프 코스로 향했어요. 그리고 어두워질 때까지 라운드하거나 연습을 했습니다. 또다시 항상 걸었죠.

저는 항상 PGA 투어에서 경기하기 위해서는 걷기를 잘해야 한다고 주장해왔습니다. 날마다 비교적 빠른 속도로 9~11km를 걷는다고 생각해보십시오. 경찰과 군인들은 샷과 샷 사이에 우리가 얼마나 빨리 걷는지 보며 항상 놀랍니다. 제가 처음부터 카트를 타지 않고 걸었기 때문에 선수 생활을 오래 할 수 있었다고 생각합니다. 특히 시니어 투어에서는 더욱 그렇습니다. 저는 카트 타는 것을 좋아해 본 적이 없습니다. 심지어 오늘날 중학교 때 골프를 같이 쳤던 친구들과 플레이할 때도 여전히 걷습니다. 저는 그것이 주니어 선수들에게 좋은 교훈이라고 생각합니다. 카트 타는 습관을 들이지 않는 것이 좋습니다. 그런 습관 때문에 골프가 나빠질 수 있습니다."

나는 톰에게 어렸을 때 했던 훈련 시간에 대해서 좀 더 자세히 설명해달라고 부탁했다.

"하비 선생님은 쇼트 게임에 관해서는 더 대단했습니다. 선생님은 쇼트 게임을 많이 강조했습니다. 그 당시 칩핑 그린, 연습 벙커, 퍼팅 그린을 이용하기가 쉬웠습니다. 회원들은 멋진 쇼트 게임 구역에서 연습할 수 있었습니다. 모두 하비 선생님 덕분이었죠. 퍼팅 그린은 크고 상태도 좋았습니다. 옛날 스타일의 그린처럼 뒤에서 앞으로 약간 기울어져 있었습니다. 그래서 오르막, 내리막, 오른쪽, 왼쪽으로 휘는 경사에서 연습할 수 있었습니다. 몇 개의 작은 둔덕이 있었지만 많지는 않았습니다. 칩 샷을 연습하기 좋았고, 감각적인 샷과 상상력을 키울 수 있어서 좋았습니다.

톰 카이트의 투어 성공 비결

몇 년 전, 나는 톰 카이트와 함께 바이런 넬슨 챔피언십에 있었다. 토너먼트 주 화요일에 우리는 클럽에서 주니어 프로그램을 운영하는 티칭 프로와 점심을 먹었다. 그는 톰에게 몇 가지 질문을 하고 싶어 했다. 그 프로는 매우 직설적으로 톰에게 말했다. "저는 톰이 투어 신인 때 고생한 것을 알고 있습니다. (톰은 참가한 시합 중 절반 정도에서 컷 탈락을 했음에도 불구하고 올해의 신인으로 선정되었다.) 시합에서 컷 탈락을 하고 나면 무엇을 했습니까?"

이 말을 들은 톰은 전혀 기분 나빠하지 않으며 대답했다. "글쎄요. 저는 제가 찾을 수 있는 최고의 연습 시설이 투어 현장에 있다고 생각했습니다. 그래서 저는 토요일과 일요일에 아침 일찍 일어나서 늦어도 6시 30분이나 7시까지는 연습장에 도착했습니다. 그리고 12시 30분이나 1시까지 알차게 연습했습니다. 그런 후 샌드위치를 먹고, 샤워하고, 토요일과 일요일의 마지막 조를 따라갔습니다. 왜냐하면 제가 플레이한 코스에서 다른 선수들은 어떻게 하는지 보고 싶었기 때문입니다. 저는 그들의 전략을 관찰하고 싶었고, 티에서 어떤 클럽으로 치는지 보고 싶었습니다. 그리고 파5에서 어떻게 플레이하는지 보고 싶었습니다. 그때 저는 많은 것을 배웠습니다."

그 프로는 톰을 쳐다보며 "누가 그렇게 하라고 했죠?"라고 물었고, 톰은 누구도 시키지 않았다고 대답했다. 이 대답으로 톰이 어떤 선수인지 쉽게 이해할 수 있었다. 나는 톰의 행동이 훌륭하다고 생각한다. 톰의 그런 면은 투어에서 두 번의 상금왕이 되고, 처음으로 총상금 6백만 달러를 돌파할 수 있었던 이유 중 하나였을 것이다.

투어에 있을 때 저의 연습 시간은 항상 게임에서 필요한 것이라면 무엇이든 준비된 곳에서 이루어졌습니다. 골프공을 세거나 시간의 비율을 생각해본 적은 없지만 아마도 풀 스윙 연습과 쇼트 게임 연습이 반반 정도였을 것입니다. 어렸을 때 제 연습은 게임으로 하는 경우가 많았습니다. 하비 선생님은 우리가 항상 경쟁하기를 원하셨습니다. 칩핑 게임, 퍼팅 게임, 벙커 게임 같은 미니 시합이었죠. 만약 게임을 할 사람이 없을 때는 자신과 하는 게임을 했습니다. 다른 사람을 한 타라도 이겨야 한다는 압박감 속에서 훈련했습니다. 저는 연습 그린 주위에서 항상 다른 샷을 하기 위해 노력했습니다. 다양한 피치 샷, 특이한 칩 샷, 어렵고 쉬운 곳에서 다양하게 실험했습니다. 흥미를 위해서 뭐든지 시도했습니다. 연습장에서 많은 샷을 쳤지만 같은 샷을 두세 번 연속으로 치는 경우는 거의 없었습니다. 저는 항상 뭔가 다른 것을 하려고 노력했고, 경기 상황을 재현하려고 노력했습니다.

골프는 복잡한 게임이고 배우기가 어렵습니다. 알아야 할 것이 많습니다. 정말 훌륭한 선수가 되기 위해서는 다양한 잔디, 다양한 종류의 모래, 다양한 종류의 장비에 대해서 이해해야 합니다. 훌륭한 선수들은 그런 사실을 잘 이해하고 있습니다. 그들은 골프 스윙을 가르치는 법은 잘 몰라도 스윙에 대해서는 잘 알고 있습니다. 저는 경기에 관한 모든 것을 알고 싶었습니다. 그냥 그런 것을 배우는 게 좋았습니다. 이런 이유로 저는 많은 지도자에게 가르침을 구하고 자료로부터 정보를 얻었습니다. 그런 후 무엇이 나에게 좋고, 항상 더 나아지기 위해서는 무엇을 받아들여야 하는지 결정했습니다. 시간이 흐르고 제가 배운 것 중에는 게임에 적용할 수 있는 것이 있고 그렇지 않은 것이 있다는 사실을 알게 되었습니다. 어떤 정보는 효과가 없었고 저와 맞지 않았습니다. 보통은 하비 선생님과의 상담으로 제 게임에 무엇이 최선인지, 어떤 것에 시간을 투자해야 하는지 그리고 어떤 것이 제 시간을 낭비하는지 알아낼 수 있었습니다."

톰은 분명히 선수 생활 내내 놀라운 성과들을 만들어냈다. 2년 연속 바든 트로피1981, 1982를 수상했고, 1989년에는 올해의 선수에 선정되었다. 그리고 1992년 US오픈에서 우승했다. 나는 톰에게 어떻게 그렇게 동기를 유지할 수 있었는지 물었다. 그리고 그런 성과 후에는 자신을 어떻게 관리했는지 물었다.

"글쎄요. 저는 그냥 골프가 좋았습니다. 다른 이유는 없었습니다. 우승이 가장 큰 동기부여가 되었습니다. 저는 단기 목표, 장기 목표의 관점에서 목표를 설정하는 그런 부류는 아닙니다. 하지만 매일 아침 일어날 때 제 게임을 발전시키고 싶었습니다. 항상 그랬습니다. 저에게 동기를 주는 명백한 것은 라이더 컵 우승, 시합 우승, 메이저 우승이라고 말할 수 있습니다. 하지만 마음먹는다고 우승할 수 있는 것은 아닙니다. 하지만 통제할 수 있는 것들은 있죠. 매일 운동하고, 다이어트를 하고, 충분한 휴식을 취하는 것은 제가 더 나은 선수가 되는데 도움이 되리라 생각했습니다. 아버지로부터는 휴식의 중요성을 깨달을 수 없었지만, 박사님께서 그 중요성을 깨닫도록 도움을 주셨습니다. 제가 실천한 모든 것은 더 나은 골퍼가 되겠다는 생각에서 시작되었습니다."

톰은 US오픈에서 우승하기까지 22번의 도전이 있었다. 그가 우승하기 전, 어떻게 자신에 대한 믿음을 유지했는지, 매번 US오픈에 출전할 때마다 우승할 것이라는 기대와 설렘을 어떻게 가질 수 있었는지 궁금했다.

"저는 대회를 나갈 때마다 언제나 우승이 목표였습니다. 오스틴에서의 아마추어 시합이든, US오픈이든, 마스터스든 모두 똑같았습니다. 최종 목표는 정말 좋은 경기력으로 모든 시합에서 우승할 기회를 갖는 것입니다. 어떤 대회들은 분명 더 중요하지만 제가 대회를 준비하는 방식은 늘 한결같았습니다."

내가 톰에 대해 항상 인상 깊게 느꼈던 것은 대회에서 우승했을 때나 못했을 때나 다음날 똑같이 일어나 연습장에 나가는 것이었다. 언제나 똑같았다.

"네, 거의 그랬습니다. 저는 어제 대회에서 우승했더라도 어제는 어제 일이고, 오늘 더 나아지기 위해 무엇을 할 수 있을까를 생각했습니다. 어제 일은 과거일 뿐입니다. 저는 항상 그런 방식으로 생각했습니다. 1992년 페블비치에서 열린 US오픈에서 우승했을 때, 바로 다음 대회가 나라 반대편에 있는 웨스트체스터에서 있었습니다. 저는 그 대회역시 우승하고 싶었습니다. 저는 제 능력을 증명하기 위해서 정말로 우승하기를 원했습니다. 하지만 우승하지 못했고 4위에 그쳤습니다.

저는 제가 하는 일에 열정이 있다고 생각합니다. 그리고 다른 선수들이 가진 열정을 보는 것도 좋아합니다. 저는 열정을 즐깁니다. 예를 들면, 2020년 US오픈에서 우승한 브라이슨 디섐보에 관한 모든 것을 읽은 후 이 선수를 좋아하게 되었습니다. 저는 게임을 위한 그의 열정, 자신이 할 수 있는 만큼 나아지기 위한 그 열정이 좋아 보입니다. 디섐보는 48인치 드라이버로 실험하는 것뿐만 아니라 더 나아질 수 있다면 무엇이라도 도전하는 선수입니다. 그의 열정은 칭찬할만합니다."

우리가 열정에 대해 말할 때 어떤 사람들은 한 가지 일에만 전념하는 것을 생각하고, 또 어떤 사람들은 무엇인가를 포기하고 희생해야 한다고 느낀다.

"글쎄요. '모든 것을 가질 수 있다'는 말은 불가능한 것입니다. 누구도 모든 일을 다 할 수는 없죠. 하지만 우리는 자신이 원하는 일이 무엇이고, 자신에게 중요한 일이 무엇인지는 찾아낼 수 있습니다. 저한테 중요한 것은 어떻게 하면 더 나은 골프 선수가 되느냐 하는 것이었습니다. 친구들이 수영장에서 두 시간을 보내는 동안 저는 공을 쳤습니다. 칩핑, 퍼팅을 연습하고, 웨지와 벙커 샷도 연습했습니다. 제가 신경을 쓴 부분은 이런 것들이 전부였습니다. 저에게 수영장은 우선순위가 높지 않았습니다."

톰은 대회에서 경기가 잘 될 때가 많았지만 잘 안 될 때도 있었다. 심지어는 마음의 상처를 입은 일도 있었다. 예를 들면, 톰은 1990년 오크힐에서 열린 US오픈 최종일에 선두로 달리다가 역전패를 당했다. 톰은 어떻게 역경을 극복했는지, 어떻게 긍정적인 태도를 유지했는지 그리고 2년 후에 어떻게 US오픈에서 우승할 수 있었는지에 대해 다음과 같이 말한다.

게임 안에서 변화에 적응해야 한다

선수들은 변화하는 조건을 받아들이고 플레이 방식을 바꾸는데 어려워할 수 있다. 특히 나이가 많거나 자신만의 방식으로 플레이해온 선수들은 더욱 그렇다. 어떤 선수들은 특정 규칙이 바뀌는 것에 대해 의문을 가지며, 불만이 큰 선수들은 자신의 게임에 해를 끼치고 만다. 예를 들어 티샷을 더 어렵게 만드는 코스 세팅, 칩핑을 할 수 없을 정도로 긴 그린 주변의 러프(US오픈에서나 볼 수 있는) 등이 있다. 퍼터를 가슴에 고정시키는 것은 인정하지 않으면서 암락(arm-lock) 퍼팅 기술을 허용하는 것도 공정하지 않아 보일 수 있다. 페어웨이 우드의 얇은 페이스도 마찬가지이다. 그것은 스윙 스피드가 더 빠른 선수들이 정확도를 잃지 않고 훨씬 더 멀리 칠 수 있도록 만든다.

선수들은 규칙을 만들 수는 없지만 규칙을 따라야 한다. 자신의 어떤 능력에 해를 끼칠 것 같은 것에 대해 불평하기보다는 긍정적인 생각으로 적응하기 위해 노력하면서 자신의 게임을 계속 이어나가는 것이 좋다. 이는 마치 내가 고등학교와 대학에서 라크로스 경기를 할 때 플라스틱으로 된 스틱이 나온 것과 같다. 나는 몇 달 동안 변화를 거부했고 그것은 나에게 스트레스를 주었다. 마침내 나는 플라스틱으로 된 스틱을 받아들였고, 그것이 얼마나 좋은지 알고는 감탄하고 말았다. 당신도 몇 년전 톰 카이트가 그랬던 것처럼 골프 백에 하이브리드를 몇 개 더 넣거나, 세 번째 웨지를 사용하는 것에 주저할지도 모른다. 하지만 현대 게임의 변화를 수용하지 않는다면 당신은 뒤처지고 말 것이다.

"그 당시는 제가 생각한 대로 플레이하지 못했습니다. 다시는 그렇게 하고 싶지 않았습니다. 이후 저는 무엇이 필요한지 알아내기 위한 노력을 시작했습니다. 오크힐에서의 그 주간은 정신적으로 아주 좋았습니다. 4라운드 경기에서 우승할 수 있는 기회를 일찍 잡았습니다. 하지만 5번 홀에서 미스 샷을 쳐버렸고, 그 샷으로 인해 다 잡은 기회를 놓치고 말았습니다. 회복하기가 힘들었죠. 스윙에 문제가 있었습니다. 대회가 끝난 직후 저는 그런 일이 다시는 일어나지 않도록 스윙에 변화를 주기 시작했습니다. 전에는 항상 '집중을 못한 거야.' 혹은 '정신적으로 충분히 강하지 못했어'라고 말하곤 했지만 오크힐 대회에서는 그렇지 않았습니다. 왜냐하면 그 주간은 정신적으로나 감정적으로나 아주 좋았기 때문입니다. 그리고 신체적으로도 꽤 좋았지만 스윙에 문제가 발생하는 바람에 최악의 순간이 되었습니다. 저는 그 시합에서 우승할 수 있는 위치에 있었지만 한 번의 실수가 너무 컸습니다.

저는 존 로즈와 지미 맥클린으로부터 스윙에 대한 조언을 받았고 계속 지도를 받아왔던 척 쿡 선생님께도 점검을 받았습니다. 그렇게 지도자로부터 받은 조언을 정리하고 하비 선생님과도 점검을 마쳤습니다. 저는 스윙을 단단하게 만들면서 거꾸로 된 C자형 피니쉬에서 벗어났습니다. 그러자 긴장감 속에서도 훨씬 더 일관성을 유지할 수 있었고 자신감을 가질 수 있었습니다. 백스윙을 할 때는 왼쪽 발꿈치를 내려놓으면서 하체가 좀 더 안정적으로 유지되면서 한결같은 동작을 할 수 있었고 헤드 스피드도 더 빨라졌습니다. 저는 스피드를 올리면서 거리를 더 늘렸습니다. 공의 구질도 좋아졌고 공을 컨트롤하는 능력도 더 좋아졌습니다. 특히 롱 아이언과 페어웨이 우드가 향상됐습니다."

나는 톰에게 어린 선수들에게 해줄 수 있는 조언이 더 있는지 물었다.

"꿈을 이루기 위해서는 항상 좋은 사람들과 어울리고 정말로 훌륭한 선수가 되고자 하는 선수들과 가까이하라고 말하고 싶습니다. 자신보다 좀 더 실력이 좋은 사람들과 플레이해야 합니다. 그러면 발전하는 데 큰 도움이 됩니다. 기술에 관해 할 수 있는 모든 것을 배워야 합니다. 골프채를 휘두르는 것과 점수를 만드는 능력이 전부는 아닙니다. 잔디의 종류, 모래의 종류에 대해서도 배워야 하고, 장비에 관한 지식도 배울 필요가 있습니다. 체력과 영양, 정신적인 측면, 감정적인 측면도 마찬가지입니다. 또한 몸에 대해서도 공부해야 하고, 코스 설계에 대해서도 공부할 필요가 있습니다. 이런 것들을 잘 알고 있으면 자신의 삶이 훨씬 더 편해질 것입니다. 만약 이런 지식을 가진 사람과 대화할 기회를 가진다면 아마도 투어 선수이거나 클럽의 프로일 것입니다. 당연히 대화가 잘 될 것입니다. 골프는 그런 점에 있어서 독특합니다. 대부분의 사람들은 기꺼이 자신이 알고 있는 지식을 공유하고 자신의 경험을 나눕니다.

몸 관리도 확실히 해야 합니다. 제가 투어에 있을 때는 몸무게가 77kg이 조금 넘었지만, 첫 번째 해 하반기에는 70kg으로 줄었습니다. 저는 교실에 있기보다 온종일 골프장에 있었기 때문에 더 많은 칼로리가 소모되었습니다. 4~5년 동안 투어를 뛴 저는 운동을 시작했습니다. 그리고 스피드를 올리고 거리를 늘리기 위해 노력했습니다. 그것이 더 이로울 것이라고 생각했기 때문입니다. 저는 운동에 중독되었습니다.

몸의 기능을 이해하고 있는 체력 트레이너와 함께 몇 년 동안 6kg의 근육을 키웠습니다. 지금은 일주일에 5일, 1시간 15분 정도 운동합니다. 제가 하는 운동은 15년 전과는 약간 다르지만 여전히 유연성과 안정성 그리고 스피드를 강화시키면서 강점을 만들어 줍니다. 모두 기능적인 훈련이고 트레이너와 함께 해야 하는 훈련입니다. 우리는 해가 질 때까지 스쿼트, 런지와 같은 하체 강화 훈련을 합니다.

그리고 반대로 나이가 들어 게임에서 경쟁력을 유지하고 싶다면 아이처럼 행동해야 합니다. 이 말은 게임을 재미있게 하고, 게임이 중요하지 않다는 태도를 취하라는 이야기입니다. 그러면 골프를 즐길 수 있고 더 성공적인 선수 생활이 될 것입니다. 저처럼 나이가 많은 골퍼라면 밥 토스키나 게리 플레이어처럼 에이지 슈터역주: 자신의 나이보다 적은 타수를 기록한 골퍼에 도전하는 것도 좋습니다."

톰은 항상 호기심이 많았을 뿐만 아니라 혁신적인 선수라고 알려져 있다. 톰은 투어에서 처음으로 세 번째 웨지를 사용한 선수이다. 그는 90m의 이내 거리에서도 풀 스윙으로 샷을 할 수 있었다. 이로 인해 그동안 꺼려왔던 하프 스윙의 횟수를 줄이거나 하지 않아도 되었다. 톰은 이러한 시도가 어떻게 이루어졌는지에 대해 이렇게 말한다.

"유명한 쇼트 게임 지도자인 데이브 펠츠 선생님이 그런 아이디어를 주셨습니다. 그는 오스틴에 살았고 저와 좋은 친구로 지내왔습니다. 데이브 선생님은 골프를 예술로 생각하기보다 수치화하여 과학적으로 접근하는 것을 좋아하셨습니다. 분석적인 성격을 가진 저 역시 그렇게 하는 것이 좋았습니다. 1979년에 데이브 선생님은 대회에 오셔서 저에게 이렇게 말씀해주셨습니다. '톰은 좋은 쇼트 게임을 가지고 있지만 좀 더 나아져야 해. 90m 이내에서 잘하긴 하지만 그것으로는 충분하지 않아.' 그때 선생님은 세 번째 웨지로서 로프트가 더 큰 것을 백에 넣어야 한다고 말씀해주셨습니다. 처음에는 선생님께서 보여준 통계에 믿음이 가지 않았습니다. 그래서 1980년 첫 5개월 동안 길고, 짧고, 오른쪽, 왼쪽까지 제가 친 모든 샷을 그래프로 그려보았습니다. 저는 데이브 선생님께서 말씀하신 것이 정확하다는 사실을 깨달았습니다. 풀 샷을 했을 때는 거리의 차이보다 왼쪽, 오른쪽 방향에 대한 차이가 나타났습니다. 그래프에 나타난 미스 샷의 패턴은 타원형이면서 수평형으로 나타났습니다. 하지만 그린으로부터 90~110m 떨어져 있을 때의 패턴은 훨씬 더 완벽한 원으로 나타났습니다. 90m 안쪽에 있을 때 특히, 40~50m 정도에서는 좌우로 실수하기보다는 거리로 실수하는 경우가 더 많았습니다. 제 패턴의 문제점은 세로축에 있었습니다. 그래서 저는 60m만 칠 수 있는 웨지를 사용하기로 결정했습니다. 그전에 사용했던 샌드 웨지는 88m 정도 나갔습니다.

제가 그 웨지를 처음 사용한 대회는 1980년 웨스턴오픈이었습니다. 저는 매일 거리별로 훈련했습니다. 캐디인 마이크 캐릭이 제가 웨지를 칠 때 30, 35, 40, 45, 50m 숫자를 불러주었습니다. 저는 정말 능숙하게 해냈습니다. 상반기에 비해 하반기 평균 스코어가 거의 1타 반 정도 떨어졌습니다. 저는 1981년에 파5 평균 스코어 부문 1위에 오르면서 상금왕이 되었습니다. 모두 그 웨지 덕분이었습니다. 저는 단지 모든 선수보다 웨지를 더 잘 쳤을 뿐입니다. 집에서 연습할 때는 아버지가 수

건을 사용하셨습니다. 거리별로 수건을 내려놓고 소리를 치시며 '55를 쳐!' '52!' '30을 쳐!' '29!'라고 알려주셨습니다. 그렇게 하루 종일 연습할 때도 있었고 가끔 할 때도 있었습니다. 이런 연습은 마치 라운드를 하는 것처럼 완벽한 게임이었습니다. 오늘날 제가 사용하는 웨지의 로프트는 49도, 56도, 61도입니다. 하지만 저는 옛날 방식이 좋습니다. 저의 9번 아이언의 로프트는 대부분의 선수가 사용하는 피칭 웨지와 같습니다."

나는 요즘도 가끔 톰과 저녁내기를 한다. 연습장에는 60m 지점에 깃대가 꽂혀있다. "톰! 10개 볼을 쳐서 저기 깃대를 맞추면 내가 저녁을 살게. 대신 실패하면 톰이 사는 거야." 참 어처구니없게도 매번 내가 저녁을 산다. 이는 톰 카이트의 재능과 직업의식 그리고 게임에 대한 끈기와 열정을 잘 보여주는 하나의 상징이다.

역경과 상심에서 회복하기

나는 패배로부터 승리하는 법을 배웠다.
-톰 왓슨

왓슨은 1974년 US오픈 최종일에 1위로 출발했지만 79타를 쳐서 결국
공동 5위로 마감했다. 하지만 그 이후 메이저 대회에서만 8승을 기록했다.

골프 선수의 꿈은 우승과 성공이지만, 결국 성공은 실수와 좌절, 실망으로부터 회복하는 과정과 관련되어 있다. 모든 선수는 사람이기 때문에 가슴 아픈 상처를 입을 수 있다. 이는 최고가 되고자 하는 사람들이 가장 먼저 떠올리는 것은 아니지만, 성공의 많은 부분은 좌절을 어떻게 극복하느냐에 달려 있다.

중요한 순간에 일어나는 실수, 오랜 시간의 노력, 다른 사람들로부터 질문을 받는 것은 모두 여정의 일부이다. 힘든 시간을 효과적으로 대처할 수 없다면 자신의 잠재력을 끌어낼 수 없다. 그러면 재기에 성공하지 못할 것이고, 멋진 스토리의 주인공이 되지 못한다. 어려운 시기를 극복하기 위해서는 그 시간으로부터 교훈을 얻은 후 잊어야 한다. 결국 자신의 꿈을 이루기 위해서는 감정적으로 강해지겠다는 결심이 필요하다. 예를 들어 비거리가 짧을지라도, 탄탄한 체격이 아닐지라도, 다른 사람들이 자신에게 좋은 재능이 있다고 말하지 않더라도, 역경이나 상

처로부터 회복될 수 있다는 확신이 없을지라도 당신은 언제나 정신적으로 강해질 수 있고, 다른 사람들보다 더 회복력이 빠르다고 생각해야 한다. 이것이 생애 최고의 샷을 만들기 위한 비결 중 하나이다.

많은 골퍼는 심한 훅과 같은 자신이 싫어하는 샷을 치고는 한다. 그리고는 페어웨이 구석에서 트러블 샷을 해야 한다는 생각에 당황한다. 이때 샷을 피하기보다는 어떤 상황이 닥치더라도 극복할 수 있는 방법을 배우려고 해야 한다. 왜냐하면 조만간 그런 샷을 또 만날 수 있기 때문이다. 또한 멋진 샷을 치고도 더블 보기를 기록할 수 있다는 점을 기억해야 한다. 반대로 좋지 않은 샷을 쳤더라도 여전히 버디를 기록할 수 있다. 트러블 상황은 단지 게임의 일부이기 때문에 코스에서 어떤 일이 일어나더라도 개의치 않고 플레이를 이어가야 한다. 이는 또한 불운에 어떻게 대처하느냐의 문제이다.

자신이 정말 최고가 되고 싶다면 역경이 찾아와도 잘 극복해야 한다. 그 과정에서 고생을 각오하면서 기꺼이 환영하는 마음을 가져야 한다. 또한 역경에 대한 인식을 바꿔야 하며, 그것에 어떻게 반응할 것인지 결정해야 한다. 힘든 시간을 어떻게 대처해야 할지를 배우고 그런 자신을 자랑스러워해야 한다. 이를 위해서는 결의와 결단력 그리고 강한 직업의식이 필요하고, 때때로 영원한 믿음과 진정한 용기가 필요하다.

성공한 많은 사람들은 실패를 거듭하며 엄청난 역경을 극복했다. 역경의 압박에 굴복할 수도 있었지만 자신의 꿈을 이루기 위해 다시 일어섰다. 좋은 예시로 에이브러햄 링컨이 있다. 많은 사람들은 링컨을 가장 성공적인 인물 중 한 명이라고 생각한다. 하지만 링컨이 대통령직에 오르기까지 계속 승승장구한 것은 아니다. 오히려 링컨보다 더 실패한 삶을 맛본 사람도 없을 것이다. 하지만 단지 스스로 선택한 길이었기에 성공하려는 끈질긴 의지와 엄청난 자신감으로 버텨냈다. 그는 여러 번 포기할 수 있었지만 그러지 않았고, 그렇게 포기하지 않았기 때문에 미국 역사상 가장 위대한 대통령이 될 수 있었다. 링컨은 언젠가 이런 말을 했다. "계속해야 한다는 의무감이 우리 모두에게 존재한다. 그 의무는 우리 모두의 의무이다. 나는 그 의무가 이끄는 대로 했을 뿐이다."

역경을 극복하기 위한 링컨의 투지

다음은 에이브러햄 링컨이 극복했던 역경의 역사이다. 1831년에 사업에 실패했다. 1832년에는 의회 선거에서 패배했다. 1833년에는 두 번째 사업에 실패했다. 1835년에는 약혼자 앤 러트리지가 세상을 떠났다. 1836년에는 우울증에 시달렸다. 1838년에는 의장 선거에서 패배했다. 1840년에도 선거에서 패배했다. 1843년에 다시 의회 선거에서 패배했다. 1848년도에도 의회 선거에서 패배했다. 1855년도에는 상원의원 선거에서 패배했다. 1856년에는 부통령 선거에서 패배했다. 1858년도에는 다시 상원의원 선거에서 패배했다. 마침내 1860년도에 대통령으로 선출되었다. 그는 언젠가 이렇게 말했다. "길은 험난하고 미끄럽습니다. 저는 발이 엉켜 미끄러졌고 갈 길을 잃어버렸습니다. 그러나 저는 '잠시 미끄러진 것이지 쓰러진 것이 아니다'라고 스스로 다잡으며 회복했습니다." 이러한 철학은 링컨에게 큰 도움이 되었고, 위대한 사람이 되는 바탕이 되었다.

실패를 극복하는 것은 신체적인 도전보다는 정신적이고 감정적인 내면의 도전이다. 여기에 좋은 소식은 만약 이러한 패배의 경험을 잘 헤쳐 나간다면 더 강해질 수 있다는 점이다. 그리고 오히려 의미 있는 경험이었다고 감사하는 마음을 갖게 된다. 실패와 좌절은 자신의 모든 것을 증명할 수 있는 단순한 기회이며, 자신의 내면이 얼마나 강한지 알아볼 수 있는 찬스이다. 이러한 순간들은 자신을 겸손하게 만들지만 또한 자신에 대한 믿음이 있는지 없는지를 테스트한다. 또한 자신의 여정에서 매우 중요한 교훈을 준다. 때로는 많이 아플 수도 있고, 마음의 상처가 될 수도 있지만 이 모든 것을 이겨내야 한다.

최악의 시간에 중요한 실수를 한 적이 있는가? 실수하지 않는 사람은 없다. 실수 후 자신을 용서할 수 있는가? 이는 실수에 어떻게 대처하고 어떻게 반응하느냐의 문제이다. 정신적 강인함이란 바로 그런 것이다. 대학 농구에서 이러한 예를 찾아볼 수 있다. 1982년 조지타운의 전설적인 농구 감독 존 톰슨은 마이클 조던이 이끄는 노스캐롤라이나를 상대로 자신의 첫 대학선수권대회에서 우승할 기회를 얻었다. 프레디 브라운은 조지타운의 2학년 포인트 가드였다. 12초를 남긴 상황에서 마이클 조던이 점프 슛을 성공시켜서 노스캐롤라이나가 63대 62로 앞섰다. 한 점 차의 중요한 순간, 브라운에게 공이 왔고 그를 막는 수비수도 없었다. 상황의 심각성이 브라운을 두렵게 만들었다. 상대 팀의 제임스 워디는 중앙선 부근 옆쪽에서 이상하게도 아무도 수비하지 않은 채 그냥 서 있었다. 이때 브라운은 워디를 자신의 팀으로 착각하고 패스를 하고 말았다. 브라운은 순간 당황했다. 워디가 드리블을 하면서 공격을 시도했지만 파울을 당하면서 경기는 그렇게 끝났다. 이 게임은 UNC 노스캐롤라이나 감독 딘 스미스의 첫 번째 전국대회 우승이었다.

경기 직후 나는 톰슨 감독이 프레디 브라운에게 곧장 가서 그를 껴

안고 뭐라고 말하는 것을 보았다. 나는 브라운에게 무슨 말을 했을지 궁금했다. 한 기자도 그 대화가 궁금했는지 브라운을 만나 물었고 그는 이렇게 대답했다. "톰슨 감독님은 저를 사랑한다고 말씀하셨고 인생에는 농구에서 이기고 지는 것보다 더 중요한 것들이 많다고 말씀해주셨습니다. 제게는 정말 큰 의미가 있었고, 마음을 정리하는 데 도움이 됐습니다. 왜냐하면 제 인생에서 가장 가슴 아픈 일이었기 때문입니다."

2년 후인 1984년, 나는 버지니아 농구팀과 함께 NCAA 전미대학체육협회 파이널 포Final four 에 참가했다. 우리는 준결승전에서 휴스턴 대학을 상대로 연장전에서 패했고, 승리한 휴스턴은 바로 프레디 브라운이 있는 조지타운과 결승전을 치르게 되었다. 당시 프레디 브라운은 4학년이었다. 이 경기에서 조지타운은 휴스턴을 상대로 승리를 거두었고 우승을 차지했다. 경기가 끝났을 때 존 톰슨 감독은 또다시 브라운에게 달려가 포옹했다. 그 장면은 나의 눈시울을 붉혔다. 모든 사람이 톰슨 감독을 덩치가 크고, 당당하고, 거친 남자로 보지만 그는 위대한 지도자임을 스스로 증명했다. 가장 어려운 시기를 보내고 있는 한 아이에게 동정과 지지와 격려를 보여주었기 때문이다. 그것이 진정한 강인함이다. 그래서 나는 묻고 싶다. 당신은 과연 인생에서 가장 힘든 시간에 스스로를 응원할 수 있는가? 다음 경기에서 최선을 다할 수 있는가?

상처는 마음에 있는지, 가슴에 있는지, 영혼에 있는지, 인간의 정신에 있는지, 어디에 있는지 아무도 모른다. 우리는 그것을 사진처럼 찍을 수는 없다. 하지만 우리는 어디엔가 상처가 있다는 사실을 알고 있다. 아프고 절망적이며, 눈물을 흘릴 수도 있다. 울고 싶다면 울어도 된다. 나는 사람들에게 끊임없이 말한다. "우리는 화염 속을 헤쳐 나가야 합니다." 그것은 마치 땅속에서 가공되지 않은 금속 조각을 캐내서 뜨거운 용광로에 넣는 것과 같다. 그러면 모든 불순물이 제거되면서 금속 조각이 강철 덩어리로 바뀐다. 당신도 화염을 거치지 않고서는 강해질 수 없고, 특별해질 수도 없다. 결코 그런 일은 일어나지 않는다. 실패를 소중히 여기고 역경을 받아들이면서 더 강해지는 것은 반드시 거쳐야 할 일이다. 그것을 두려워하거나 걱정할 필요는 없다. 나중에 배우게 되겠지만 자신에게 일어나는 어떤 일을 통해 강해질 수만 있다면 위기는 곧 기회가 되기 때문이다. 하지만 그 과정은 자신에게 침착함과 어느 정도의 냉정한 반응을 요구할 것이고, 자신을 무너뜨리기보다 더 나은 사람, 더 강한 사람으로 만들어 줄 것이다.

짐 발바노에게 배운 점

짐 발바노는 내가 라크로스 코치 생활을 시작하고 코네티컷 대학원에 진학한 해에 같은 대학에서 농구 보조코치를 시작했다. 발바노는 1982~83시즌 노스캐롤라이나 팀의 전국대회 우승이 암 투병을 통해 얻은 교훈이 되었다고 말했다. "역경에도 불구하고 더 나아질 수 있기를 바랍니다. 팀은 저에게 끈기를 가르쳐주었습니다. 또한 결코 포기하지 않고, 싸움을 이어가야 한다는 것을 가르쳐주었습니다." 그러면서 발바노는 가장 좋아하는 인용구를 언급했다. "나무들이 탭댄스를 추고, 코끼리들이 인디애나폴리스 500(자동차 경주 대회)에 출전할 날이 올 것입니다. 이 팀은 저에게 기적이 일어날 수 있음을 가르쳐 주었습니다."

위기가 기회가 될 수 있다는 점을 무시하거나 역경을 통해 성장할 수 있다는 사실을 부정한다면 한순간의 실수로 우승 기회를 놓칠 수도 있다. 혹은 마지막 홀에서 쉬운 퍼팅을 놓쳤을 때 그 상실감으로부터 벗어날 수 있는 강한 멘탈을 만들 수 없다. 올바르게 대처해야 실력이 향상되고 더 강해질 수 있다. 단기적으로 보았을 때, 실패에 관해 말하거나 최소한 실패를 통해 자신을 돌아보는 것은 도움이 된다. 어떤 사람들은 실패와 역경에 대해 기록하는 것을 좋아한다. 글을 쓰면 잘못한 것을 인정하면서 그로부터 교훈을 얻을 수 있다. 또한 정신적, 감정적으로 그 상황에서 무엇이 올바른 방향인지 발견할 수 있다.

실패로부터 배우는 것이 있어야 한다. 그래야 역경에서 벗어나 다시 회복할 수 있고, 다음에 다시 같은 상황에 처하더라도 받아들일 수 있다. 자신이 잘못한 일에 적절하게 대처하지 않거나 그것으로부터 교훈을 얻지 못한다면 이는 비극이다. 스스로 질문해야 한다. '내가 두려워하는가? 조심하고 있는가? 올바른 길로 향하고 있는가? 앞서가는 것은 아닌가? 내가 과민반응으로 인해 부정적으로 변하고 자책하는 것은 아닌가? 내가 패배하고 경기를 망칠까 봐 걱정을 시작하는 것은 아닌가? 혹은 미리부터 라운드를 마치기 전에 우승이 나에게 무슨 의미인지 생각하고 있는 것은 아닌가?' 그 다음 단계는 비슷한 상황에 부딪혔을 때 무엇을 할 것인지 결정하는 일이다.

자신에게 솔직해짐으로써 배우는 것이 있다면 다음에 비슷한 상황이 오더라도 대비가 가능하다는 것이다. 말하자면 예방주사이다. 아직 겪지 않은 일이었다면 자신이 감당할 수 없는 상황을 해결할 수 있는 준비가 된다. 이러한 과정은 모두 여행의 일부이자 스포츠의 묘미이다.

훈련할 때도 현재에 집중하라

훈련할 때는 훈련 목적이 무엇이든 현재에 집중하려고 노력해야 한다. 훈련의 전반적인 목표는 매일 향상을 위해 시도하는 것이어야 한다. 그러면 자신의 성공 혹은 궁극적인 목표는 저절로 이루어질 것이다.

좋은 것, 나쁜 것 그리고 기쁨과 괴로움을 모두 받아들여야 한다. 화염 속에서 헤쳐나가는 법을 배운다면 더 강해질 수밖에 없다.

셰인 로리는 2016년 오크몬트에서 열린 US오픈 최종라운드에서 4타 차로 앞서다 아쉽게 패했다. 더스틴 존슨이 마지막 18홀에서 강하게 치고 올라오는 동안 로리는 후반 9홀에서 퍼팅 난조를 보이며 우승 경쟁에서 밀려났다. 만약 그가 실망감에서 빠져나오지 못했다면 슬럼프와 함께 자신의 한계를 드러냈을지도 모른다. 하지만 로리는 그러지 않았다. 3년 후 로리는 포트러시에서 열린 브리티시오픈에서 압도적인 우승을 차지했다. 그는 '골프 다이제스트'와의 인터뷰에서 오크몬트에서의 실패로 넓은 시야를 가질 수 있었다고 말했다. "그때 더스틴은 멋진 플레이로써 우승했습니다. 저는 14, 15, 16번 홀에서 연달아 쓰리 퍼팅을 했습니다. 하지만 이 모두는 지난 일입니다." 로리는 브리티시오픈 최종일에 들어설 때의 마음가짐이 분명하고 솔직했다. "저의 목표는 결과가 좋지 않더라도 그것을 문제 삼지 않는 것이었습니다. 저는 해낼 수 있는 능력이 있습니다. 해낼 수 있고, 해내길 원합니다. 또다시 7번 아이언으로 해저드에 빠뜨리는 실수를 한다 해도 그것은 저에게 큰 문제가

CHAPTER 05

아닙니다." 로리는 오크몬트의 경험으로부터 배운 것에 대해 이렇게 말했다. "제가 오크몬트에서 배운 한 가지는 마지막 라운드에 충분히 공격적으로 플레이하지 않았다는 점입니다. 그래서 제가 앞서가는 생각을 하지 않고 브리티시오픈에서 4~5개의 버디만 잡는다면 다른 선수들이 저를 이기기는 힘들 것이라 생각했습니다. 결국 버디 4개를 잡았습니다." 그렇다. 로리가 했던 것처럼 우리는 실패에 대해 정직하게 평가하고 그것으로부터 교훈을 얻어야 한다.

형편없는 경기 후에 다시 회복하는 것보다 더 만족스러운 일은 없을지도 모른다. 그리고 이보다 다른 사람들에게 더 깊은 인상을 주는 일은 없을 것이다. 또한 그 어떤 것도 자신의 성격과 자신에 관한 모든 것을 말해줄 수는 없다. 당신은 결코 자신에게 일어나는 일을 바꿀 수 없지만 자신을 변화시키는 일과 일어나는 일에 대해 어떻게 반응하느냐는 분명하게 바꿀 수 있다. 그리고 자신의 인생 스토리를 보다 더 희망적으로 만들 수 있다.

누구든 힘든 시기를 겪고 있다면 결단력을 가져야 한다. 과연 힘든 과정이 당신의 선수 생활을 엉망으로 만드는가? 그것으로 자신의 꿈을 포기해야 하는가? 자신의 능력을 의심하기 시작해야 하는가? 아니면 깊이 파고들어 더 강해져야 하는가? 자신의 처지를 한탄하면서 왜 이런 일이 일어나는지 궁금해하기보다 정직한 태도로 역사책을 들여다보면서 위대한 업적을 기록한 운동선수들은 대부분 이런 힘든 시기를 이겨내고 성공했다는 사실을 깨달아야 한다.

많은 선수들이 이름 한번 알리지 못하고 실패할 수밖에 없었던 이유는 역경을 어떻게 인식하고 그것에 어떻게 반응했는지에 있다. 자신이 만약 위대해지고 싶다면 그들과 같은 태도를 가져서는 안 된다. 위대한 사람들은 늘 열정적이면서 다짐을 새롭게 하며, 끊임없이 자신에 대한 믿음을 강화한다. 그러면 언젠가는 모든 것이 제자리를 찾으며 원하는 일이 이루어진다. 이러한 과정은 자신을 실패에 제대로 대처하지 못하는 다른 사람들과 구분 짓는 또 다른 방법일 뿐이다. 위대한 사람은 고난이 더 힘들고, 더 길어질수록 그러한 과정을 더 즐기려 한다. 왜냐하면 그 과정은 결국 자신을 더 빛나게 만들기 때문이다.

실패와 좌절을 긍정적으로 받아들이는 태도는 놀라운 기술이다. 그 기술은 마치 마법과 같고 강력한 힘을 발휘한다. 우리는 그런 기술을 배울 수 있을 것이라 믿어야 하고, 배울 때는 기꺼이 열심히 노력해야 한다. 그것은 자신을 증명하는 기회이기도 하다. 최고가 된다는 것은 힘든 과정에 들어가는 것이며, 시험을 자처하는 것이다. 자신도 그럴 수 있는 것처럼 다른 사람들이 다시 회복하지 못하는 것을 바라기도 한다. 당신은 자신 앞에 던져질 어떠한 시험에도 준비가 되어 있다. 당신은 확

인생 격언

스포츠의 세계에서 흔히 듣는 격언은 골프에도 적용된다. "그냥 주어지는 것은 없다. 노력해서 얻어야 한다." 이 문장은 모든 스포츠 선수들에게 귀감이 되는 말이다. 다시 말해 노력 끝에 얻는 것이 있고, 노력을 통해 얻는 것이어야 성공할 자격이 있다. 나는 이 한 문장을 통해 노력을 멈추지 않도록 선수들을 상기시킨다. 특히 선수들이 자신의 처지를 한탄하기 시작할 때 혹은 성공이 늦어질 때 주로 이 말을 들려준다.

신을 가지고 대응할 수 있으며, 냉정함과 침착함을 유지할 수 있다. 어떠한 난관에 부딪쳐도 잘 이겨낼 수 있으며, 스스로 이 점을 잘 알고 있다. 당신은 고난을 받아들이기로 선택할 수 있다.

당신은 스스로 통제가 가능한 부분에 집중하기 위해 자신을 훈련할 것이며, 자신에게 일어나는 일 중 통제가 가능하지 않은 것들에 대해서는 불필요한 노력을 들이지 않을 것이다. 이 시간은 자신의 정신적 능력을 테스트하는 시간이다. 이 시간은 자신이 어떤 사람인지, 자신이 정말 그것을 원하는지 발견하는 시간이다. 이때 우리는 자신의 운명을 결정해야 한다. 성공은 운이나 타고나는 것으로 이루어지는 것이 아니라 자신이 가지고 있는 능력으로 이루는 것이고, 자신에게 닥친 힘든 시기를 어떻게 바라보느냐 혹은 어떻게 대응하느냐에 관한 문제이다. 성공은 대체로 이러한 경험들로부터 어떻게 회복하느냐에 달려 있다.

그렇다. 성공을 위한 노력 중에는 배고픔을 참고 절제하는 부분이 있지만, 대부분의 사람들은 이를 이겨낼 수 있다. 역경을 잘 다루는 것은 경쟁의 세계에서 매우 중요하다. 정신적으로 강인해지고 회복력을 갖는다는 것은 강한 힘과 강점이 만들어지는 듯한 느낌을 준다. 또한 중심을 잃지 않고 성공으로 향하는 느낌을 준다. 이는 자신을 특별하고 다르게 만든다. 하지만 다른 사람들이 감정적으로 혼란스러워하고 무너질 때 당신은 침착해지고 냉정해지는 법을 배워야 한다. 당신은 18세의 나이에 35세의 정서적 성숙함이 필요할 수도 있지만, 그것은 특별한 사람이 되기 위한 하나의 노력이다. 자신이 어떤 상황에 놓이든 흔들리지 않아야 한다. 당신은 틀림없이 폭풍을 무사히 견뎌낼 수 있을 것이다.

이를 통해 당신은 차분하고 성숙한 경쟁자로서 명성을 얻게 된다.

당신은 바위 혹은 잔잔한 물과 같다. 당신은 흔들리지 않는다. 상대도 이 사실을 알고 있다. 그리고 더 중요한 것은 스스로도 알고 있다. 자신을 놀라게 하는 것은 아무것도 없다. 자신을 흔들거나 괴롭히는 것은 없다. 당신은 다른 사람들이 하지 않기로 한 선택을 즐긴다. 그리고 항상 다른 사람과 다르다는 것을 보여줄 수 있는 일을 찾는다. 당신은 다른 사람처럼 되거나 평범해지는 것을 원치 않는다. 당신은 내면의 결의와 투지를 가지고 있다. 그것이 강점이다. 당황하는 것은 당신의 기질이 아니다. 힘든 시간과 어려운 시기를 예상하고, 자신에게 주어진 모든 것에 항상 준비가 되어 있다. 당신은 그에 어떻게 대응해야 할지를 알고 있다. 감정이 지배하도록 그냥 내버려 두지 않을 것이다. 당신은 모든 것을 넓은 관점에서 바라볼 것이고, 경기를 어떻게 해야 할지 알고 있는 경험 많은 노련한 선수처럼 반응할 것이다.

우리는 슬럼프를 겪기도 하고, 미스 샷을 치기도 하고, 쉬운 퍼팅도 놓치면서 힘든 시간을 보내기도 한다. 하지만 이러한 시간은 우리가 골프를 좋아하는 이유 중 하나가 된다. 그 시기는 냉혹하고, 대부분은 감당하지 못한다. 하지만 우리는 할 수 있고, 극복할 수 있는 만큼 강

역경을 소중하게 생각하라

골프는 역경의 게임이다. 그렇다. 우리는 화염 속을 통과해야 한다. 그러나 위대한 골퍼가 되고 싶다면 고난과 역경조차 소중히 여겨야 한다. 좋은 것을 바라고 좋은 것을 기대해야 하는 것처럼 나쁜 것도 예측할 수 있어야 한다. 이는 모두 자신의 운명을 받아들이는 일이다.

하다. 우리는 이런 자신을 사랑한다. 자신의 인생에서 게임의 실망을 감당하지 못한 때가 있었을지도 모른다. 그때는 과민반응을 보이면서 자기연민에 빠져 부정적인 생각뿐이었다. 너무 감정적이었다. 의심과 공포에 빠져 있었지만 이제는 아니다. 그때는 게임이 잘되지 않을까봐 걱정하면서 마음이 앞서곤 했다. 하지만 지금은 과거의 일일 뿐이다. 당신은 성숙해졌다. 당신은 정서적으로 정신적으로 성장하는 중이다. 당신은 골프가 단지 게임일 뿐이라는 점을 배웠다. 하지만 골프는 어려운 게임이고 실수의 게임이다. 이제 당신은 게임을 터득하는 것에 관한 부분보다 경기가 안 좋은 날에 어떻게 대처하고, 게임에 어떻게 반응하느냐가 훨씬 중요하다는 점을 깨달았을 것이다. 당신은 자기 자신을 조절하고 감정과 마음을 다스리기 위해 많은 것을 배우고 있다. 당신은 훌륭한 골퍼가 되는 과정이 하나의 여행이라는 것을 배웠다. 그 여행은 단거리 경주보다 마라톤에 더 가깝다. 하지만 우리는 조만간 우리의 날이 올 것이라는 사실을 알고 있다.

당신은 그토록 어려운 시기에도 신뢰를 유지하고 강인함을 요구하는 그 과정을 따라야 함을 배웠다. 당신에게는 꿈이 있고, 목표가 있고, 계획이 있다. 당신은 일이 잘 풀리고 자신의 뜻대로 될 때까지 매일 긍정적이면서 열정적인 태도로 실행에 옮길 것이다. 그 어떤 것도 당신의 도전을 막을 수 없다. 당신은 자신에게 주어지는 모든 도전과 게임이 던져주는 힘든 시간을 환영한다. 당신은 언제나 더 강인하고 더 밝은 모습으로 돌아올 것이다. 마음속에는 자신의 날이 올 것이라는 확실한 믿음이 있다. 그토록 힘든 도전에 성공하며 시험을 통과했기 때문에 훨씬 더 감사한 마음을 가질 수 있을 것이다.

자신과 자신의 게임
신뢰하기

2등을 하기 위해 그토록 열심히
훈련하는 이유를 모르겠다.

-베이브 디드릭슨 자하리아스

그녀가 경기 전 연습장에서 자신의 동료인 LPGA 선수들에게 한 말이다.
그녀는 메이저 대회 10승을 포함하여 아마추어와 프로대회에서 82승을 거두었다.

어린 선수 혹은 그 누구에게든 지금부터 이야기할 문제를 이해시키기는 어려울 것이다. 어쩌면 사회 통념에 반대되는 이야기가 될 수도 있기 때문이다.

요즘 같은 시대에 최고의 자리에 오르기 위해서는 늘 확신에 차 있는 태도와 완전한 자신감을 개발해야 한다. 심지어 다른 사람들이 보기에 건방지다고까지 느낄 수 있는 태도를 가져야 한다. 다른 사람들이 자신을 볼 때 불쾌하게 여길 것 같거나 혹은 자만한다고 생각할 것 같거나 혹은 밉살스러운 사람으로 볼 것이라는 걱정 때문에 불편한 마음이 생긴다면 적어도 내면의 거만함을 키워야 한다. 아마도 다른 사람들에게 내가 얼마나 좋은 사람인지를 말하지는 않겠지만 스스로는 그렇게 믿는 것이 좋다. 자신은 그럴만한 자격이 있고 뭔가 멋진 일을 할 운명이라는 것을 마음속으로 느껴야 한다. 이는 모든 사람이 타고난 것이다. 당신은 자신만의 세계를 창조해야 한다. 다른 사람들이 당신을 보고 망상중에 걸렸다고 말할 수도 있지만 어쩌면 사실 누구보다 명석한 사람일지도 모른다. 왜냐하면 망상은 현실에서 일어나기 전에 그것을 마음속으로 그려보는 행위이기 때문이다.

패트릭 리드는 2014년 도랄에서 열린 자신의 세 번째 PGA 투어 대회에서 우승했다. 하지만 이후 그는 자신을 세계 톱5 중 한 사람이라고 말해서 비난받았다. 리드는 공식적으로 20위에 올랐지만 스스로 훨씬 잘한다고 믿었고, 모든 사람이 들을 수 있도록 말하고 다녔다. 그리고 2년이 채 지나지 않아 그는 2016년 라이더 컵에서 3-0-1의 기록을 세우며 진정 누구도 무시할 수 없는 존재가 되었다. 리드는 싱글 매치에서 맥길로이를 1UP으로 제압했다. 18개월 후에는 2018 마스터스에서 그린 재킷을 입었고, 2018 라이더 컵에서 또다시 멋진 활약을 보이면서 '캡틴 아메리카'라는 별명을 얻었다.

자신만의 공기 방울 속으로 들어가라

대부분의 선수는 자신만의 작은 공기 방울이나 자신만의 작은 세계 안에 머무르면서 최선의 경기를 한다. 이런 방식을 통해 자신이 처한 상황에서 방해받지 않으며, 다른 선수를 신경 쓰지 않고 경기할 수 있다. 이 말이 진부하게 들릴 수 있지만 대부분의 선수가 효과를 볼 수 있는 방법이다. 만약 자신이 산만한 생각뿐만 아니라 리더보드를 신경 쓰거나 혹은 다른 선수들에게 관심을 가지면서 여전히 최고의 플레이를 할 수 있다면 계속 그렇게 해도 괜찮다. 하지만 그것이 자신에게 맞는 방식인지 점검해보는 것이 좋다. 벤 호건은 아마도 자신의 세계에 빠지는 것에 있어서는 단연 최고였을 것이다. 그는 외부의 방해 요소로부터 완전히 벗어난 경기를 했다.

다른 스포츠에는 상대에게 독설을 퍼부으면서 자신의 능력을 높게 떠벌리기를 두려워하지 않는 선수들이 많다. 골프 선수도 침묵 속에서 선수 생활하는 시대는 지났다. 아놀드 파머의 아버지 디콘은 파머에게 자랑하려 들지 말고, 클럽이 말하게 하라고 가르쳤다. 잭 니클라우스가 자신과 자신의 능력에 대해서 엄청난 자신감을 표현함에도 불구하고 우리는 그를 허풍쟁이로 묘사하는 것을 들어본 적이 없다. 그는 오하이오주 골프팀에 "전설이 되기 전에 마음속으로 이미 전설이 되어야 합니다"라고 말한 적이 있다. 오늘날의 시합 환경은 약간 다르다. 자신의 일을 과시하거나 뽐내거나 해도 문제 되지 않는다. 예를 들면, 브룩스 켑카는 시네콕에서 열린 US오픈 기간 동안 "이번 대회에서 가장 자신감이 넘치는 선수는 바로 나다!"라는 말을 공개적으로 했다. 그는 실제로 우승을 차지하며 US오픈 2연패를 기록했다. 그리고 현재까지 3년 동안 메이저 대회에서만 4승을 기록하며 마치 자신이 소유한 골프장처럼 페어웨이를 거닐고 있다. 타이거 우즈도 선수 초기 시절에는 아마도 겉으로 보기에는 가장 자신감 있는 선수였을 것이다. 타이거는 니클라우스의 메이저 18승을 추격하는 중이라고 전 세계에 말했다.

무슨 일이 일어나더라도 자기 자신을 믿고 그 믿음을 유지하기는 쉽지 않다. 역경을 겪으면서 자신감을 잃는 경우는 누구에게나 있을 수 있다. 특히 다른 선수들이 자신보다 더 나은 플레이를 하거나 재능이 더 돋보일 때는 더욱 그렇다. 이는 내가 버지니아 대학에서 강의를 할 때 학생들에게 종종 말했던 것과 같다. "대학에 합격했을 때를 기억할 수 있나요? 아마도 자신이 천재인 것 같고 마음먹은 것은 뭐든지 할 수 있을 것 같은 기분이었을 것입니다. 하지만 2학년이 끝날 무렵 주변의 진짜 재능있는 학생들을 많이 보고 난 후에는 '난 내가 생각했던 것보다 능력이 부족하구나'라고 생각했을 것입니다. 어쩌면 마음먹은 일을 해내지 못할 것이라 생각할지도 모릅니다." 이런 생각은 많은 사람이 저지르는 실수이다. 그들은 평생토록 자신을 능력이 부족한 사람이라고 여겨왔거나 혹은 전문가들에게 잠재력이 없다는 말을 들었을 것이다. 자신의 잠재력을 의심하는 순간, 당신은 스스로 더 이상 열심히 노력하지 않아도 된다는 최고의 핑계와 변명거리를 주는 것이다. 그러면 희망은 사라진다. 선수들은 골프 게임을 지배하기 위한 자기암시문을 준비해야 한다. 자신의 재능과 잠재력을 소중히 생각해야 한다. 코스에서 플레이할 때마다 필요한 것이기 때문이다. 가장 큰 실수는 다른 사람들의 재능을 부러워하는 데 시간과 에너지를 쓰는 것이다. 우리가 해야 할 일은 우리가 가지고 있는 재능을 믿고 그 재능을 소중히 여기는 것이다. 게리 플레이어는 아주 작은 몸집 때문에 자신에 대한 믿음과 목표에 대한 믿음을 포기할 수도 있었다. 하지만 그는 다른 사람들이 신체적 약점으로 여기는 것을 대체하기 위해 마음을 이용했다. 그는 '내가 충분히 괜찮다고 생각하면 나는 충분히 성공할 거야!'라고 생각했다.

냉정함을 유지하라

각각의 샷을 따로 떨어진 별개의 샷으로 생각해야 한다. 마지막 샷이나 혹은 그 이전의 샷에 대해 어떠한 감정도 남겨서는 안 된다. 이를 위한 가장 쉬운 방법은 자기 샷에 어떠한 감정도 갖지 않는 것이다.

다른 스포츠의 코치들과 선수들은 성공을 위해서는 매우 높은 수준의 자신감이 반드시 필요하다는 것을 알고 있다. 나는 무하마드 알리의 70세 생일 파티에 초대된 적이 있다. 당시 알리는 걷기가 힘들 정도였고 속삭임 외에는 말을 할 수 없었지만 나는 그날 일어난 모든 것을 이해할 수 있었다. 파티에는 토니 호크, 미아 햄, 조니 벤치 그리고 조 모건뿐만 아니라 유명한 운동선수들이 많이 초대되었다. 그들은 모두 일어서서 하나같이 알리에게 감사의 말을 전했다. 그들은 또한 알리로 인해 자기 자신을 완전하게 믿을 수 있었고, 그가 각자의 삶에 얼마나 큰 영향을 미쳤는지에 대해 이야기했다. 알리는 전성기 동안, 심지어 그전에도 자신이 얼마나 괜찮은 사람인지 사람들에게 말하는 것을 두려워하지 않았다. 그는 그것을 진심으로 믿는 것처럼 행동했다. 알리는 골프에 관한 질문을 받았을 때도 이렇게 대답했다. "저는 최고의 골퍼입니다. 단지 아직 시작하지 않았을 뿐이에요." 이 말에는 알리의 자신감이 잘 드러난다. 그는 반복해서 말했다. "기술은 의지만큼 중요하지 않습니다." 알리를 존경하고 좋아하는 것과는 별개로 골퍼는 알리로부터 중요한 것을 배울 수 있다.

자신에 대해 이야기해보자. 자기 자신, 자신의 능력, 자신의 잠재력에 대해 어떻게 느끼고 있는가? 만약 다른 스포츠에서 시즌 초에 코치가 자신 혹은 자신의 팀에게 5위나 6위 정도 할 수 있을 것 같다고 말하면 어떻겠는가? 과연 설레는 마음을 가질 수 있을까? 코치가 자신보다 상대 선수들이 훨씬 더 낫다고 말한다면 어떻겠는가? 아마도 기분이 썩 좋지 않을 것이고, 어떠한 영감도 받지 못할 것이다. 그러나 이보다 훨씬 더 나쁜 것은 스스로를 이런 방식으로 평가하는 행위이다.

자신에 대한 믿음 없이 승리할 것이라고 혹은 좋은 성적을 기록할 것이라고 기대해서는 안 된다. 반드시 믿음을 먼저 가져야 한다. 그것은 절대적 믿음이어야 한다. 그 믿음은 실제로 어떤 일이 일어나기 훨씬 전부터 마음속에 간직하고 있어야 한다. 이러한 상상을 반복해서 훈련하라. 자신이 해야 할 일은 실제로 그 순간이 왔을 때 마음이 편안하도록 마치 경험한 것처럼 상상하는 것이다. 다른 스포츠의 많은 선수들은 자신이 다른 선수들보다 더 낫다고 판단함으로써 뛰어난 경기력을 보여준다. 그런 자신의 모습을 관찰하고 인정하면 그런 경험을 통해 자신에 대한 신뢰와 꿈을 키워나갈 수 있다. 이런 과정의 시작은 자기 능력에 대해 믿는다고 말하는 것이다. 그러면 어떻게 믿을 수 있을까? 다른 스포츠와 마찬가지로 골프에서 진정한 영웅의 모습은 아무도 지켜보지 않을 때 일어난다. 진심으로 최고의 선수가 되고 싶다면 꿈에 대한 자신의 믿음과 그 꿈을 현실로 만들기 위한 노력이 일치해야 한다. 신체적인 측면을 위해 열심히 노력하는 골프 선수들은 매우 많지만 믿음까지 겸비한 선수들은 별로 없다. 최고의 선수가 되려면 모두 가지고 있어야 한다.

마이클 조던이 좋은 예이다. 조던을 팀에서 제외시켰던 중학교 코치의 말을 새겨들었다면 조던은 노스캐롤라이나 대학에 갈 수 없었을 것이고, 대학 농구에서도 우승하지 못했을 것이다. 당연히 시카고 불스에 입단하지도 못했을 것이다. 또한 NBA에서 6번의 우승도 없었을 것이고, 농구 역사상 가장 위대한 선수 중 한 명이 되지도 못했을 것이다. 세상은 그가 성공하기 어려울 것이며 어떤 성취도 이뤄내지 못할 것이라고 말했던 사람들의 이야기에 귀를 기울였지만, 그는 분명히 자신의 능력을 믿었고 믿을 수 없을 정도로 열심히 노력했으며 결국 위대한 성과를 만들어냈다. 우리는 이처럼 다른 사람들이 자신의 능력을 의심하거나 평가하도록 내버려두지 않아야 한다.

리더보드를 봐야 하는가? 보지 않아야 하는가?

몇 년 전, 어떤 해설자는 골프 선수가 리더보드를 볼 용기가 없다면 다른 직업을 찾아야 한다고 말했다. 하지만 나는 이렇게 말한다. "그냥 가서 원래 계획대로 수행해. 좋은 찬스가 올 거야." 스탠퍼드와 샌프란시스코 포티나이너스(49ers)의 전설적인 코치였던 빌 월쉬는 『스코어는 알아서 나온다(The Score Takes Care of Itself)』라는 책을 썼다. 롬바르디와 존 우든이 생각하는 승리의 철학은 게임에 대한 계획을 세우고, 계획대로만 수행한다면 승리할 것이라 믿는 것이다. 또한 감정을 다스리고 반사적, 반응적으로 실행하는 것이다. 이대로만 실천한다면 다른 사람들이 무엇을 하든 신경 쓰지 않고 자신의 일에만 집중할 수 있다. 리더보드를 보는 것이 더 흥미롭고 자신이 더 경쟁자처럼 느껴질 수도 있다. 또는 더 강한 사람처럼 생각될 수도 있다. 그러나 최근에 우승 기록이 많지 않다면, 리더보드를 보는 것은 선수에게 도움이 되지 않는다. 내가 가르치고자 하는 것은 다른 선수에 대한 관심을 끄고, 다른 사람과 자신을 끊임없이 비교하는 마음을 버리는 것이다. 그리고 자신만의 기준에 따라 사는 법, 자신의 잠재력을 발휘하는 법을 터득해야 한다.

코치의 강한 신뢰로써 그 제자가 엄청난 성공을 거둔 좋은 사례가 있다. 권투 코치 콘스탄틴 커스 다마토는 마이크 타이슨을 역사상 가장 무서운 선수 중 한 명으로 키워냈다. 타이슨은 끔찍한 가정환경에서 자랐다. 어머니는 매춘부였고 아버지는 포주였다. 타이슨도 어렸을 때 이미 38번이나 체포되었다. 마침내 소년원에 보내졌고, 누군가 그런 타이슨을 다마토에게 소개했다. 훗날 타이슨은 말했다. "코치님께서 제가 복싱하는 모습을 보시더니 헤비급 챔피언이 될 거라고 말씀하셨습니다. 저는 미래에 대한 아무런 희망이 없는 아이였지만 서서히 세계 챔피언이 될 수 있다는 믿음을 갖기 시작했습니다. 코치님은 제 인생에 새로운 신념을 심어주셨고, 자신감을 가지도록 도와주셨습니다." 다마토는 타이슨에 대해 이렇게 말했다. "마이크를 만났을 때 그 속에 담긴 불씨를 보았다. 나는 바람을 일으켜 불씨를 키웠고, 불씨에 불이 붙기 시작했다. 그 불은 이내 활활 타올랐다. 나는 마이크 타이슨을 초보 파이터에서 헤비급 세계 챔피언으로 만들었다." 당신에게도 이렇게 해줄 누군가가 있어야 한다. 누군가가 없다면 스스로 해야 한다. 끊임없이 자신의 마음에 씨앗을 심어야 한다. 마약과 술로 살아왔던, 여성에 대한 존중이 부족했던 타이슨은 삶이 바뀌었다. 그는 또 이렇게 말했다. "나이가 들면서 저를 많이 도와준 사람들에게 감사하는 마음을 갖게 되었습니다."

이것은 하비 페닉이 톰 카이트, 벤 크렌쇼, 캐시 휘트워스 그리고 미키 라이트 같은 훌륭한 선수들에게 했던 것과 같다. 또한 잭 그라우트가 잭 니클라우스를 위해, 마이크 토마스가 그의 아들 저스틴 토마스를 위해, 바이런 넬슨이 톰 왓슨을 위해, 데이비스 러브 주니어가 그의 아들 데이비스 러브 3세를 위해 했던 것도 같다. 마이크 퓨릭이 그의 아들 짐 퓨릭에게 했던 것도 마찬가지였다. 이러한 스토리는 많은 선수들에게 반복되어 왔다.

짐 퓨릭이 했던 것처럼 자신의 생각을 현실로 만드는 방법도 있다.

퓨릭은 언제나 자신의 스윙을 멋있다고 말한다. 마음속에서는 아담 스콧의 스윙처럼 교과서적이고 완벽하다고 생각한다. 자신에게 맞는 자신만의 방법과 스윙을 찾아야 한다. 그것은 스윙이 어떻게 보이느냐의 문제가 아니라 공이 원하는 곳으로 가느냐의 문제이다. 공이 자신의 원하는 대로 꾸준히 가고 있다면 그것은 좋은 스윙이다. 공을 자신이 원하는 방향으로 출발시켜서 원하는 탄도를 만들어내고, 원하는 곳으로 휘도록 할 수 있다면 그것은 보여지는 스윙보다 훨씬 중요하다. 아름다움은 보는 사람의 눈에 달려 있다. 퓨릭은 다른 사람들이 자신의 스윙을 어떻게 생각하는지, 카메라에 어떻게 비치는지 신경 쓰지 않았음이 분명하다. 그는 자신의 스윙을 좋아한다. 이점이 중요하다.

2020년 윙드풋에서 열린 US오픈에서 최종일 상위 2명의 선수가 보여준 모습도 마찬가지이다. 브라이슨 디섐보는 경직된 왼팔과 같은 길이의 클럽, 분석적인 접근 그리고 엄청난 파워 게임이 특징이다. 매튜 울프는 독특한 스타트 동작, 과도한 아웃사이드 궤도, 기술적이지 않은 방식이 특징이다. 이처럼 두 선수는 서로 전혀 다른 스타일이었지만 스스로에게는 통하는 방법이었다. 독특한 방법으로 투어에서 살아남으려면 자신감이 충만해야 한다. 드라이버를 잘 치는 선수 중에는 가장 이상한 스윙을 가지고 있는 경우가 많은 것처럼 보인다.

자신을 믿는다는 것은 자신만의 독특한 점을 소중하게 여긴다는 의미이다. 60~70년대를 생각해보면 아놀드 파머, 잭 니클라우스, 게리 플레이어, 리 트레비노, 치치 로드리게스 등 독특한 스윙을 가지고 있는 선수들이 많았다. 나는 그들이 다른 사람들과 스윙이 다르다는 사실에 만족했을 것이라 생각한다. 왜냐하면 그것은 자신을 표현하는 방법이었고, 자신을 알아볼 수 있게끔 해주었기 때문이다. 오늘날에도 더스틴 존슨, 리키 파울러, 저스틴 토마스, 매튜 울프, 브라이슨 디섐보, 히데키 마쓰야마 그리고 로리 맥길로이 등 제각각 자신만의 스타일과 독특한 특징을 가지고 있지만 모두 성공적인 선수 생활을 하고 있다.

자신의 결점을 타고난 성품이라고 생각하지 않아야 하고, 다른 사람을 따라 하지 않아야 하며, 다른 사람들의 성격을 부러워해서는 안 된다. 또한 각자의 개성대로 플레이해야 하고, 경기장에서는 누가 뭐래도 자기다운 게임을 해야 한다. 위대한 사람들의 성격에 대한 수많은 연구가 이루어져 왔지만 그들은 자신의 개성대로 살고 자신만의 방법을 추구하는 충분한 용기와 배짱을 가졌을 뿐, 위대한 사람들만 가지고 있는 하나의 성격유형을 밝혀낸 연구는 없다.

맥길로이가 더 강인한 태도를 보였을 때

2011년 콩그레셔널에서 열린 US오픈 최종일 전날, 로리 맥길로이는 마스터스 최종일 라운드에서 무너진 일에 대해서 다음과 같이 인터뷰했다. "저는 미래에 비슷한 상황이 오면 반드시 태도를 바꿀 것이라고 결심했습니다. 저는 코스에서 약간 거만하고 약간 더 오만한 태도가 필요합니다. 하지만 코스에서만 그렇습니다. 저는 제 성격을 바꿀 생각은 없습니다. 아시다시피 단지 약간의 태도를 바꾸려는 것뿐입니다. 이런 자리에 있을 때는 정말 겸손해야 합니다. 아주 중요한 문제입니다. 하지만 경기에서는 제가 4~7타 앞서 있더라도 오히려 8~9타를 앞서도록 노력해야 합니다. 그렇게 하지 않으면 무슨 일이 일어날지 누구보다도 제가 가장 잘 아는 사람일 것입니다. 그래서 저에게 초점을 맞추고 제

> 게임에 집중할 생각입니다. 제가 할 수 있는 일에 집중해서 더 앞서가도
> 록 노력하고, 그렇게 마무리 지어야 합니다. 다른 선수들이 어떤 플레이
> 를 하든 신경 쓸 필요가 없습니다.

코스에서 쉴 새 없이 말을 하고 다녔던 리 트레비노와 같은 선수들은 외향적인 성격이다. 경기 중 다른 선수와 거의 말을 하지 않았던 벤 호건과 같은 선수는 내향적인 사람이다. 하지만 그 둘은 모두 훌륭한 챔피언이었다. 오늘날 조던 스피스도 샷 전후로 캐디와 많은 이야기를 주고받는다. 그리고 브룩스 켑카는 코스에서 거의 공기 방울 속에 있는 것처럼 다소 절제하는 모습을 보인다. 이런 선수들은 다른 사람을 따라가는 법이 없다. 그들은 자신의 성격대로 경기하며 강한 내면의 자신감을 키워왔다. 최고가 된다는 것은 선택이고 욕구이다. 그것은 그냥 타고난 것이 아니다. 만약 당신이 위대한 사람으로 태어난 것처럼 보이는 사람을 발견한다면 이런 생각을 해야 한다. '글쎄, 그 사람한테는 좋겠지만 나한테는 별로 중요하지 않아.'

위대함은 그냥 이루어지는 것이 아니다. 최고가 되고자 하는 열망이 필요하고, 갈증을 느끼고, 배고픔을 느껴야 한다. 목표를 이루기 위해 연구하고 싸워야 하며, 자신이 그것을 추구하는 것만큼 다른 어떤 것도 바라는 마음이 없어야 한다. 또한 지도자, 스포츠 심리학자, 캐디, 체력 트레이너, 배우자 혹은 가까운 친구 등 자신의 목표를 믿어주고 응원해줄 사람들이 주변에 있어야 한다. 뒤에서 100% 지원할 수 있는 시스템이 구축되어야 한다. 그렇지 않으면 무슨 일이 일어나든 끝까지 자신

완벽을 위한 노력과 그 위험성

언제나 돌아서서 기본기를 점검하는 것과 끊임없이 스윙을 바꾸려는 것에는 큰 차이점이 있다. 이것은 중요한 구분점이다. 투어 선수들의 경우 3~4개 대회를 연속으로 치르다 보면 종종 기본기가 흐트러지곤 한다. 실력 있는 아마추어 골퍼도 마찬가지이다. 잭 니클라우스는 스윙이 잘 안되면 항상 그립이나 볼 위치, 정렬 등의 기본기를 점검했다. 많은 선수가 길을 잃으면 기본기로 돌아가기보다는 스윙에 대한 새로운 정보를 찾기 시작한다. 이런 선수들은 스윙의 기본기가 중요함을 이해해야 한다. 첫 번째는 공을 치는 방법을 배우는 것이지만, 일단 그것을 배우고 반복할 수 있게 되면 그 이후로는 기본기로 돌아와야 한다. 항상 스윙을 바꾸려 하고 끊임없이 완벽을 추구하는 것은 스윙을 망치는 길이 될 수 있다. 그것보다 자신의 기본기를 점검해줄 수 있는 지도자에게 충실하는 것이 좋다.

을 지지해줄 사람을 찾아야 한다.

플레이가 잘 된 것을 생각하는 것은 괜찮지만 골프 게임에 대해서는 생각하지 않아야 한다. 특히 안 좋은 라운드 후에는 원하지 않는 것보다 원하는 것을 생각하는 습관이 들어야 한다. 즉 그날 나왔던 실수를 떠올리는 데 시간을 쓰기보다 좋은 샷과 좋은 퍼팅으로 다시 복귀하는 데 더 많은 시간을 써야 한다는 뜻이다. 실수나 나쁜 샷에 대해서는 부정적인 감정을 빼고 그냥 받아들여야 한다. 그리고 멋진 샷과 퍼팅을 당연하게 여기지 않아야 한다. 이런 샷에는 긍정적이면서 강렬한 감정과 느낌을 가져야 한다. 강한 감정은 자신이 경험한 것을 기억하는데 큰 역할을 하기 때문이다.

걱정을 많이 한다는 것은 신체적으로 잘못된 연습을 하는 것과 같다. 다음 대회를 위해 준비하기 위한 약간의 걱정은 괜찮다. 그러나 준비를 잘하다가도 대회 바로 직전에 걱정의 양을 4배로 늘리면 자신이 원하는 결과를 만들어내지 못한다. 걱정은 연습과 준비를 잘하기 위해 사용되어야 한다. 그러면 대회가 가까워질수록 걱정할 필요 없고 마음의 평화를 얻을 수 있다. 이는 마치 투어에서 새로운 돌풍을 일으킨 윌 잘라토리스와 같은 태도이다. 그는 항상 경기에 들어설 때마다 평화로운 마음을 가진다. 그가 콘 페리 투어2부 투어에 있을 당시 80%의 그린 적중률을 기록했다. 잘라토리스는 2020년 윙드 풋에서 열린 US오픈에서 공동 6위를 기록했으며, 2021년에는 루키로서 우승에 한 타 차까지 접근했다. 그는 6세 때 연습장에서 켄 벤투리를 만났는데 벤투리는 그립을 가르쳐주면서 잘라토리스가 정말 골프를 좋아하고 자신에 대한 강한 믿음이 있다는 것을 감지했다. 그리고 그의 부모에게 그런 잘라토리스의 태도에 방해가 되지 않도록 해야 한다고 말해주었다.

누구나 의심의 순간이 찾아올 수 있다. 그러나 그런 순간을 통해 강해지고 인내해야 한다. 의심에 빠져서는 안 된다. 좋은 태도가 갖춰지기 시작할 때 완벽함을 생각해서는 안 된다. 나는 사람들에게 늘 90% 정도면 충분하다고 말한다. 의심을 극복하기 위한 한 가지 방법은 경쟁에 대한 압박을 갖지 않는 것이다. 시카고 컵스 매니저 조 매든은 2016년 자신의 팀을 월드 시리즈 우승1908년 이래로 팀의 첫 우승으로 이끌 때 선수들에게 이렇게 말했다. "압박이 즐거움을 넘지 않도록 해야 한다." 골프로 경쟁하는 이유는 자신이 골프를 좋아하기 때문이다. 이 점을 확실히 해야 한다. 과정과 경험, 그 여정을 즐겨야 한다. 결과는 중요하지만 수행에 지장을 줄 정도로 집착해서는 안 된다.

어떤 선수들은 점점 나아지는 방법을 찾으면서 더 열심히 노력하고 어느 단계에서는 좋아지기도 한다. 하지만 만족을 느끼지 못하는 특정 선수들에게는 함정이 되기도 한다. 완벽주의는 해로울 수 있다. 더 많은 것을 바라면서 인내심을 갖기란 쉽지 않다. 이런 선수들에게 말하고 싶은 점은 연습장에서는 만족이 되지 않더라도 상관없지만, 골프 코스에 들어서면 자신이 가진 것에 만족하고 그것을 받아들여야 한다는 것이다. 연습과 실전을 구분해야 한다. 항상 더 바라는 태도는 준비할 때나 연습할 때는 좋다. 하지만 게임을 할 때는 자신의 게임이 어느 수준

벤 호건의 자신감

내가 톰 카이트를 처음 만나 지도할 때 게리 코흐 로저 말트비와 함께 도랄에 있었다. 나는 벤 호건의 베스트셀러 『다섯 가지 레슨』의 한 구절을 읽었다. 이 책은 허버트 워렌 윈드와 함께 현대 골프의 기초를 정립한 것이다. 한 구절을 다 읽었을 때 톰이 말했다. "그 내용은 책에 없을 겁니다."

내가 말했다. "아니, 95페이지에 있어."

그러자 톰이 말했다. "제가 그 책을 200번 읽었는데, 전 그 내용을 본 기억이 없습니다."

다시 내가 말했다. "톰이 그 책을 읽었을 때는 완벽한 스윙을 찾는 중이었겠지. 그때 자네는 호건이 말하려는 것에 집중하지 않았어."

그 내용은 이렇다. "대부분의 골퍼는 오랜 시간을 거쳐 자신감을 획득한다. 호건은 자신감이 넘쳤고 멋진 스윙을 가지고 있었다. 그는 스코틀

랜드인마저도 감탄하여 '작은 아이스몬(The Wee Icemon)'이라고 부를 만큼 냉정함과 자신감 넘치는 플레이를 했다. 호건은 스윙과 자신감 중 스윙을 먼저 완성시켰다. 그는 시합에서 우승할 만큼의 좋은 스윙을 가지고 있었지만, 여전히 예측할 수 없는 시간을 보냈다. 호건은 그것이 어떻게 일어났는지 묘사한다. '나는 1946년까지 내 게임에 대해 진정으로 자신감을 느껴본 적이 없다. 그해까지만 해도 내가 코스에서 잘하고 있을 때는 감이 좋고 좋은 모습을 보여줄 것이라는 점을 알았지만 라운드 전에 69타를 칠지 79타를 칠지는 알 수 없었다. 나는 내 게임이 언제라도 엉망이 될 수 있다는 것을 느꼈다. 만약 내가 최상의 컨디션이 아니라면 나는 여전히 좋은 경기를 할 수 있다는 확신이 없었다. 투어에 있는 내 친구들은 그처럼 완벽한 스윙을 가지고 있으면서 바보같이 왜 그런 걱정을 하냐고 말하곤 했다. 하지만 나는 의심을 멈출 수 없었다. 내가 얼마나 잘하고 있는지와 상관없이 여전히 다음날과 또 다음날이 걱정되었다.

1946년, 나의 태도는 갑자기 바뀌었다. 나는 솔직히 경기에 나갈 때마다 꽤 잘할 수 있을 것 같다는 확신이 들기 시작했다. 내가 갑자기 모든 것을 잃을 수 있다고 느낄만한 타당한 이유가 없다고 생각했다. 나의 새로운 자신감 뒤에는 이런 태도가 있었던 것 같다. 우선 주어진 일에 있어서 완벽하게 하려는 태도를 버렸다. 왜냐하면 단 하나의 빈틈도 용납하지 않으려는 나의 완벽주의는 가능한 일도 아니고, 바람직하지도 않고, 필요한 일이 아니기 때문이다. 이 사실은 내 마음속에서 분명해졌다. 선수가 점검해야 할 부분은 기본 동작이다. 그런 것들은 많지 않다. 나는 닭이 먼저인지 달걀이 먼저인지는 모르지만, 거의 동시에 내가 믿을만한 골프를 할 수 있는 능력이 있다는 것을 느끼기 시작했다. 심지어는 내가 최상의 컨디션이 아닐 때도 샷이 새롭게 느껴졌고, 더 안정적으로 일관성을 보이기 시작했다.'"

우리는 호건의 이야기를 통해 모든 것을 배울 수 있다.

에 있는지, 그 순간 무엇을 잘하는지를 정직하고 정확하게 평가해야 한다.

　일부 지도자들은 항상 선수들에게 스윙을 향상시켜야 한다고 말한다. 나는 이것이 많은 부작용을 일으킨다고 생각한다. 존재하지도 않는 완벽을 추구하도록 만들고, 지도자들 사이를 옮겨 다니도록 하여 서로 다른 지도철학과 다른 방식에 의해 혼란만 가중한다. 역사가 말한다. 우리에게 진정으로 위대한 선수들은 보통 한 명 혹은 두 명의 지도자가 있었고 평생 그들과 함께 해왔다. 로리 맥길로이는 여전히 어린 시절 지도자였던 북아일랜드 출신의 마이클 배넌을 만나고 있다. 니클라우스는 그라우트가 세상을 떠날 때까지 만났고 그 이후로는 짐 플릭이 세상을 떠날 때까지 만났다. 아놀드 파머는 오로지 그의 아버지 디콘의 말만 들었고 다른 지도자는 만나지 않았다. 보비 존스의 유일한 지도자는 스튜어트 메이든이었다. 명예의 전당에 오른 낸시 로페즈는 그녀의 아버지 도밍고의 말만 따랐다. 로레나 오초아는 어린 소녀였을 때부터 28세에 은퇴할 때까지 과달라하라에 있는 라파엘 알라콘으로부터 배웠다.

　타이거 우즈는 예외라고 할 수 있다. 타이거가 몇몇 지도자들을 만난 것은 사실이지만 그의 첫 번째 지도자 루디 듀란과 존 안셀모, 아버지 얼은 다른 지도자들이 좋은 가르침을 줄 수 있도록 확고한 기초를 잡아주었다. 부치 하먼, 행크 해니, 션 폴리, 크리스 코모 등 누가 됐든 간에 타이거의 지도자들은 항상 그를 믿었다. 타이거가 5세가 되었을 때 이미 어떻게 점수를 내야 하는지 알았다는 점도 중요하다. 스윙이 어떻게 되더라도 공을 홀에 넣을 수 있다는 점을 어린 나이에 알았다는 것이다. 그 깨달음은 타이거를 자유롭게 했다. 이는 타이거로부터 배워야 할 점이다. 라운드당 파 온을 13번 정도 성공한다면 좋은 기록이지만 스윙의 완벽과는 무관한 이야기다. 그것은 경쟁할 수 있고 신뢰할 수 있는 스윙의 개발을 의미한다. 궁극적으로 그것은 자신을 믿고, 공을 홀에 넣을 수 있다는 능력에 대한 믿음과 관련한 것이다.

무엇을 하든 자신의 스윙을 찾기 위해 노력할 때 당황하지 않는 법을 배워야 한다. 두려움은 모든 종류의 문제를 일으킨다. 자신의 게임에서 문제가 발생하기 시작한다면 새로운 지도자를 찾거나 인터넷을 검색하기 전에 가장 최근 플레이가 잘 되었을 때 어떻게 했는지 떠올려봐야 한다. 나는 최근에 다른 지도자를 찾으려고 고민하는 어린 선수를 지도했다. 그에게 물었다. "마지막으로 좋은 게임을 했을 때가 언제였지?" 그는 2017년이라고 대답했다. 그래서 나는 2017년에는 어떻게 했는지를 물었다. 그는 핸드폰에 메모해둔 것을 보면서 그때의 영상들을 돌려보았다. 그는 흥분된 어조로 말했다. "오 이런, 그때는 제 스윙이 너무 달랐네요." 나는 지도자를 바꾸기 전에 우선 만나서 상의해보라고 했다. 그런 후 지도자와 선수는 3년 전 스윙으로 돌아가야 한다는 것에 동의했다. 선수는 자신의 지도자에게 다시는 이렇게 멀리 가지 않도록 해달라고 이야기했다. 때로는 과거를 돌아보는 것만으로도 일이 단순하게 풀리기도 한다.

유럽의 유능한 지도자 밥 토런스는 패드릭 해링턴의 메이저 대회 3승을 도왔고, 자신의 아들 샘을 라이더 컵 주장으로 키웠다. 그는 감이 좋을 때 긴장감 속에서 좋은 샷을 치는 것도 하나의 실력이지만, 감이 좋지 않을 때 좋은 샷을 치는 것은 더 좋은 실력이라고 말했다. 이는 프로 선수들뿐만 아니라 보통의 많은 골퍼에게도 중요한 문제이다. 그것은 설령 그날 최고의 스윙이 되지 않더라도 자신의 능력을 믿고 공을 홀에 넣어 스코어를 만들 수 있느냐의 문제이다. 이것이야말로 골프하는 법을 아는 것이라 할 수 있으며, 그것은 스윙에 대한 자신감이 아닌 '나 자신에 대한 자신감'이라고 할 수 있다. 나는 이것을 골프 자신감 vs 스윙에 대한 자신감으로 부른다.

많은 지도자가 스윙에 대한 자신감에 대해 이야기하지만 결국 자신에 대한, 공을 홀에 넣을 수 있는 능력에 대한 믿음인 골프 자신감으로 완성되어야 한다. 많은 투어 선수들은 오직 자신이 원하는 스윙이 될 때만 점수를 잘 만들어낸다. 이런 선수들은 1년 내내 꾸준한 성적을 내지 못한다. 하지만 훌륭한 선수들은 공을 어떻게 치느냐 하는 방식의 문제와 상관없이 골프 자신감 혹은 점수를 만드는 자신감을 가지고 있다. 그들은 단지 전략을 바꿀 뿐이고, 공이 잘 맞지 않을 때 홀에 공을 잘 넣기 위한 방법을 찾는 것에 재미를 느끼고, 이것을 자부심의 원천으로 여긴다. 브라이슨 디섐보가 좋은 예이다. 사람들은 그가 US오픈에서 우승하기 전에 이미 US아마추어 챔피언십과 대학 챔피언십에서 우승했다는 것을 잊고 있다. 그가 체격에 변화를 주고 파워 게임을 하겠다고 결심하기 전, 그는 이미 자신에 대한 자신감과 스코어를 잘 만들어 낼 수 있다는 자신감이 있었다. 또한 최고 수준의 압박에 대처하는 능력에 대한 강한 믿음이 있었다.

필 미켈슨의 믿음

사람들은 필 미켈슨이 최고의 대학 선수였고, US아마추어 우승자이며, 심지어 프로로 전향하기 전 투어 대회까지 우승했기 때문에 항상 최고의 재능과 자신감을 가지고 있다고 생각한다. 그러나 사람들이 놓치고 있는 것은 그가 처음으로 메이저 대회에서 우승했던 2004년 마스터스 전까지 무려 47번의 메이저 대회에 참가했다는 사실이다. 미켈슨은 아쉬운 상황들을 겪으면서 실망으로 끝나는 경우가 많았다. 심지어 US오픈에서는 2위를 6번이나 했다. 그러나 첫 메이저 대회인 마스터스에서 우승한 이래로 2번의 마스터스와 2번의 PGA 챔피언십 그리고 1번의 브리티시오픈에서 우승했다. 그는 프로 첫 메이저 대회를 돌파하기 전까지 13년 이상 자기 자신과 자신이 하는 일을 믿었다. 미켈슨의 자신감과 노력은 2021년 PGA 챔피언십에서 극적으로 우승하면서 다시 한번 보상받았다. 그는 50세의 나이로 역사상 가장 나이 많은 메이저 챔피언이 되었다. 미켈슨이 잘한 것은 너무 일찍 포기하지 않았다는 점, 도전을 멈추지 않았다는 점, 자신에 대한 믿음을 유지했다는 점이다. 그렇지 않았다면 미켈슨은 결코 꿈을 이루지 못했을 것이다.

"언제나 상황을 대수롭지 않게 생각하고, 그날 자신이 가지고 있는 능력으로 공을 홀에 넣을 수 있는 방법을 찾아야 한다." 이는 공이 잘 맞지 않았어도 우승할 수 있었던 타이거 우즈가 세계를 향해 알리고자 했던 것이다. 이것은 다른 경쟁자들이 마음속에서 사라지고, 오직 자신과 코스를 상대로 경기하는 것을 의미한다. 자신만의 작은 세상에 빠지는 것이다. 2016년 올림픽에 참가한 우크라이나 출신 엘리나 스비톨리나는 세레나 윌리엄스를 꺾은 후 이렇게 말했다. "저는 그냥 여유로운 마음으로 순간에 집중하면서 공을 쳤어요. 저는 상대 선수와 경기하려 하지 않았습니다. 그저 단순히 공을 찾아다녔고 때리기만 했어요."

강한 마음을 가지고 있는 사람이라면 스스로에게 훌륭한 일을 해낼 것이라는 믿음을 줄 수 있다. 타이거 우즈는 2000년 발할라에서 열린 PGA챔피언십 최종일 18번 홀 그린에서 왼쪽에서 오른쪽으로 휘는 어려운 2m 퍼팅을 성공시켰다. 이 퍼팅으로 타이거는 밥 메이와 동타를 이루며 연장전에 들어갔다. 캐디였던 스티브 윌리엄스는 타이거에게 그 퍼팅에 대해 어떻게 생각하느냐고 물었고 타이거는 대답했다. "그 퍼팅은 제 어머니도 성공시킬 수 있습니다. 전 타이거 우즈입니다. 당연히 성공하겠죠." 타이거는 밥 메이와 함께 연장전에 돌입했고, 타이거 슬램이라고 불리는 메이저 대회 3연속 우승을 차지했다. 앙헬 카브레라가 2009년 마스터스에서 우승했을 때도 비슷한 자신감을 표현했다. 나는 그에게 18번 홀 나무 밑에서 어떻게 그런 좋은 리커버리 샷을 칠 수 있었는지 물었다. 이 샷으로 그는 파 세이브에 성공했고 케니 페리, 채드 캠벨과 함께 연장전에 들어갈 수 있었다. 내가 그에게 말했다. "공간이 전혀 없어 보이던데?" 그가 대답했다. "박사님! 그 공간은 공보다 더 컸어요."

이것이 바로 자신의 능력에 대한 믿음이다. 선수들은 이런 종류의 자신감이 있어야 한다. 당신은 자신감을 만들어 낼 수 있다. 하지만 결코 쉽지 않다. 많은 절제와 인내 그리고 멘탈적인 노력과 신체적인 훈련이 필요하다.

평온한 마음이
자신의 재능을 발현시킨다

> 고요하고 평화로운 마음이 되어야 한다.
> 나는 골프할 때 불안 때문에 힘든 적이 없다.
> 왜냐하면 경기할 때 잃을 것은 없고
> 얻을 것만 있다고 느끼기 때문이다.
>
> -해리 바튼(브리티시오픈 최다 우승 기록, 6회)

해리 바튼은 골프 역사상 가장 위대한 선수 중 한 명이다. 그는 1896년부터 1920년까지 영국과 미국에서 활동했다. 오늘날 대부분의 골퍼가 사용하고 있는 기본적인 그립은 그가 사용했던 방법이며, 그의 이름을 따서 지어졌다. 게다가 바튼은 그 당시 다른 선수들보다 꾸준히 낮은 스코어를 기록했으며, PGA 투어에서는 이를 기리기 위해 매년 최저평균 타수를 기록한 선수에게 바튼 트로피를 수여한다. 이처럼 바튼은 기술적으로 거의 완벽한 스윙을 했던 것으로 평가받는다. 하지만 많은 사람들은 그가 그렇게 효율적인 골프를 하면서 많은 시합에서 우승할 수 있었던 진짜 이유를 알지 못한다. 바튼이 그렇게 코스에서 두드러진 활약을 할 수 있었던 이유는 경기할 때 평온한 마음을 가졌기 때문이다.

그는 무려 100년 전에 활동했지만 얼마나 좋은 스윙을 가지고 있는지는 중요하지 않다는 사실을 잘 알고 있었다. 골프를 할 때 무의식의 마음과 함께 자신의 스윙을 믿지 않는다면 스스로의 잠재력을 끄집어

낼 수 없다. 바든은 골프에서 최고가 되려면 고요한 마음이 필요하다는 점을 이해했다. 그는 자신을 믿었기 때문에 고요한 마음을 가질 수 있었다. 그리고 압박에서 벗어나기 위해 '잃을 것은 없고 얻을 것만 있다'라고 생각했다. 이런 생각을 가지기 위해서는 '이 샷은 중요하지 않다. 이 라운드 역시 큰 의미가 없다. 나는 여태껏 많은 라운드를 했지만 앞으로도 수백 번의 라운드를 할 것이다'라고 스스로에게 말해야 한다. 자신에게 부담을 주는 방식으로 골프를 한다면 생각은 복잡해지고 의식의 마음으로 바뀔 가능성만 높아진다. 그렇다고 방심하면 안 되겠지만 덜 신중한 태도에서 얻는 이점은 분명히 존재한다.

언제나 한 샷 한 샷에 집중하라

한 샷 한 샷에 집중하는 것은 매우 중요하다. 어떤 샷이 나오든 받아들이고 절대로 당황해서는 안 된다. 그리고 다음 샷에 집중해야 한다. 이런 멘탈에 익숙해져야 한다. 일단 샷이 끝나면 결과에 연연해서는 안 된다. 다시 칠 수도 없는 노릇이다. 그러니 다음 샷이 최고의 샷이 되도록 더 집중해야 한다.

골프를 정말 잘하기 위해서는 풀 스윙이든, 어프로치 샷이든, 벙커 샷이든, 퍼팅이든 일단 샷을 실행할 때가 되면 분석적인 마음과 의식적인 마음을 끄고 무의식 상태가 되어야 한다. 다시 말해 의식적인 생각 없이 지금 막 플레이하려는 샷에 본능적이고 반응적이어야 한다는 말이다. 몸을 통제하려는 마음을 버리라는 이야기이다. 물론 이는 마치 스윙이 망가지는 것처럼 느껴질 수도 있다. 심지어 두려움에 직면할 수도 있다. 하지만 이런 멘탈로 훈련할 수만 있다면 언젠가 자신이 진정 원하는 꿈의 샷을 치게 될 것이다. 그렇지 못하고 스윙이나 어프로치 샷 혹은 퍼팅할 때 기계적인 생각을 계속 한다면 중급 수준의 선수에 머무를 것이다. 나는 당신이 상급 수준에 있는 운동선수처럼 무의식적인 방법으로 샷을 하길 바란다.

나는 '훈련을 위한 시간이 있고 믿음을 위한 시간이 있다'라는 말을 좋아한다. 그것이 바로 운동적인 관점이다. 결론적으로 타깃 지향적인 스포츠, 특히 골프에서는 정신의 초점이 내부로부터 나와 밖에 있는 타깃으로 향해야 한다. 이제 우리는 '타깃 지향적'이란 무엇인지에 대해 길고도 가장 가치 있는 토론을 시작할 것이다. 타깃 지향적이란 한마디로 자신이 원하는 곳으로 공을 보내는 일이다. 눈으로 봤을 때 그린에 있는 핀이 타깃이 될 수도 있고, 멀리 있는 나뭇가지가 타깃이 될 수도 있다. 공의 비행을 상상할 수도 있고, 점선을 상상할 수도 있다. 어떤 것이든 상관없지만, 그것이 무엇이든 외부에 있어야 하고 공이 가기를 원하는 곳과 일치해야 한다.

작은 타깃으로 안내하고 향하게 하는 것은 쉽다. 그리고 큰 타깃으로 가도록 두는 것도 쉽다. 그러나 최고가 되고 수준 있는 골퍼가 되기 위해서는 자신의 마음이 더 작은 타깃으로 가도록 훈련해야 한다. 많은 선수들이 페어웨이가 넓으면 공이 더 똑바로 간다고 말한다. 마음이 편안하기 때문이다. 그리고 이때 우리는 자연스러운 스윙을 한다. 하지만 최고가 되려면 반드시 작은 타깃을 두고 해야 한다. 그것은 마치 스페이스X가 국제우주정거장에 우주비행사를 보내는 일과 같다. 그들은 단순히 아무것도 없는 곳으로 로켓을 쏘아 올릴 수 없고, 그저 캡슐이 알아서 목표물에 찾아가기를 바랄 수 없다. 골퍼는 타깃 지향적인 스윙을 해야 하지만 스윙 자체는 자유로워야 한다.

교육 심리학에서는 수년간 우뇌와 좌뇌의 사고에 대한 많은 연구를 진행해왔다. 이들 연구에서는 수학 문제를 풀거나 혹은 화학 방정식을 발견하거나 제트 엔진의 추진력을 계산하는 것과 같은 분석적인 사고를 좌뇌의 영역이라고 말한다. 골프에서는 스윙이나 퍼팅 스트로크의 기계적인 부분을 개발시키기 위해 혹은 전략을 세우기 위해 혹은 홀까지의 거리를 계산하거나 바람의 세기를 측정하기 위해 좌뇌를 사용한다. 반면, 우뇌는 예술이나 음악 혹은 춤과 스포츠에서 표현의 자유와 같은 창조성, 감정, 상상, 느낌 등의 영역을 담당한다. 그것은 종종 몰입해야 한다고 일컬어지는 일들이다. 골프에서는 샷을 상상하고, 퍼팅 라인을 느

니클라우스가 컨시드를 주기 전에 토니 잭린에게 한 말

토니 잭린은 1969년 로얄 버크데일에서 열린 라이더 컵에서 잭 니클라우스와 최종일 매치 플레이를 했다. 그는 18번 홀 페어웨이를 걸어오면서 엄청난 압박감을 느꼈다. 팀의 전체 점수는 동점이었고, 두 선수는 막다른 골목에 이르렀다. 잭린은 당시를 이렇게 회상한다. "18번 홀 티박스에서 내가 니클라우스보다 먼저 공이 있는 곳으로 가려고 서둘렀을 때 니클라우스가 '토니!'라고 소리쳤다. 그래서 난 그가 오기를 기다렸다. 니클라우스가 내 어깨에 팔을 두르며 말했다. '긴장하는 거야?' 내가 대답했다. '피가 마를 것 같아.' 다시 그가 말했다. '위로가 될지 모르겠지만, 나도 그래.' 이 대화에 모든 것이 담겨있다."

끼면서 타깃에 반응하거나 혹은 의식적인 생각 없이 클럽을 휘두를 때 우뇌를 사용한다.

골퍼는 정보를 수집할 때 또는 배울 때 좌뇌를 사용해야 하고, 몸을 움직여 운동할 때는 우뇌를 사용해야 한다. 훈련하고 기술을 습득할 때는 몸에 대해 생각하는 시간을 가질 수 있다. 가령 스윙을 만들 때는 손과 팔의 움직임에 대해 생각해보는 것이 괜찮다. 시간이 흐르게 되면 반복되는 어떤 동작을 만들기 위한 다양한 근육들이 훈련된다. 아마도 빠른 콕킹으로 백스윙을 하거나 하체와 함께 다운스윙을 이끄는 동작 혹은 어드레스에서 더 좋은 자세를 만들기 위한 동작을 훈련할 때는 움직임에 대한 의식이 필요하다.

> 때리는 것과 생각하는 것을 동시에 할 수는 없다.
> – 요기 베라

연습장에서 이미 스윙에 대한 많은 생각을 했다면, 코스에서는 아무 생각을 하지 않아도 된다. 그냥 믿으면 된다. 내가 만약 세상의 모든 레슨을 나 혼자만 할 수 있게 된다면 학생들은 공과 타깃 없이 거울 앞에서 모든 기술적인 연습을 하게 될 것이다. 그러면 그들은 나쁜 멘탈 습관을 갖지 않게 된다. 나한테 오는 선수 중에는 고도의 기술을 가진 선수도 있지만 그들은 절대로 스윙에 대해 생각하지 않는다. 나는 그들을 지하 상담실에 있는 거울 앞에 서도록 하고 스윙할 때 거울에 비친 자신을 보라고 요구한다. 그 이유는 자신의 스윙이 얼마나 좋은지 깨닫기를 바라기 때문이다. 대부분의 경우 그들이 얼마나 좋은 스윙을 하는지 믿지 못한다. 그들은 평소에 걱정했던 나쁜 것들을 하지 않고 있음을 깨달아야 한다. 나는 그들이 자신의 스윙이 꽤 좋다는 사실을 믿었으면 좋겠다. 그렇게만 한다면 기술적인 부분에 대한 걱정을 멈출 수 있다. 선수들은 의식적인 생각 없이 그냥 내버려 두면서 자유롭게 휘두를 수 있다. 많은 골퍼는 끊임없이 자신의 스윙이 좋지 않다는 말을 들어왔기 때문에 그것이 스윙의 이미지가 되어버렸다. 심지어 정말 좋았을 때마저도 마찬가지이다.

많은 사람은 스윙을 위해 너무 많은 공을 치기 때문에 스윙 동작을 생각하는 습관이 짧은 시간 안에 배인다. 그러다 보면 반드시 해야 하는 습관이 되어버린다. 그들은 코스에서도 계속 스윙을 위해 노력하는 것에 너무나 익숙하다. 그러면서 골프를 치고 있다는 착각에 빠진다. 결과적으로 그들은 실제로 골프를 친 것이 아니다. 그저 매일 코스에 가서 스윙 연습을 한 것이다. 그들은 이것이 왜 더 나은 플레이로 이어지지 않는지 궁금해한다.

지도자 찾기, 레슨 받기, 훈련하기와 같은 강습계획을 가지고 골프를 시작하는 대부분의 사람은 다음의 3단계 과정을 이해해야 한다. 1단계는 무의식의 무능 단계, 2단계는 의식의 능숙 단계, 3단계는 무의식의 능숙 단계이다. 자신이 만약 골프를 막 시작했다면 스윙이나 스트로크에 대해 아는 것이 없기 때문에 무의식적이고 기술이 부족한 상태라 볼 수 있다. 움직임에 있어서 '무의식적으로 무능한 단계'인 것이다.

자신이 만들고자 하는 동작을 연습할 때는 의식적으로 능숙함을 개발하기 시작하는 중급 정도의 수행자가 된다. 지금은 자신이 하는 일에

누군가의 목숨이 달려 있다면 어떻게 플레이할 것인가?

자신에게 물어보라. 만약 오늘의 라운드가 자신에게 있어서 마지막 시합이거나 혹은 마지막 라운드라는 것을 알았다면 어떻게 플레이할 것인가? 나의 제자들에게 이런 질문을 던지면 그들은 "오! 두려움 없이 플레이할 것 같은데요. 정말 여유로운 마음으로 바뀔 것 같아요. 최고의 플레이가 되도록 할 것 같습니다. 마지막이니까요." 하고 답할 것이다. 이번에는 누군가 아내와 아이들을 납치했다고 가정해 보자. 그런 후 당신에게 60대 타수를 치지 못하면 아내와 아이들을 다시는 볼 수 없을 것이라고 말한다면 어떻게 될까? 나의 제자들은 이때도 배운 대로 이렇게 말할 것이다. "좋아요. 한 가지는 약속할게요. 저는 스윙에 대해서 걱정하지 않고, 퍼팅 스트로크에 대해서도 신경 쓰지 않을 겁니다. 저는 그저 공을 홀에 넣을 생각만 할 거예요."

흥미롭게도 많은 투어 선수들이 이렇게 말한다. "주말에는 선두권으로 올라가야 합니다. 그것이 제 할 일이에요. 저는 스윙을 잊고 가능한 한 좋은 스코어를 기록하기 위해 애쓸 것입니다. 하지만 목요일 또는 금요일에는 스윙을 생각하고, 내 게임을 찾기 위해 노력합니다. 또한 날씨 걱정도 하고 그린 걱정도 합니다. 코스 조건에 대해 불만을 갖기도 합니다. 동반자를 탐탁지 않게 생각하고, 플레이 속도에 실망하면서 경기하기도 합니다. 이런 쓸데없는 생각들이 정신을 산만하게 만들지만, 그래도 경쟁을 위해 한 가지 일에만 초점을 맞추려고 해요. 어떤 것도 신경 쓰지 않고 오로지 점수를 만드는 것에만 집중합니다." 이것이 내가 말하는 마음가짐이다. 자신이 플레이하는 모든 라운드에서 이런 마음이어야 한다.

의식적이고 많은 노력을 쏟기 때문에 근육이 긴장 상태에 있다. 아직은 자신이 원하는 만큼의 리듬과 흐름, 속도가 충분하지 않다. 하지만 점점 능숙함이 생겨나기 시작하면서 '의식적으로 유능한 단계'에 진입한다.

상급의 수행자는 무의식적으로 유능한 단계이다. 이때는 기술적인 동작에 대해 생각하지 않고 수행할 수 있다. 그것은 제2의 본능이 되어 버린다. 흐름이 있고 부드럽다. 야구공을 던지든, 음악을 연주하든, 어프로치 샷을 하든 어떻게 수행할지에 대한 아무런 생각이 없다. 하지만 지도자를 바꾸거나 스윙에 대한 접근 방식을 바꾸거나 혹은 퍼팅 스트로크를 바꾸거나 할 때는 다시 의식적으로 능숙함을 개발해야 하는 중급의 수행자로 돌아가게 된다. 나는 항상 이러한 과정을 지적한다. 시간이 지나고 많은 연습을 하게 되면 다시 의식적으로 능숙한 단계로 진입하게 될 것이다. 이러한 변화가 대수롭지 않게 여겨질지 모르지만 이런 과정은 시간이 많이 걸린다. 그래서 꼭 필요한 과정인지 신중하게 생각하고 실행하는 것이 좋다. 이때 자신의 헌신과 끈기가 발휘된다.

나는 이러한 과정을 종종 음악 교육과 연관 지어 이야기한다. 음악가는 골퍼와 비슷한 문제를 다루기 때문이다. 록 밴드의 기타 연주자는 노래와 함께 기타 연주를 하면 훨씬 더 나은 공연을 할 수 있다고 말한다. 왜냐하면 기타에 대한 의식적인 통제를 완전하게 버릴 수 있기 때문이다. 드럼 연주자도 똑같이 말한다. 대부분의 드럼 연주자는 노래를 전혀 부르지 않아도 되지만 노래를 하는 척 한다고 이야기한다. 그렇게 하면 마음이 드럼을 친다는 의식적인 생각으로부터 벗어날 수 있기 때문이다. 이제 나는 음악가를 볼 때 완전하게 느낌과 귀로 익혔는지, 기술적인 생각을 하는지 안 하는지를 구분할 수 있다. 생각하지 않는 연주자는 멋진 음악을 들려준다. 그리고 우리가 음악에서 영재를 만날 수 있는 것처럼 골프에서도 영재를 찾을 수 있다. 타이거 우즈나 로리 맥길로

투어에서 낮은 스코어를 기록하는 것이 더 쉽다

언젠가 콘 페리(2부 투어)에 참가하는 한 선수를 지도한 적이 있다. 그는 시합에서 18언더파를 쳤지만, 대학에서는 그런 스코어를 한 번도 내지 못했다. 나는 항상 어린 선수들, 특히 대학 선수들에게 말하는 것이 있다. 간혹 그들의 투어 성적 혹은 우승 성적을 보면 20언더파와 같은 믿을 수 없는 성적을 내는 것을 볼 수 있다. (더스틴 존슨은 2020년 노던 트러스트에서 30언더를 쳤다.) 하지만 대부분의 대학 선수들이 20언더파를 기록하기란 쉽지 않다. 그들이 20언더파까지 치는 것을 원하지 않기 때문이다. 하지만 프로가 되면 TV 시청률이 중요하고, TV는 최대한 낮은 스코어를 요구한다. 그렇다고 선수들이 더 낮은 스코어를 치기 위해 애쓸 필요는 없다. 애초에 코스가 낮은 스코어를 기록하기 쉽도록 설정되어 있기 때문이다. 더 좋은 성적을 위해서 특별한 마음을 가질 필요도 없다.

조던 스피스나 저스틴 토마스, 매튜 울프, 콜린 모리카와 같은 프로 선수들의 평균 스코어를 보면 대학 선수들의 평균 스코어보다 더 낮게 나타난다. 그 이유는 코스 세팅이 그렇게 설정되어 있기 때문이다. 나는 어린 선수들에게 너무 겁먹지 말라고 말해주고 싶다. 성적은 단지 숫자일 뿐이다. 어떤 의미도 부여하지 않아야 한다. 이런 생각으로 플레이한다면 코스는 당신에게 좋은 성적을 안겨줄 것이다. 하지만 프로가 되어 투어를 뛸 때 그들은 매 홀 5번 아이언을 쳐야 한다고 생각하다가 경기를 망친다. 투어에서는 그린 상태나 벙커 상태가 더 좋고, 모든 것이 일정하기 때문에 낮은 스코어를 기록하기가 더 쉽다.

이가 5세였을 때의 영상을 보면 현재의 스윙과 크게 다르지 않다. 차이점이 있다면 몸이 더 커지고 힘이 더 세졌다는 것뿐, 전체적인 움직임은 거의 비슷하다. 바꾸어 말하면 어떤 사람들은 이런 단계를 거칠 필요조

차 없다. 그들은 시작할 때부터 다른 사람들을 흉내 내면서 거의 무의식적으로 플레이한다.

이는 춤을 출 때 의식적인 마음을 가지고 있는 사람으로 설명할 수 있다. 어떤 사람들은 술이 몇 잔 들어갈 때까지는 춤을 출 수 없다고 말한다. 술이 깨고 나면 얼마나 형편없이 춤을 췄는지에 대해 떠올리겠지만 말이다. 보통은 춤을 출 때 손은 어떻게 할지, 머리는 어떻게 할지, 발은 어떻게 할지를 생각한다. 이렇게 추는 춤은 리듬과 자연스러움이 없어 보인다. 이때 술이 몇 잔 들어가면 마치 자신이 유명한 댄서가 된 것처럼 춤을 춘다. 다음 날 친구들은 이렇게 말할 것이다. "친구야, 지난밤 끝내주게 춤 추던데?" 친구들은 지난밤에 찍어둔 동영상을 보여주며 정말 잘 춘다고 치켜세울 것이다. 동작에 대한 지시를 멈추고 단지 음악에 맞춰 몸을 반응시켰을 뿐인데도 말이다. 골프를 할 때 우리는 술 없이도 그런 상태가 되어야 한다.

이는 또한 디즈니 월드에서 캐리커처를 그리는 화가와 같다. 화가는 대상의 얼굴을 보며 자신의 손을 그저 보이는 것에 반응시킨다. 자신의 손을 보지도 않지만, 손이 무엇을 해야 하는지도 생각하지 않는다. 모든 움직임은 본능에 의해 일어날 뿐이다. 무의식적으로 능숙한 단계에 있는 것이다. 화가는 마음속에 그림을 가지고 있으며, 손은 그저 그것에 반응한다. 음악가는 머릿속에 노래를 담고 몸은 그것에 반응한다. 골퍼들은 눈으로 혹은 마음의 눈으로 타깃을 보아야 하며, 몸은 그것에 반응해야 한다. 그것이 바로 자신이 원하는 골프를 만드는 방법이다.

몇몇 투어 선수들은 플레이가 잘될 때 수년간 자신의 머리를 스치는 특정 노래가 있었다고 이야기한다. 최근 매튜 울프는 경기에서 확실한 마무리 후 이렇게 말했다. "저는 아이스크림 트럭을 믿어야 합니다. 오늘 하루 종일 제 머릿속에서 아이스크림 트럭 노래가 맴돌았어요. 그것은 무의식의 골프가 되도록 도움을 주었습니다." 투어 프로 선수였던 제리 허드도 무의식의 마음을 만들기 위해 대중가요에 의지했다. 1972년, 스포츠 일러스트레이티드는 다음과 같이 보도했다. "허드는 코스에서 벗어나면 눈앞의 시합 혹은 자신의 게임에 대해 생각하지 않기 위해 기분전환 거리를 찾아야 했다. 그는 불안한 마음을 가지고 있는 친구였다. 하지만 허드는 변했다. 그는 차분한 마음으로 휘파람을 불었다. 보통은 페어웨이를 거닐면서 '고향길로 데려다주오Take Me Home, Country Roads'를 불렀다." 잭 니클라우스는 두 번의 US아마추어 우승 중 한 대회에서 캐롤 채닝의 노래가 머릿속을 스쳐 지나갔다고 말했다. 중요한 것은 귀에 익은 노래나 멜로디가 자신의 의식적인 마음을 잠재우면서

거울에 무엇이 보이는가?

거울을 보면서 자신이 무언가 할 수 있다는 믿음을 가질 수 없거나 혹은 거울을 보는 것 자체가 내키지 않는다면, 거울에 비친 안 좋은 것들을 버릴 줄 알아야 한다. 그리고 거울에 비친 자신을 바라볼 때 다른 방식으로 보는 법을 훈련해야 한다. 나는 선수들에게 이런 말을 해준다. "내가 그들을 볼 때 재능과 잠재력이 풍부하다고 생각하는 것처럼 자신도 그렇게 볼 수 있어야 한다. 복싱을 할 때 보이지 않는 것을 칠 수 없다. 인생을 살아갈 때 모든 것이 기적인 것처럼 혹은 아무것도 기적이 아닌 듯 살아야 한다. 우리는 현실에 대해 이야기할 수 있지만 자신에게 마법을 보여줘야 한다."

코스에서 무의식의 마음이 되도록 돕는다는 것이다.

나에게 지도받는 어떤 사람들은 이렇게 말한다. "그래서 박사님은 제가 코스에서 언제나 무의식이 되길 바라시는 건가요?" 그러면 나는 최소한 몸을 움직일 때만큼은 무의식이 되길 바란다고 말한다. 그전에는 분석적인 생각이 있어도 괜찮다. 공 뒤에서 혹은 공에서 떨어져 거리를 계산하고, 클럽을 선택하고, 모든 것을 결정한 후에는 그 결정에 전념해야 하는 시간과 장소가 있다. 하지만 일단 루틴이 시작되면 타깃에 반응하는 움직임에 전념해야 하고, 플레이 속으로 완전하게 빠져들어야 한다. 나는 선수들이 첫 번째로 느끼는 본능을 따라가길 바란다. 왜냐하면 샷을 실행하기 위해 준비하는 동안 의식의 마음이 커지는 것을 방지할 수 있기 때문이다. 샷을 하기 위해 몸을 움직이거나 어프로치 샷이나 퍼팅 스트로크를 무의식적인 마음가짐으로 해야 한다. 또한 결단력이 높을수록 혹은 완전히 결정을 내릴 때까지 공에 다가가지 않을 거라고 다짐할수록 의식을 잃기 더 쉬워진다. 작은 의심이나 우유부단한 태도는 의식의 마음을 켜서 동작을 지나치게 통제하도록 만드는 경향이 있다.

기술의 완벽함보다 커다란 마음과 건강한 마음이 더 중요하다.
– 밥 토렌스 (라이더 컵 주장이었던 샘 토렌스의 아버지이자
스코틀랜드의 전설적인 지도자)

2020년 윙드 풋에서 열린 US오픈 기간 동안 우리는 TV 카메라를 통해 최종 우승자인 브라이슨 디섐보가 얼마나 분석적인 사고를 하는

지, 매 샷을 준비할 때 어떻게 정보를 처리하는지를 자세히 들여다볼 수 있었다. 많은 TV 분석가들은 그의 과학적인 접근에 주목했다. 디섐보는 야디지 북을 연구하고, 캐디와 다양한 변수들에 대해서 의논하고, 바람을 체크하며, 공이 떨어질 곳을 확인하면서 모든 상황을 분석했다. 그러나 분석가들이 언급하지 않는 것이 있다면 그는 일단 모든 정보를 자신의 컴퓨터인 뇌에 입력한 후 모든 정보가 제자리를 찾으면 정신의 일부를 끈다. 그리고 무의식이 되면서 자유롭고 여유로운 마음 상태가 된다. 그는 타깃 지향적이 되면서 티샷을 통쾌하게 날려버린다. 아이언 샷과 퍼팅도 마찬가지이다.

골프 선수는 시합 전에 견고하고 완전한 계획을 세워야 한다. 연습 라운드가 모두 끝날 때쯤이면, 티샷할 때마다 어떤 타깃을 정해야 하는지 이미 알고 있어야 한다. 또한 어떤 클럽을 잡을지, 기상 조건이 어떻게 바뀔지 미리 알고 있는 것이 좋다. 그러면 골프장에 왔을 때 많은 생각을 하지 않아도 된다. 예를 들면 파5 홀에서 세컨드 샷을 칠 때 어느 정도의 거리에서 어디로 레이 업을 할지 미리 계획을 세우는 것이다.

다시 말하자면, 코스를 어떻게 공략할 것인지 전략이 있어야 한다는 말이다. 완벽한 준비는 플레이하는 동안 고요한 마음을 가질 수 있도록 돕는다. 그것은 마치 시즌 초에 새로운 공격법을 배우는 농구팀과 같다. 모든 선수는 어디로 가서 무엇을 해야 할지 기억하기 위해 뛰어다닌다. 하지만 시즌이 시작되어 시간이 흐르고 나면 모든 것은 본능적으로 되고 자동으로 이루어진다. 준비는 중요하다. 일단 경쟁이 시작되면 그렇게 많은 생각을 하지 않아도 된다. 그리고 점점 더 나은 플레이를 하기 시작한다.

어떤 선수들은 캐디로부터 거리와 함께 어떤 클럽을 잡을지에 대한 정보까지 받는다. "나에게 퍼팅 라인을 알려주고 어디로 칠지도 알려주세요." 이런 방법의 이점은 생각하는 시간을 최소화할 수 있다는 것이다. 이는 포수에게 투수가 던질 위치를 모두 정하도록 결정권을 주는 것과 매우 비슷하다. 나는 선수들에게 첫 번째 본능을 따라가도록 말한다. 만약 캐디가 거리에 대한 정보를 준다면 클럽 선택은 처음에 생각한 대로 결정하는 것이 좋다. 그린을 읽을 때도 처음 본 라인을 선택하는 것이 좋다. 샷과 샷 사이에 긍정적으로 갈 수도 있고 혹은 마음이 완전하게 길을 잃을 수도 있다. 하지만 어드레스를 할 때면 무의식의 상태가 되어야 한다. 내가 고요한 마음에 대해서 말할 때 신경 쓰는 것은 자신의 몸을 움직일 때면 의식적인 마음을 끄고 타깃 지향적인 태도가 되어야 한다는 점이다.

평가자는 오직 한 명뿐이다

유명한 발레 무용수 수잔 패럴은 작가 조슈아 울프 솅크와의 대화에서 자신은 안무가 조지 발란신을 기쁘게 할 생각만 한다고 말했다. 발란신은 매우 유명한 안무가이다. "저는 그가 원하는 대로 하고, 안무를 잘 소화하기 위해 최선을 다할 겁니다. 그리고 그를 저의 유일한 평가자로 생각할 것입니다. 그러면 저 자신에 대해서 비판하는 것을 줄일 수 있습니다." 골프 선수 역시 스윙 코치와 멘탈 코치와 함께 그러한 태도를 가져야 한다. 평가와 비판은 코치들에게 맡기고 선수 자신은 그저 경기에만 집중해야 한다.

선수들은 나에게 묻는다. "라운드할 때 스윙에 대한 생각을 하지 않을 수 없다면 어떻게 하나요?" 그러면 나는 그들에게 이렇게 대답한다. "내가 만약 악마와 거래를 해야 한다면 잠시 동안 스윙에 대한 생각을 딱 한 가지만 허락하겠어. 하지만 간단하고 쉬운 것이어야 하고, 일관성이 있어야 해. 그리고 루틴 안에서 할 수 있어야 하며, 좋은 샷이 나오지 않을 때도 달라지지 않아야 해."

열정이 넘치는 골퍼들은 자칫 기술에 지나치게 중점을 두고, 기술적으로 과잉 교육을 받는 경향이 있다. 그것이 잘못되었다는 이야기는 아니다. 단지 기술 안에서 길을 잃지 않아야 한다는 말이다. 결국 골퍼로서 자신이 원하는 꿈을 이루고자 한다면 무의식적으로 능숙해져야 한다. 우리가 연습하는 이유가 바로 그것이다. 우리는 플레이할 때 생각할 필요가 없다.

나를 놀라게 하는 것은 선수들이 아무리 형편없는 성적을 기록하더라도 날마다 의식적으로 경기를 시도한다는 사실이다. 그들에게 무의식적인 플레이를 요구한다 해도 한 번의 미스 샷만 나오면 다시 의식적인 플레이로 돌아가려 한다. 무의식적인 플레이를 고수해야 한다. 그런 방식이 충분히 편안해질 만큼, 어떤 깨달음이 올 때까지 계속 시도해야 한다. 어떤 사람들은 마음이 바쁘고 의식적으로 활발해서 생각이 많아지고, 또 어떤 사람들은 완벽하지 못한 샷을 칠 때마다 스스로 생각해냈거나 혹은 자신의 지도자가 가르쳐주었던 다른 스윙을 시도한다. 다른 스윙 생각은 더 나쁘다. 많은 지도자를 만나온 선수들은 스윙 생각으로 더 복잡해지기 쉽다.

그들은 만족스러운 결과 없이 날마다 그런 태도에 머물러 있다. 결코

경기에서 문 걸어 잠그기

다른 스포츠의 코치들은 게임이 일단 시작되면 문을 걸어 잠그라고 말한다. 경기가 시작되면 게임을 위한 것, 성공을 위해 필요한 것 외에는 다른 생각을 하지 않아야 한다. 게임 계획을 실행하는 것이 유일한 초점이 되어야 한다. 골프에서도 똑같아야 한다. 집중을 방해하는 것들을 없애야 하고 잡생각을 차단해야 한다. 부정적인 생각도 버려야 한다. 첫 번째 티에서부터 마지막 그린의 마지막 퍼팅을 성공시킬 때까지 루틴에 집중하는 것, 가능한 한 최고의 스코어를 기록하는 것보다 더 중요한 것은 없다.

다른 길을 생각하지 못한다. 그들은 다른 활동에서 성공적이었던 경험 때문에 의식적이고 의욕적인 마음에 푹 빠져 있다. 하지만 그런 마음은 골프에서는 절대 통하지 않는다. 어느 순간 완전한 골퍼가 되기 위해서는 고요하고 무의식적인 마음을 갖기 위한 극적인 변화가 필요하다. 효과를 보지 못한 선입견이나 고정관념은 버려야 한다. 처음에는 두렵게 느껴지겠지만 시간이 지나면 편안해질 것이다. 그리고 운동감을 느끼게 되고 힘들이지 않는 샷을 하게 될 것이다. 마침내 골프다운 골프를 치게 될 것이다.

제인 블록은 경기가 시작되기 전 자신의 루틴에 대해 이렇게 말했다. "저는 라커룸에 들어가서 혼자 구석진 곳을 찾아 그냥 앉아 있어요. 저는 코스로 가져갈 무념무상의 평화로운 상태가 되기 위해 노력합니다. 제가 만약 내 안의 모든 것을 잊고 고요함을 느끼게 되면 저는 누구에게도 질 수 없다는 것을 느낍니다." 블록은 LPGA 투어에서 27승을 기록했고, 여전히 모든 프로 투어에서 299번의 연속 컷 통과 기록을 보유하고 있다.

최고의 자리에 오르려면 모든 가능성을 열어두고, 올바른 마음가짐과 함께 자신이 생각하는 모든 한계를 버려야 한다. 이 조언은 당신의 잠재력을 최대한 발휘하도록 도와줄 것이다. 우리가 훈련하는 이유는 골프 스윙과 쇼트 게임에서 무의식적으로 능숙해지기 위함이다. 이 사실을 이해해야 한다. 당신이 그렇게 실천할 때 자신의 재능을 자유롭게 풀어줄 수 있다. 고요한 마음은 이렇게 만들어진다.

효과적인 루틴 개발

루틴을 해야겠다는 생각으로
루틴을 실행한다면 그것은 루틴이 아니다.

- 데이비스 러브 쥬니어

대부분의 골퍼는 '루틴'이라는 말을 들으면 보통 샷 하기 전의 루틴을 생각한다. 그러나 샷 하기 전의 루틴 외에도 다양한 유형의 루틴이 있다. 연습 라운드 전 루틴, 시합 전 루틴, 연습 루틴 그리고 라운드 후 루틴 등이 그것이다. 스포츠 세계에는 다른 형태의 루틴이 더 있긴 하지만, 결국 루틴의 전반적인 목표는 편안함을 만들고 마음의 안정을 찾기 위함이다.

우선 샷을 하기 전의 루틴에 대해서 이야기해보자. 최고의 샷을 때리기 위한 가장 중요한 단계 중 하나는 샷 하기 전에 일관되고 반복적인 루틴을 수행하는 것이다. 이는 클럽을 휘두르기 전에 따라야 하는 일련의 생각과 행동에 대한 것을 말한다. 어프로치 샷 또는 퍼팅할 때도 마찬가지이다. 골퍼는 매 순간 같은 방식으로 루틴을 수행해야 하며, 완전히 몸에 배도록 연습해야 한다. 특히 긴장감이 맴돌 때 매 샷에서 루틴을 지킨다는 것은 의심을 버리고 집중을 유지한다는 의미이다. 또한 리듬을 유지하고 차분함을 유지한다는 의미이기도 하다.

견고하고 일관된 루틴은 샷을 할 때마다 머리를 맑게 하고 샷에 전념하도록 만든다. 그것은 공 뒤에서의 행동을 매우 규칙적으로 만드는 것이고, 어드레스를 한 후의 행동을 한결같이 하는 것이다. 샷을 한 후에는 어떤 결과라도 받아들이고, 다음 샷에 집중해야 한다. 그러면 다시 최고의 샷을 칠 수 있다. 연속해서 일관된 루틴을 만들고 실행하는 것이 하나의 도전처럼 느낄 수도 있지만, 그것은 점점 더 좋은 플레이가 되도록 도울 것이다.

나는 내가 좋아하지 않는 루틴에 관한 많은 것을 파악했다. 사람들은 루틴에 대한 이야기를 들으면 갑자기 신중한 태도와 함께 바짝 긴장해야 한다고 생각하는 경향이 있다. 그들은 마치 스윙을 시작하기 전 지켜야 하는 아주 복잡하고, 길고, 자세한 체크 리스트를 가지고 있는 것 같다. 루틴은 시간을 끌지 않고 단순해야 한다. 어떤 선수는 자신이 좋아하는 루틴 또는 자신의 성향에 적합하다고 생각하는 투어 프로의 루틴을 그대로 따라 한다. 또 어떤 선수들은 자신만의 독특한 루틴을 만들기도 한다. 어떤 루틴이든 간에 직관적이고 운동적이어야 한다. 루틴은 복잡하지 않아야 하고, 볼에 어드레스를 한 후에는 아주 짧은 시간만 소비해야 한다. 특히 타깃을 마지막으로 보고 난 후 백스윙을 시작할 때까지는 시간을 지체해서는 안 된다.

루틴은 오직 게임을 하는 동안에만 해야 하는 일은 아니다. 루틴은 연습할 때도 있어야 하며 심지어는 연습 전에도 있어야 한다. 코스로 가서 연습하기 전에 먼저 무엇을 할 것인지, 얼마나 할 것인지 계획을 세워 루틴으로 만들어야 한다. 자신에게 물어보라. '연습의 목적이 무엇인가? 오늘 나의 게임을 위해 어떤 것을 노력해야 하는가?' 선수는 계획된 루틴이 있어야 한다. 미식축구나 농구 코치는 15분마다 선수 개개인이 훈련해야 할 계획 없이는 연습을 진행하지 않는다. 코치들은 늘 계획대로 진행한다. 굳이 기록하지는 않더라도 대부분의 위대한 골퍼들은 연습장에 있을 때 계획을 가지고 있다. 그들은 단지 이런 생각으로 연습장에 나타나지 않는다. '음... 내가 오늘 무엇을 할 수 있을까 궁금하네?'

연습 계획 루틴에 대해 좀 더 구체적으로 들어가 보자. 자신에게 물어보라. "요새 나의 게임은 어땠지?" 이렇게 말할 때도 있다. "글쎄, 지금 당장은 롱게임에 좀 더 시간을 보내야 해." 하지만 가끔은 이렇게 말할지도 모른다. "최소한 감을 유지하기 위해 쇼트 게임에 시간을 투자해야 해." 이 말은 벤 크렌쇼와 톰 카이트를 가르친 전설적인 지도자 하비 페닉의 인용문 "그렇게 멋진 퍼팅이 될 때 그 방법을 잊지 마라"와 비교할 수 있다.

골프 선수는 무슨 연습을 할지 계획이 있어야 하고, 경기 시간에 가까워질 때는 또 어떤 연습을 해야 할지 계획해야 한다. 하지만 많은 선수들이 소위 '겁에 질린 연습'을 한다. 그들은 갑자기 걱정 때문에 마지막 날 경기에 앞서 모든 것을 바꾸기 시작한다. 때때로 그들은 미스샷 한 번에 과민반응을 보이면서 스윙에 대한 믿음을 잃고 만다. 그들이 정작 해야 할 일은 이렇게 말하는 것이다. "좋아, 이제는 루틴에 집중해야겠어!" 나는 선수들에게 40분 정도로 연습을 마치도록 가르친다. 선수들은 루틴을 실행하면서 하이 페이드, 하이 드로우를 치기도 하고, 로우 페이드, 로우 드로우를 치기도 한다. 샷을 할 때는 타깃을 정해 특정 샷을 시도하지만 같은 샷을 두 번 연달아 치지 않는 것이 좋다. 또한 코스를 조금이라도 알고 있다면 코스에 있다고 상상하며 샷 연습을 하는 것이 좋다. 이것 역시 루틴의 일부이다. 이런 연습을 통해 선수들은 연습장에서 드라이버, 쇼트 아이언, 롱 아이언을 치고, 어프로치 샷을 치고 다시 드라이버를 치면서 라운드 전체를 플레이하게 된다. 나는 선수들이 마치 수영 선수가 체력을 아끼기 위해 바퀴 수를 점점 줄이는 것처럼 시합이 다가올수록 연습량을 점차 줄이기를 바란다. 대회 3일 전에 갑자기 연습량을 4배로 늘리거나 해서는 안 된다. 많은 선수들이 계획보다는 두려움에 의한 연습을 한다. 유능한 축구, 농구 코치들은 경기 하루 이틀 전 갑자기 연습 시간을 5시간으로 늘리지 않는다. 그들의 연습은 효율적이면서 하고 싶은 만큼만 진행된다. 큰 경기 바로 직전에는 무리하는 일이 없다.

시합 전날에는 몇 시간을 잘 것인지에 대한 루틴도 필요하다. 다음 날 티타임에 따라 몇 시간을 잘 것인지 결정해야 하는데, 골프는 때때로 아침 일찍 일어나야 하는 스포츠이기 때문에 너무 늦은 밤까지 TV를 시청하는 일이 없어야 한다. 또한 무엇을 먹고 마실지뿐만 아니라 얼마나 늦은 시간까지 먹을 것인지도 루틴에 포함되어야 한다. 이제 잠들기 전 핸드폰을 내려놓고, 컴퓨터 전원도 끄고, 다른 방해 요소들을 제거한 후 15~20분 정도 내일의 라운드를 상상해보자. 마음속에서 자신의 멘탈 과정을 정리한다. 어떤 마음으로 어떤 계획으로 경기를 할 것인지 생각해본다. 티를 떠나 타깃으로 날아가는 공을 상상해보자. 내일 라운드에서 어떤 전략이 필요한지 생각해보자.

타협 없이 실천해야 하는 것

골프 선수로서 최고가 되고 싶다면 자신이 절대적으로 중요하다고 생각하는 태도와 행동을 실천해야 한다. 그것들을 실천할 때 타협하지 않아야 하고 반드시 지키겠다고 다짐해야 한다. 예를 들면,

나는 매 샷 루틴에 집중한다.
나는 모든 샷을 단호한 마음으로 전념한다.
나는 어떤 상황에도 흔들리지 않는다.
나는 한 샷 한 샷에 집중한다.

이런 규칙을 조건 없이 실천하면서 다음과 같은 생각을 해야 한다. '내가 이 규칙을 어긴다면 나는 갈 곳이 없다.' 그 규칙이 무엇인지 결정하는 것은 자신이지만 그것은 플레이와 삶에 따른 기준으로 세워져야 한다.

먼저 일기예보를 확인하여 비나 추위, 바람이나 더위에 대비한 옷을 미리 준비해야 하고, 악천후로 인한 경기 지연에 대해 어떻게 대처할 것인지 생각해야 한다. 예를 들어 폭우로 인해 경기가 90분 지연되면 그 시간에 다른 선수들과 이야기를 나눌 것인지 아니면 혼자 있을 것인지 혹은 무엇을 할 것인지 미리 생각해보는 것이 좋다. 경기가 재개되기 전에 다시 코스로 돌아갈 마음의 준비가 되어야 한다. 이렇게 차분하고 침착한 마음으로 경기 흐름을 잘 유지하는 동안 다른 선수들은 경기 지연으로 인해 짜증을 내면서 리듬을 잃을 수 있다.

전날 밤에 시간표를 확인하면 편하게 이야기를 나눌 수 있는 사람

이 있는지 없는지 알 수 있다. 그러면 당황스러워하지 않고 어떻게 대처해야 할지를 준비할 수 있다. 칼리 사이먼의 노래 '희망Anticipation'이 보여주듯이 다음 날 일어날 수 있는 일에 대해 정신적 또는 감정적으로 준비해야 한다. 밤에는 자신에게 닥칠 수 있는 일에 대해 생각해보는 것이 좋다. 이상한 일이 일어나거나 곤경에 처해도 잘 해결할 수 있다. 만약 아무 일도 일어나지 않는다면 계획대로 하면 되고, 최소한 무방비로 당하는 일은 없을 것이다. 다음 날 골프 코스에서 어떤 일이 일어날지 예측하고 그것에 대해 어떻게 반응하고 어떻게 대처할 것인지를 미리 준비하는 것은 매우 중요한 일이다. 그것은 다른 선수들과 자신을 구분하는 일이며, 다른 선수들보다 우위에 있도록 하는 효과적인 방법이다.

혹시나 낯선 도시에 있다면 대회 전에 교통 상황을 체크하여 호텔에서 경기장까지 얼마큼의 시간이 걸리는지 확인하는 것도 좋다. 여러 가지 상황에 대비하는 것은 당황하지 않고 서두르지 않기 위한 목적이 있다. 라운드 전날에는 티타임으로부터 몇 시간 전에 일어날 것인지를 미리 결정하는 것이 좋다. 대부분의 선수는 아마도 3~4시간 정도일 것이다. 아마추어 시합이나 투어에서 흔히 볼 수 있는 아침 7시 티타임이라면 새벽 3:30분이나 4시 정도에는 일어나야 한다. 샤워 후에 스트레칭을 할 수도 있고, 준비운동 전 좋은 몸 컨디션을 위해 먹는 것에도 신경 써야 한다. 나에게 지도받는 대부분의 선수는 골프장에 도착하는 시간, 연습장 혹은 연습 그린에 도착하는 시간이 정해져 있다. 그 시간은 선수마다 다르다. 티타임 25분 전에 연습장에 도착하는 선수가 있는가 하면 1시간 30분 전에 도착하는 선수도 있다. 시간이 얼마나 걸리든 상관이 없지만 매 라운드 똑같아야 한다. 이런 루틴을 대회 3~4일 전부터 실행하고, 연습 라운드 혹은 자신의 홈 코스에서부터 시작한다면 더 없이 좋은 생각이다. 루틴은 좋은 리듬으로 안정감을 얻기 위한 목적이 있다. 루틴을 통해 얻는 점이 있어야 하고, 무엇보다 편안해져야 한다. 이는 마치 항공 조종사들이 모든 비행 전에 체크 리스트를 가지고 있는 것과 같다. 그들은 운에 맡기지 않는다.

경험이 많은 대부분의 선수는 계획된 시스템을 가지고 있다. 퍼팅을 먼저 하고 연습장으로 가는 선수도 있고, 쇼트 아이언으로 연습을 시작해서 드라이버를 치는 선수도 있다. 톰 왓슨은 가끔 4번 아이언으로 연습을 시작한다. 그가 말하기를 긴장을 푸는데 도움이 되고, 다른 클럽들을 쉽게 느낄 수 있다고 한다. 어떤 선수들은 오늘 짝수 클럽으로 몸을 풀었다면 다음날은 홀수 클럽으로 한다. 드라이버 다음에는 보통 웨지나 벙커 샷으로써 마무리한다. 나는 선수들이 연습장에서 9홀 플레이를 하기 바란다. 예를 들어 드라이버를 치고 8번 아이언을 치는 방식으로 연습하는 것이다. 이런 방식으로 25~30개 정도 치고 연습을 마무리하면 1번 홀 티에 도착했을 때 이미 자신만의 프리 샷 루틴, 자신만의 과정에 빠져 있게 될 것이다. 경기 전 연습 그린에서는 단지 공에 마크를 하거나 라인을 그리는 정도의 루틴을 실행한 후 오직 하나의 볼로 연습한다. 시합 때는 라운드 전 스트로크 연습을 하지 않는다. 스트로크 연습은 라운드 후에 한다. 대부분의 선수는 티타임 3~5분 전에 티에 도착하기 때문에 절대 지각하는 일이 없다. 라운드 후 오늘의 샷도 좋고 플레이가 마음에 들었다면 또는 오늘 경기에서 마음의 평화를 얻었다면 굳이 연습장에 가지 않아도 된다. 하지만 게임이 잘 안된 부분이 있어서 저녁을 먹을 때나 호텔 침대에 누웠을 때 걱정이 될 것 같으면 연습장에 가서 걱정을 해소해야 한다. 골프 코스를 떠날 때도 좋은 느낌을 가져야 한다. 잠들기 전 다음 날을 위한 15~20분 정도의 멘탈 준비를 하기까지 골프를 잊어도 된다. 만약 걱정만 하고 연습을 하지 않는다면 자신의 루틴에서 벗어나게 된다. 어떤 선수들은 게임의 어떠한 부분에 집착하려 하지 않는다. 연습장에 가더라도 모든 부분에 골고루 시간을 소비한다. 예를 들어, 톰 왓슨은 어프로치 샷과 같은 어느 한 부분에 너무 많이 집중하면 다음 날 경기할 때 나머지 부분이 기대한 만큼 잘 되지 않는다고 말한다. 그래서 그는 게임의 특정 부분을 열심히 한 후에는 다른 부분에도 약간의 시간을 들인다고 한다.

나는 일관된 프리 샷 루틴과 경기 전후의 루틴이 없는 정상급 선수를 본 적이 없다. 자신이 어떤 루틴을 가지고 있든지 되도록 단순하고 직관적인 방식을 유지한다면 자신만의 방식으로 인생 최고의 골프를 할 수 있을 것이다.

chapter

09

훈련과 실전을 위한
통계 사용

경기에서 승리하기 위한 유일한 방법은 쇼트 게임에 있다. 샷의 절반 이상이 30~40m 이내에서 이루어진다.

-필 미켈슨

생애 최고의 샷을 만들기 위한 탐색을 이어가기 위해서는 가끔 라운드 후 다양한 통계를 이용해보는 것이 좋다. 이를 통해 자신의 게임과 성향을 더 이해할 수 있기 때문이다. 통계를 통해 발견한 내용은 훈련의 길잡이로 사용되어야 하고, 효율적이고 생산적인 훈련이 되도록 쓰여야 한다. 또한 코스 매니지먼트의 방향을 제시해야 한다. 이를 통해 당신은 최고의 골퍼에 한 걸음 더 다가갈 수 있다.

　그렇지만 통계에 집착해서는 안 된다. 모든 라운드에서 각각의 샷을 추적할 필요는 없다. 통계에 집착하다가 역효과를 보는 투어 프로는 셀 수 없이 많다. 통계 순위로 1등을 하거나 지고 이기는 것은 골프를 포함한 모든 스포츠에서 흔한 일이다. 챕터 후반부에 자세히 설명하겠지만, 통계는 승리를 예측하기보다 평균 스코어와 일관성을 예측하는 것에 더 적합하다. 게임의 승리는 자신이 승리할 수 있다는 믿음으로 예측하는 것이 훨씬 더 바람직하다. 통계를 무시할 수는 없지만 공을 홀에 넣는 것, 승리하는 방법을 찾는 것보다는 중요하지 않다. 예를 들면 많은 사람들은 타이거 우즈가 최고의 퍼팅을 가진 선수라고 말한다. 하지만 사실은 우승 기회가 찾아왔을 때 평소보다 조금 좋은 퍼팅을 했던 것에 불과하다. 잭 니클라우스는 항상 마지막 홀이나 우승을 위해 몇 홀을 남겨둔 상황의 퍼팅은 거의 실수하지 않는 것처럼 보인다. 우승을 많이 하기 위해서는 정말로 필요할 때 적절한 타이밍에 퍼팅을 성공시켜야 한다.

통계적으로 분석하는 것은 어렵다. 통계로부터 얻은 데이터는 선수와 지도자가 함께 계획을 세워 노력해야 하는 부분을 뒷받침하는 시작점일 뿐이다. 통계는 단지 훈련 시간을 어떻게 보낼지, 코스 매니지먼트를 어떻게 할지에 대한 가이드로서 역할을 할 뿐이다. 그러나 기술적인 부분이 변화할 때 자아상의 변화를 확인할 필요가 있다. 자신의 통계 기록을 확인할 때 그 숫자들을 자기 골프의 전부로 인식하면 안 된다. 어떤 선수가 형편없는 드라이버 샷을 엄청나게 향상시켰지만 정작 시합에서 잘 치지 못한다면 그 이유는 여전히 자신을 형편없는 드라이버 샷을 가진 사람으로 인식하고 있기 때문이다. 이런 실수는 절대 하면 안 된다. 통계로부터 얻은 것을 마치 사형 선고를 받은 것처럼 받아들여서는 안 된다. 예를 들어 자신의 퍼팅에 관한 통계가 매우 좋지 않다는 것을 알았다고 해서 실제로 자신의 퍼팅을 형편없다고 생각해서는 안 된다. 통계는 단지 현재 시점에서 게임에 대한 정보일 뿐이다. 우리는 그 정보를 미래 성장을 위해 현명하게 사용할 수 있다. 하지만 계속해서 자신의 마음을 새로운 기술의 수준까지 끌어올리려고 노력해야 한다. 그렇지 않으면 새로운 기술은 쓸모없게 된다.

골프에서 통계가 훈련과 게임에 얼마나 큰 영향을 미칠 수 있는지에 대해 논의하기 전에 자신이 공격적인 선수인지 수비적인 선수인지 생각해볼 필요가 있다. 타이거 우즈와 필 미켈슨을 보자. 두 선수는 지난 20년 동안 틀림없이 가장 최고의 선수였다. 타이거는 잭의 전성기 시절과 비슷하다. 티에서 단순히 공을 페어웨이에 올려놓는 것을 시도한 후 훌륭한 아이언 샷과 퍼팅으로 점수를 만든다. 전반적으로 타이거가 잭보다 좋았던 것은 쇼트 게임이다. 특히 벙커 샷이 좋다. 타이거는 자신이 세계에서 드라이버 샷을 가장 똑바로 치는 선수는 아니라고 인정했다. 그래서 타이거는 낮고 정확하게 날아가는 스팅어 샷과 컷 샷을 개발했다. 타이거는 긴장감 속에서도 좁은 페어웨이로 샷을 할 수 있다는 것을 깨달았다. 그것은 마치 테니스 선수가 느린 클레이 코트에서 두 번째 서브로 포인트를 따려고 하는 것과 같다.

반면, 미켈슨은 모든 샷을 끝장내려는 듯 치는 아놀드 파머와 비슷하다. 미켈슨의 전략은 좁은 홀에서조차 자신이 칠 수 있는 만큼 드라이버를 쳐버린다. 그는 심지어 나무 속에서도 버디를 할 수 있다고 생각하기 때문에 티샷에 두려움이 없다. 미켈슨은 숲에서 더 좋은 버디 기회를 만들기도 한다. 이것이 미켈슨의 사고방식이다. 아놀드처럼 곤경에 처하면 자신의 실력을 뽐낼 수 있는 기회라고 생각한다. 아이러니하게도 사람들은 언론을 통해 타이거가 오히려 아놀드 같은 공격적인 선수라고 알고 있다. 타이거가 트러블 샷을 하는 상황에서 TV는 그의 과장되고 비틀어진 팔로 스로우fallow Through로 만들어진 드라마틱한 슬라이스 공을 반복적으로 보여주었다. 하지만 사실 타이거는 잭처럼 전략적으로 보수적인 골프를 선호한다.

최근 몇 년간 메이저 대회 코스는 더 쉽게 설정되었다. 이는 공격적인 선수에게 더 유리할 수는 있어도 타이거 우즈 같은 선수에게는 불리하게 작용한다. 그것은 코스 매니지먼트의 중요도를 낮추거나 아예 필요 없도록 만든다. 하지만 대부분의 아마추어가 경기하는 코스에서는 여전히 코스 매니지먼트가 중요하다. 당신은 미켈슨처럼 도박꾼이 되길 원하는가? 아니면 타이거와 잭처럼 인내심으로써 꾸준하게 플레이하는 선수가 되길 원하는가? 자신의 성향과 성격을 파악하는 것은 통계를 유리하게 사용하도록 도와줄 것이다.

샷은 안전하게 해야 한다

타이거 우즈가 투어에서 쳤던 2만 개의 샷을 분석한 디케이드 골프의 스콧 포셋에 따르면, 타이거는 쇼트 아이언을 잡지 않은 이상 적어도 70%는 그린의 넓은 쪽을 공략한다. 타이거는 잭 니클라우스의 방식을 따랐다. 나에게 지도받는 저스틴 토마스 역시 웨지나 쇼트 아이언을 칠 때를 제외하고는 타이거처럼 보수적인 플레이를 하고 있다. 이런 플레이는 과거에 훌륭했던 챔피언들의 방식이기도 하고, 여전히 오늘날 경기에서도 통한다. 하지만 이런 플레이를 위해서는 엄청난 인내와 절제가 필요하다.

90년대 중반, 나는 톰 카이트와 함께 일했다. 그는 경기를 위해 가장 헌신적이고 노력하는 선수 중 하나였고, 나는 라크로스와 농구에서 코치 경력이 있었기 때문에 통계를 보는 것이 매우 편안했다. 예를 들어 통계를 통해 숏을 잘하는 위치가 어디인지 알아내어 선수에게 알려주는 식이다. 우리는 강점과 약점을 분명하게 알아낸 후 약점을 보완하기 위해 연습 과정을 조정했다. PGA 투어는 80년대 초반, 한 홍보회사의 지시로 투어 통계 프로그램을 시작했다. 그렇게 한 이유는 지역 신문들이 기자들을 정기적으로 경기장에 보내지 않으면서도 신문을 통한 약간의 홍보가 필요했기 때문이다. 축구, 농구, 야구와 같은 다른 스포츠들은 모두 AP통신 유선 서비스를 통해 어떤 지역 신문사에라도 보낼 수 있는 박스 스코어각 선수의 실적을 상세하게 기록한 경기 기록표를 가지고 있었다. 그 홍보회사는 골프에 대해 잘 몰랐지만 박스 스코어를 만들기로 결정했다. 이렇게 통계가 시작되었고, 투어 프로, 지도자 그리고 언론을 제외하고는 누구도 그것이 무엇을 의미하는지 알지 못했다. 나는 톰 카이트에게 처음 10여 년 동안의 통계 기록을 보내달라고 요청했고, 그것을 내가 학과장으로 근무했던 버지니아 대학의 연구실로 가져왔다. 이후 커리 단과 대학의 교수이자 통계 연구의 권위자인 브루스 간즈네더 박사는 그 자료를 회귀분석했다.

초기에 우리는 두 가지 사항에 관심을 가졌다. 첫 번째는 거의 모든 선수에게 중요한 평균 스코어 예측하기이다. 만약 자신의 평균 스코어가 좋다면 괜찮은 한 해를 보내고 있는 중이고, 랭킹도 좋을 뿐만 아니라 상금도 많이 따낼 수 있다. 두 번째는 우승 연구하기이다. 우리는 승리를 예측하기보다 평균 스코어를 예측하는 것이 훨씬 더 쉽다는 것을 곧바로 알아차렸다. 우승하려면 중요한 상황에서 그린 주위에서의 샷이 홀에 들어가거나 마지막 몇 홀을 남긴 상황에서 80m 샷이 들어가거나, 나무를 맞고 들어와 더블 보기 대신 버디를 만드는 등의 운이 따라야 한다. 그리고 아마도 다른 선수들의 운도 좋지 않았을 것이다. 결론적으로 통계를 분석할 때 평균 스코어를 예측하는 것보다 우승을 예측하는 것이 쉽지 않다는 이야기이다.

평균 스코어를 줄이는 것은 최고의 골프에 도달하기 위해 중요한 문제이다. 이는 명백한 사실이다. 골프에서 자신의 통계를 살펴볼 때 가장 먼저 알게 되는 것 중 하나는 쇼트 게임을 먼저 배우고 난 후 롱 게임을 배워야 한다는 일반적인 생각에도 불구하고, 오늘날에는 티샷을 안전하게 페어웨이 올리고 꾸준하게 온 그린을 하는 방법을 더 중요하게 생각한다는 점이다. 옛날에는 골퍼 대부분이 공을 홀에 넣는 퍼팅을 가장 먼저 배웠고, 아마도 20대 중후반 혹은 30대에 들어서 풀 스윙을 배우기 시작했을 것이다. 그중 일부는 오늘날처럼 아이들이 골프장에 들어갈 수 없었기 때문에 어린 선수들은 어프로치 샷이나 퍼팅을 할 수 있는 연습 그린에서 많은 시간을 보냈다.

반면, 현대에는 이용하기 쉬운 더 좋은 드라이빙 레인지의 출현으로 인해 풀 스윙을 먼저 배우고 나중에 쇼트 게임을 배운다. 그리고 완전한 쇼트 게임 감각을 강화한다. 투어 통계를 연구하면 가장 먼저 발견할 수 있는 것은 그린 적중률을 통해 평균 스코어의 변화를 약 67% 예측할 수 있다는 점이다. 그린 적중률은 평균타수를 결정짓는 중요한 요소이다. 나는 통계를 살펴볼 때, 새로운 개념의 이득 타수Strokes gained 보다 예전의 방식을 선호한다.

우선 이득 타수는 대부분의 선수가 이해하기 어렵고, 두 번째로 아마추어보다는 투어 프로들에게 적용되는 개념이다. 왜냐하면 그것은 PGA 투어의 샷링크 프로그램을 사용하기 때문이다. 그래서 이 책에서는 투어를 뛰지 않는 골퍼들에게 적용될 수 있는 드라이버 비거리, 그린 적중률, 퍼팅, 스코어링 클럽 등 기초적인 통계에 초점을 맞출 것이다.

먼저 그린 적중률을 살펴보고 예비 투어 선수들을 위해 또는 투어와는 상관없지만 가능한 한 최고의 골퍼가 되려는 사람들을 위해 게임에 적용할 수 있는 방법에 대해서 살펴보자. 상위 100명의 투어 선수들은 라운드당 거의 12.5~13.5 정도의 그린 적중률을 보여준다. 투어에서 경기하고 싶다면 전장 6,630m의 투어 경기 조건에서 12번에서 13번의 온 그린을 할 수 있어야 한다. 이 정도의 그린 적중률은 투어에서 경기하기 위한 최소한의 조건이다. 이 기준에 도달하게 되면 그 이상을 기록하는 것은 매우 어렵다. 나는 비록 최고 수행과 인간의 잠재력에 관해 연구해왔지만 선수들에게는 라운드당 14~15번 이상 온 그린을 달성하는 것은 매우 어렵기 때문에 그것을 이루기 위해 시간과 에너지를 쓰는 것은 낭비일지도 모른다고 말한다. 일단 평균적으로 12.5번의 그린 적중률이 나온다고 하면 다음은 그것을 유지할 수 있느냐가 관건이다. 벤 호건이 선수로 뛸 때는 12.5번의 그린 적중률이면 대단한 기록이었다. 당시는 그런 기록을 가진 선수들이 많지 않았기 때문이다. 바이런 넬슨도 라운드당 평균적으로 12.5번의 그린 적중률을 보였다. 이 통계는 많이 바뀌지 않았다. 그린 적중률과 핸디캡 지수와의 관계도 마찬가지이다. 볼을 치는 능력은 투어를 뛰기 위한 최소한의 능력이 되었을 뿐만 아니라 핸디캡을 낮추는 데도 필수 조건이 되었다. 자신이 만약 라운드당 4~5번의 그린 적중률을 가진 핸디캡 0의 실력자라면 아마도 역사상 가장 뛰어난 쇼트 게임 능력자일 것이다.

하지만 이 말은 그린에 올리는 것뿐만 아니라 미스 샷이 얼마나 나쁜가에 관한 이야기이기도 하다. 만약 그린을 놓쳤을 때, 그린에서 살짝 벗어나 파 세이브 하기 쉬운 곳에 공이 놓였는가? 아니면 터무니없이 짧게 쳐버렸는가? 아니면 벙커에 빠지거나 그린을 맞고 치기 힘든 곳으로 가버렸는가? 투어 선수들은 그린을 놓치더라도 대부분 거리는 맞게 플레이한다. 그리고 그곳에서 세이브를 잘 해낸다. 또한 가끔은 온 그린에 실패하지만 프린지에서 퍼팅을 시도한다. 그래서 투어 통계는 약간 부정확할 수 있다.

사람들은 나에게 티샷이 온 그린을 시키는데 어떤 역할을 하는지 묻곤 한다. 그러면 나는 항상 모든 선수가 드라이버뿐만 아니라 다른 클럽도 사용하길 바란다고 대답한다. 그것이 드라이빙 아이언이든, 하이브리드든 페어웨이 우드든 자신이 페어웨이로 보낼 수 있다고 생각하는 클럽이면 된다. 그런 클럽들이 30m 정도는 덜 나갈 수 있겠지만 정확도가 높기 때문에 페어웨이가 좁더라도 자신감 있게 칠 수 있다. 티샷의 정확도는 중요하다. 아마도 프로의 세계보다 아마추어 골퍼들에게 더 중요할 것이다. 왜냐하면 최근 5년 동안 투어 코스에서는 OB가 없고, 나뭇가지들은 잘 정돈되어 있으며, 숲은 보통 말끔하게 정리되어 있기 때문이다. 갤러리나 기업 천막들도 샷을 구제하는 데 도움을 준다. 또한 투어 선수들은 공을 아주 높게 띄워 나무를 넘기거나 나뭇가지 아래로 보내는 샷에 능숙하다. 이와 대조적으로 대부분의 아마추어 경기에서는 훨씬 더 어려운 조건을 갖추고 있다. 특히 지역 수준의 대회에서는 더 심하다. 만약 아마추어 수준에서 골프를 잘하고 싶다면 티샷의 정확도를 높이기 위해 애써야 한다. 이를 위해서는 좋은 스윙을 만들기 위해 많은 시간을 투자하든지, 정확도를 높일 수 있는 클럽을 찾아야 한다.

훈련을 계획하고 코스 매니지먼트를 위해 통계를 사용하고 싶다면 드라이버 샷을 어떻게 연습할 것인지에 대해 생각해봐야 한다. 일단 드라이버 샷을 배웠으면 코스로 나가는 것이 좋다. 팀이 없는 시간을 이용하여 가장 드라이버 샷이 어려운 홀들을 찾는다. 각각의 티잉 그라운드에서 루틴을 실행하면서 3~5개 정도의 공을 쳐본 후 다시 공을 줍는다. 그리고 다른 홀로 이동한다. 연습장에서는 잘못 날아간 샷에 대한 결과를 판단할 수 없기 때문에 드라이버 샷을 연습하기에는 적합하지 않다. 연습할 때는 다음 시합에 있다고 가정하고 자신이 좋아하는 연습 구역 혹은 홈 코스에 있다고 생각한다. 그리고 그곳을 '행복한 곳'이라고 상상한다.

혼자 코스에서 할 수 있는 좋은 게임들이 있다. 이는 내가 지도한 선수들에게도 많은 도움이 되었던 방식인데, 코스에서 연습하는 동안 자신과 최상의 경기를 하는 방식으로 진행된다. 우선 티샷을 3개 치고 나간다. 그중 가장 좋게 놓인 공이 있는 지점에서 다시 세컨드 샷 3개를 친다. 그린에 공이 올라가면 또다시 가장 좋은 위치에서 3개의 퍼팅을 한다. 그리고 점수를 기록한다. 이 방법을 통해 좋은 스코어는 어떻게 나오는지 배울 수 있고, 자신의 잠재력을 가늠해볼 수도 있다. 반대로 이번엔 최악의 공으로 플레이해본다. 드라이버 티샷을 3개 치고 난 후 가장 나쁜 위치의 공으로 세컨드 샷을 친다. 그곳에서 다시 2개의 공을 더 치고, 다시 그린에서 가장 나쁜 위치에 있는 공으로 퍼팅한다. 이 방법은 긴장감 속에서 어떻게 점수를 만드는지 배울 수 있고, 최고의 샷을 치지 못했을 때 멘탈적으로 강해지는 법을 배울 수 있다.

이 게임은 루틴도 강화시켜준다. 예를 들면 정말 좋은 드라이버 샷 2개를 친 다음, 마지막 드라이버 샷을 숲으로 날려버렸다면 그 샷으로 게임을 진행해야 한다. 만약 먼저 친 2개의 퍼팅에 성공했다면 세 번째 퍼팅으로 게임을 해야 한다. 이 게임을 통해 얻을 수 있는 교훈은 농구 코치의 전설로 불리는 레드 아우어바흐가 말한 것과 같다. "훌륭한 농구팀이 되고 싶다면 슛 성공률이 30~35%일 때 승리할 수 있는 방법을 찾아야 한다. 평범한 팀들은 슛 성공률이 50%는 되어야 겨우 승리할 수 있다." 골프에서 쇼트 게임이 이와 같은 역할을 한다. 정말 잘하고 싶다면 공이 잘 맞지 않을 때도 점수를 만들어 낼 수 있어야 한다.

통계를 통해 알 수 없는 것

경쟁심 그리고 해내야겠다는 의지. 이것을 보여주는 통계는 없다. 우승을 위해 반드시 공이 똑바로 가야 하는 것은 아니다. 이 사실을 이해하지 못하는 사람에게 단순히 승리하는 방법을 보여줄 수 있는 통계는 없다. 파를 지키기 위해 퍼팅을 성공시키거나 더블 보기를 멋진 파로 바꾸기 위한 통계도 없다. 하지만 통계는 누군가 성공적인 선수가 되는 것에 매우 중요한 역할을 한다.

예비 투어 프로들이 드라이버 샷을 270m 정도 치거나 더 멀리 보낼 수 있다면 투어에서 드라이버 샷 정확도는 그리 중요하지 않다. 웨지나 쇼트 아이언으로도 그린을 공략할 수 있기 때문이다. 그러나 비거리가 짧아 최대 240~250m 정도밖에 못 치는 선수라면 정확도는 매우 중요해진다. 만약 러프에서 4번, 5번, 6번 아이언을 치게 되면 그린 적중률에 부정적인 영향을 미칠 가능성이 커지기 때문이다. 이 말은 드라이버 샷 비거리에 대한 중요성은 오로지 그린 적중률에 얼마나 영향을 주는가에 있다는 의미이다. 물론 자신의 드라이버 샷이 불규칙적으로 터무니없이 맞거나 OB나 해저드로 가는 공이 많다면 평균 스코어를 현저히 떨어뜨릴 것이다. 만약 이것이 자신의 이야기처럼 들린다면 자신과 솔직한 대화를 나누고 드라이버 샷에 대한 정확도를 올리기 위해 무엇인가 해야 한다.

이때가 바로 코스 매니지먼트가 필요한 시점이다. 예를 들기 위해 다시 타이거와 미켈슨의 이야기로 돌아가 보자. 온라인의 레슨 동영상들, 골프책 그리고 TV쇼에서는 타이거와 미켈슨의 스윙을 무분별하게 사용하려는 경향이 있다. 미켈슨은 그의 재능에도 불구하고 놀라울 정도로 티샷 정확도가 떨어진다. 타이거의 스윙을 따라 하려는 모든 사람에게 말하고 싶은 점은 타이거가 라운드당 드라이버를 사용하는 횟수는 2~4번 정도밖에 안 된다는 사실이다. 타이거의 드라이버 샷 정확도는 때로는 꽤 정확하게 보일지도 모른다. 하지만 그는 종종 드라이버를 잡지 않는다. 우리가 만약 선수들이 드라이버를 칠 때 얼마나 정확하게 치는지를 측정할 수 있다면 훨씬 더 나은 통계를 만들 수 있었을 것이다. 티샷 정확도에 대한 통계는 티샷을 얼마나 페어웨이에 올리느냐에 따라 결정된다. 타이거는 티에서 아이언을 자주 친다. 그리고 페어웨이에 공을 올리기 위해 마치 미사일처럼 낮게 날아가는 샷을 많이 친다. 사람들이 타이거의 드라이버 스윙을 따라 하려고 애쓸 때 타이거는 정작 드라이버를 잡지 않는 경우가 대부분이다. 타이거의 선수 생활 전체로 보면, 낮은 스코어를 기록하는 경우는 가끔 있고1999년 바이런 넬슨 챔피언십에서 61타를 기록했다, 오버 파는 거의 치지 않는다. 98% 정도는 3~4 언더에서 이븐파를 기록한다. 타이거는 일관성 있게 안전한 플레이를 함으로써 다른 선수들을 지치게 만든다. 타이거는 이런 방식으로 많은 우승을 했다.

반면 미켈슨은 항상 다른 방식의 게임을 했다. 그래서 예선 통과를 하지 못한 경우도 많았고, 게임이 잘 안된 날이 많았다. 하지만 슈퍼 스코어를 친 횟수는 더 많았다. 미켈슨은 PGA 왕중왕전에서 59타를 쳤고, PGA 투어에서 최소 3번 이상 60타 혹은 그 이상의 스코어를 기록한 유일한 선수이다. 자신이 만약 미켈슨처럼 플레이하고 싶다면 플레이가 잘 안될 때 감정적으로나 정신적으로나 차분해야 하고, 성적이 좋지 않아도 불만이 없어야 한다. 그리고 형편없는 라운드를 했을지라도 좋은 라운드로 받아들여야 한다. 왜냐하면 미켈슨처럼 플레이하면서 더블 보기, 트리플 보기와 같은 좋지 않은 점수에 예민해진다는 것은 맞지 않기 때문이다. 이는 마치 래니 왓킨스가 예선 통과를 할 수 있을지에 대한 기자의 질문에 답한 것과 같다. "컷이요? 저는 고작 2,000달러 컷 통과에 실패했을 때 기업 행사에 참가하고 받는 비용를 받자고 기업 행사에 참가하는 것이 아닙니다. 이번 주말에 우승하지 못하면 전 골프를 치고 싶지 않을 거예요." 이것이 래니의 사고방식이다. 자신이 만약 래니가 말한 것처럼 정말 공격적인 플레이를 할 것이라면 실패한다 해도 실망해서는 안 된다. 실패에 둔감하고, 무신경한 태도를 가져야 한다.

미켈슨의 방식은 특별한 조건에서 이점이 있다. 메이저 대회에서의 6승은 우연이 아니다. 그중 3번은 마스터스 우승이었고, 또 한 번은 브리티시오픈이었는데 그때는 날씨가 뜨겁고 건조했으며, 러프가 어렵지 않았다. 미켈슨은 US오픈에서는 우승한 적이 없다. 적어도 지난 5년 동안의 US오픈은 일반적으로 티샷의 높은 정확도를 요구했다. 티에서 페어웨이로 공을 보내는 타이거와 잭 니클라우스의 접근 방식은 코스 매니지먼트를 생각해볼 때 대부분의 아마추어 골퍼들에게 훨씬 더 좋은 모델이다. 이 방식이 확실하게 점수를 낮춰줄 것이다. 또 다른 이점은 이 전략이 페어웨이로 공을 올리는 것에 초점을 두기 때문에 페어웨이가 좁고 러프가 어려운 험난한 코스일지라도 안전하게 플레이하기 쉽다는 점이다. 결과적으로 그린에 공을 올려놓기가 더 쉬워지고 궁극적으로 더 좋은 스코어를 기록할 수 있다.

그린 적중률은 평균 타수 변화에 67% 정도 영향을 준다. 우리가 티샷할 때 관심을 가져야 할 유일한 부분은 티샷이 그린 적중률에 얼마나 큰 영향을 미치고 있는가이다. 그린 적중률 다음으로 생각해볼 수 있는 드라이버 비거리에 대한 통계는 비거리 측정이 몇 개의 홀에서만 진행되기 때문에 많은 것을 알려주지는 않는다. 투어에서 장타자 중 일부는 비거리 부문에서 최고가 되길 바라기 때문에 비거리를 측정하는 홀에서 항상 드라이버를 잡고 온 힘을 다해 친다. 다른 선수들은 드라이버 샷 비거리로 알려지는 것을 원치 않기 때문에 비거리를 측정하는 홀에 오면 드라이버를 잡지 않고 자신의 방식으로 최선을 다한다.

게임에서 큰 영향을 미치는 다음 범주는 스크램블링 리커버리율이다. 스크램블링은 그린 주변 15~20m 이내에서 하는 모든 샷으로 정의할 수 있다. 그린 공략에 실패해서 어프로치 샷을 해야 하는 상황을 가정해보자. 그 상황을 칩핑, 피칭, 로브 샷, 벙커 샷 등 4가지 영역으로 나눌 수 있다. 나에게 지도받는 선수들에게 이 4가지 중 가장 잘하는 것부터 순서를 정해보라고 하면 선수들은 공통적으로 "저는 칩핑과 로브 샷이 가장 좋은 것 같고요, 그다음 벙커 샷이 3위, 피칭이 4위인 것 같습니다"라고 말한다. 나는 그 순서가 잘못됐다고 생각한다.

나는 선수들에게 그 순서가 반대로 되어야 한다고 설명한다. 선수들은 피칭과 벙커 샷을 잘해야 한다. 하지만 로브 샷은 그렇게 중요하지 않다. 칩핑을 잘한다는 것도 무의미하다. 왜냐하면 오늘날 코스를 유지관리하는 방식 때문에 사실상 칩핑이라는 개념이 사라졌다. 코스를 관리하는 사람들은 프린지나 그린 주변의 잔디를 매우 짧게 관리한다. 코스 관리자나 USGA미국골프협회가 칩핑을 더 이상 쓸모없는 기술로 만들려고 했는지는 모르겠지만 어쨌든 그렇게 되어가고 있다. 나는 선수들에게 더 이상 칩핑 연습으로 시간을 낭비하지 말라고 가르친다. 코스 상태가 좋은 오늘날의 골프장에서는 그린으로부터 1~2m 떨어져 있는 곳이라면 퍼터를 사용할 수 있다. 혹은 하이브리드를 사용하여 퍼팅처럼 할 수도 있다. 미켈슨이 나타나서 멋진 로브 샷을 보여주기 전까지 우리는 그렇게 로브 샷을 구사하는 위대한 챔피언을 생각할 수 없었다. 모든 사람이 우승을 위해 로브 샷의 달인이 될 필요는 없다. 쇼트 게임을 연습할 때 피칭과 벙커 샷에 대부분의 시간을 할애해야 하며, 그중에서도 피칭을 더 우선순위에 두어야 한다. 벙커 샷보다 피칭을 해야 하는 상황이 더 많기 때문이다. 물론 자신의 통계 기록을 확인하면서 약점을 살펴야 한다. 만약 벙커 샷이 좋지 않아서 한 번에 나오지 못한다거나 톱핑을 쳐버린다거나 한다면 벙커 샷 레슨을 받고 그에 따라 연습을 해야 한다.

선수들은 백스핀과 함께 약간 높게 처올리는 중간 탄도의 피치 샷을 칠 수 있어야 한다. 그린을 공략할 때 너무 짧게 떨어뜨리는 실수를 한다면, 그린을 맞고 굴러가는 긴 피치 샷도 필요하다. 예를 들어 핀이 뒤편에 있을 때 혹은 2단 위에 있을 때 그런 피치 샷이 필요하게 된다.

처음 배울 때는 좋은 라이공이 놓인 상태에서 연습하는 것이 좋고, 그다음은 잔디가 듬성듬성 있는 상황, 흙으로 된 카트 길, 모래로 덮인 디보트 혹은 그냥 흙바닥 등 가능한 최악의 라이를 찾아야 한다. 그래야 시합에서 어떤 라이라도 쉽게 보이게 된다. 나는 당신이 이 두 가지 피치 샷을 정말 잘해서 어떤 골프장에서도 맑고 깨끗한 마음이 되길 바란다. 우리는 그것을 통계적으로 확인해볼 수 있다. 만약 한 라운드에 12~14번 그린을 놓치고 대부분 어프로치 샷으로써 파 세이브를 한다면, 한 라운드에서 12~14타를 지키기가 어렵지 않다는 것을 알 수 있다. 이 정도 쇼트 게임 능력을 보여준다면 매치 경기에서 상대의 사기를 떨어뜨릴 수 있다. 하지만 그린을 놓치는 횟수가 많고, 파 세이브를 하지 못한다면 스코어는 빠르게 증가한다. 특히 피치 샷에서 뒤땅이나 톱핑을 많이 친다면 상황은 더욱 어려워진다. 그린에 13번 올린 골퍼가 5번 중 4번의 파 세이브에 실패한다면 71~72타를 기록하기는 어려워지고 76타를 치기 쉽다. 다시 말하지만, 나는 선수들이 매일 통계를 들여다보면서 그 숫자에 열광하는 것을 원치 않는다. 그러나 자신의 경기를 이해하고 훈련 계획을 세우기 위한 목적으로 가끔 통계를 보는 것은 괜찮다.

피칭 훈련 시간을 어떻게 짜느냐도 중요하다. 효율적인 훈련이 되어야 하고, 훈련을 통해 감각이 개발되어야 한다. 또한 코스에서 똑같은 샷을 실행할 때 자신감을 북돋아 줄 수 있어야 한다. 처음에는 공 한 바구니로 같은 핀이나 같은 홀을 쳐도 된다. 좀 익숙해지면 매번 다른 목표를 향해 친다. 상상하는 과정이 있어야 하며, 같은 임팩트, 같은 탄도, 같은 공의 구름이 반복되지 않도록 시도한다. 창의력을 발휘한 쇼트 게임이 되도록 각각의 공으로 다른 탄도, 다른 스핀, 다른 타깃으로 친다.

그런 후 웨지와 퍼터를 가지고 하나의 볼로 연습한다. 결국 이런 훈련 과정을 통해 파 세이브 능력을 키워야 한다. 그것은 어떤 상황에서든 파 세이브를 할 수 있다는 마음가짐이다. 많은 사람들은 '난 피치 샷을 연습 중이다'라고 생각한다. 하지만 정작 중요한 것은 마음에 대한 훈련이다. 그것이 진짜 골프에 관한 것이다.

사람이 없는 늦은 시간에 코스에서 연습하면 더 좋다. 다양한 상황과 거리에서 연습할 수 있기 때문이다. 이러한 연습은 현재에 집중하면서 생애 최고의 샷을 만들기 위한 아주 좋은 기회이다. 또한 오르막 경사, 내리막 경사, 옆 라이, 다양한 길이의 잔디에서 연습하길 바란다.

경기를 잘한다는 것은 점수를 잘 만드는 것이다

나는 항상 선수들에게 다음과 같이 말한다. "경기를 잘한다는 것은 점수를 잘 만드는 것이다. 좋은 점수 없이 경기를 잘했다고 말할 수 없다." 하지만 선수들은 이런 말을 많이 한다. "오늘 정말 잘했어요. 하지만 점수는 좋지 않아요." 여기에 나는 이렇게 답한다. "그것은 불가능한 일이야." 공을 멋지게 치고 온 그린을 많이 했다고 해서 항상 훌륭한 경기라고 할 수 없다. 훌륭한 경기란 공을 홀에 넣는 방법을 찾는 데 있다. 그것이 진정한 골프이고, 최고의 선수들이 가지고 있는 마음가짐이다.

훈련의 단계를 높인 파 세이브 연습은 최고의 결과를 가져다줄 것이다. 코스에서의 연습은 볼을 많이 치는 것이 아니기 때문에 연습의 양은 적지만 질적인 부분은 향상된다. 물론 코스에서 훈련하기 위해서는 골프장 직원의 허락이 필요하고 다른 골퍼들로부터 안전하게 떨어져

172

있어야 한다. 또한 디보트와 볼 자국도 수리해야 한다. 보비 존스에서부터 저스틴 토마스에 이르기까지 많은 훌륭한 선수들은 오랜 시간 이러한 훈련을 해왔다. 오늘날의 코스들은 많은 회원을 유치하기 위해 또는 회원권을 판매하기 위해 쇼트 게임 연습을 위한 구역을 잘 만들어 놓았다. 하지만 사람들이 일단 회원으로 가입하면 그곳을 잘 이용하지 않는 경향이 있다. 요점은 자신이 다른 사람들과 다르다는 것을 보여주고 싶고, 자신의 잠재력을 최대한 발휘하고 싶다면 쇼트 게임 연습에 많은 시간을 투자해야 한다.

　　벙커 샷에 관련해서 선수들은 연습 벙커 안에서 6시간도 보낼 수 있지만, 그 시간 동안 한 라운드에서 맞닥뜨릴 수 있는 다양한 상황과 모든 종류의 샷을 할 수는 없다. 그래서 대부분의 훌륭한 선수들은 코스 안에서 오르막, 내리막, 옆 경사를 비롯하여 모래의 종류, 양, 감촉 등 다양한 상황에 익숙해질 때까지 연습을 시도한다. 게리 플레이어의 아들들은 아버지와 관련해 이런 연습과 비슷한 이야기를 한 적이 있다. 그들에 따르면 게리 플레이어는 벙커 샷을 3번 홀인하기 전까지는 저녁이 되어도 집으로 돌아가는 것을 거부했다. 그래서 그는 남아프리카 공화국에 있는 자신의 목장에서도 저녁 식사를 거르는 적이 많았다. 게리 플레이어는 자신의 땅에 벙커와 그린이 있는 짧은 코스를 만들어 놓았다. 그 결과 역사상 게리 플레이어보다 벙커 샷을 더 잘하는 선수는 없었다.

　　연습 시간의 약 70%는 쇼트 게임과 웨지 플레이로써 채워져야 한다. 이것을 실천하지 않는다면 선수로서 자신의 꿈에 도달하기는 쉽지 않다. 시간이 한정되어 있다면 피칭과 벙커 플레이에 전념해야 하고, 어떤 상황에 놓이든 파 세이브를 할 수 있다는 마음가짐을 키워야 한다.

그린을 놓치는 것이 자신에게 아무런 의미가 없어야 하고, 그린을 놓치는 것에 대한 두려움도 없어야 한다. 또한 벙커에 들어가는 것도 두렵지 않아야 한다. 오히려 벙커에 공이 들어가면 기뻐해야 한다. 자신의 벙커 샷을 보여줄 기회이기 때문이다.

피칭, 벙커 샷과 더불어 퍼팅에도 하루에 20분 정도 투자해야 한다. 이것 역시 통계를 통해 알 수 있다. 퍼팅을 향상시키기 위한 가장 쉬운 방법은 피치 샷을 가깝게 붙이는 것이다. 퍼팅 실력이 어떻든 2m 퍼팅보다 1m 퍼팅의 성공률이 더 높다는 것은 누구나 알 수 있다. 만약 4m 퍼팅과 1m 퍼팅을 비교해서 전체 타수를 생각해본다면 그 차이는 놀라울 만큼 크다. 모든 투어 선수들이 라운드당 12.5~13.5번의 그린 적중률을 기록한다고 가정했을 때, 가장 가깝게 붙여서 거의 모든 퍼팅을 성공하는 선수들이 시합에서 우승한다.

이러한 점을 미루어 생각해본다면 그린 적중률이 타수 변화에 영향을 미쳤던 67%의 수치는 88%로 올라가게 된다. 자신이 칠 수 있는 가장 안 좋은 점수를 낮추는 것이 목표인 골퍼는 공을 그린에 올리는 횟수가 더 많아야 하고, 파 세이브를 더욱 잘해야 한다. 예를 들면 자신이 만약 라운드당 10번의 온 그린을 해서 8번 중 6번의 파 세이브를 해낸다면 의심의 여지없이 점수를 낮출 수 있을 것이다. 만약 10번의 온 그린을 하고 8번 중 2번의 파 세이브를 한다면 74타가 아닌 78타를 치게 될 것이다. 하지만 많은 골퍼들은 쇼트 게임에 대한 연습은 잊고 오로지 롱 게임을 위한 연습에 매진한다. 좋은 타수를 만들고 싶다면 이런 골퍼가 되지 않겠다고 다짐해야 한다.

자, 이제 쇼트 게임 연습이 좀 되었다면 나머지 통계 수치인 12%

는 스코어링 클럽으로 얼마나 많은 버디를 만들어내느냐에 달려 있다. 물론 이것은 투어 선수들이나 핸디캡이 낮은 아마추어 골퍼들을 위한 내용이다. 핸디캡이 높은 골퍼들에게는 스코어링 클럽으로 얼마나 많은 파를 기록하느냐가 될 것이다. 스코어링 클럽이란 무엇인가? 몇 년 전 골프 다이제스트 교습위원 미팅에서 나는 샘 스니드, 캐리 미들코프, 폴 러넌에게 투어에서 스코어링 클럽으로 간주할 수 있는 클럽에는 어떤 것이 있는지 질문했고, 그들은 샌드웨지에서 8번 아이언까지라고 답했다. 그 당시 로브 웨지는 사용하지 않았다. 나는 다시 그 클럽들을 왜 스코어링 클럽이라고 부르냐고 물었고, 그들은 그 클럽들을 잘 다루지 못하면 좋은 스코어를 기록할 수 없기 때문이라고 답했다.

오늘날의 투어 선수들은 비거리 증가로 인해 로브 웨지에서부터 피칭 웨지 정도까지 스코어링 클럽으로 간주한다. 그리고 대부분 48도, 52도, 56도, 60도 등 3~4개의 웨지를 가지고 다닌다. 미켈슨의 경우에는 64도를 가지고 다닌다. 가능하다면 유능한 클럽 피터에게 자신이 가지고 다니는 웨지들의 로프트가 균등하게 구성되어 있는지 확인해보길 바란다. 대부분의 아마추어들에게 점수를 만드는 클럽은 아마도 여전히 로브 웨지에서부터 8번 아이언 쓰리 쿼터 스윙까지일 것이다.

가능한 한 좋은 점수를 기록하기 위해서는 스코어링 클럽을 잘 사용하여 핀에 가깝게 붙여야 한다. 티샷은 보수적인 공략으로써 페어웨이에 공을 올려놓아야 한다. 그런 후 7번 아이언에서 하이브리드 또는 페어웨이 우드로 그린을 공략한다. 이때 그린의 중앙을 향해 샷을 해야 한다. 보수적인 전략으로 그린 적중률을 높여야 한다. 보수적인 전략은 겁먹은 플레이를 말하는 것도 아니고, 두려움에 찬 스윙을 의미하는 것도 아니다. 진짜 불안 속에서 샷을 한다면 그것은 진짜 큰 문제이다. 내가 바라는 것은 보수적인 타깃을 선정했다면 공격적이고 자신감 있는 스윙이다. 이와 같은 플레이가 영리하고 전략적인 플레이이다. 나는 이것을 '보수적인 전략, 자신감 넘치는 스윙'이라고 부른다. 스코어링 클럽으로 그린을 공략할 때는 핀을 바로 보는 공격적인 자세가 필요하다. 위대한 지도자 하비 페닉은 깃대를 공격하는 시간은 파티 시간이라고 말했다. 골프를 정말 잘하려면 스코어링 클럽으로 버디를 많이 잡아내야 한다. 이러한 사고방식은 게임에 대한 부담감을 덜어줄 것이고, 이를 통해 베스트 스코어를 기록하게 될 것이다.

투어 선수 또는 핸디캡이 낮은 아마추어 골퍼들은 점수를 만들어내는 자기만의 공략법을 가지고 있다. 공을 멀리 치지 못하는 일부 힘이 약한 선수들에게 그것은 약간 다른 방식이다. 그들은 웨지와 더불어 페어웨이 우드나 하이브리드 혹은 미들 아이언을 더 잘 다루어야 한다. 나는 몇 년 전 LPGA 투어 선수인 비키 괴체를 지도했었다. 그녀는 7번 우드로 웬만한 남자들이 웨지로 치는 것보다 더 가깝게 붙이는 능력을 가지고 있었다. 그녀는 키도 작고 비교적 낮은 스윙 스피드를 가지고 있었지만 높은 로프트의 페어웨이 우드를 완벽하게 다루었다. 비키는 US여자아마추어 대회에서 두 번의 우승을 했는데, 두 번째는 안니카 소렌스탐을 상대로 승리했다.

최고의 골퍼가 되는 것이 목표라면 이렇게 점수를 만들어낼 수 있는 샷을 매일 연습해야 한다. 만약 당신이 이러한 클럽들을 잘 다루지 못한다면 쇼트 퍼팅보다 롱 퍼팅을 많이 하게 될 것이다. 나는 당신에게 멋진 골프 스윙으로 공을 잘 치는 선수들이 보여주는 모든 종류의 통계를 보여줄 수 있다. 하지만 그들은 5~6번 아이언 샷보다 웨지 샷이 더 좋지 않다. 웨지 샷으로 그린을 놓친다면 그것은 한 번 실수할 때 두 번의 샷을 하는 비용이 들 수 있다. 만약 2.5m 대신에 6m를 남겨둔다면 그것은 한 타 반의 비용이 든 것이라 말할 수 있다. 이렇게 웨지 샷으로 가까운 거리를 남겨둔다면 게임이 훨씬 유리해진다. 만약 전체적으로 집중한다면 18홀에서 여러 번의 확실한 버디 찬스를 맞이할 것이다. 자신이 만약 드라이버를 충분히 잘 칠 수 있을 만큼 좋은 스윙을 가지고 있다면 웨지로 가깝게 붙이는 법을 배울 수 있다.

평균적으로 96타를 친 골퍼가 있다고 가정해보자. 샷 내용은 다음과 같다. 40번의 퍼팅, 20번의 우드 샷(드라이버와 페어웨이 우드), 14번의 아이언 샷, 19번의 웨지 샷 그리고 기타 3번. 골퍼들은 왜 그렇게 웨지 샷 연습은 하지 않고 드라이버 샷 연습에만 매달리고 있는가? 웨지 샷을 위해 시간을 투자하는 것은 매우 중요하다. 적어도 하루에 한 시간은 투자해야 한다. 더 빠른 성장을 원한다면 웨지 샷에 더 많은 시간을 투자해야 한다. 나에게 지도받는 선수들의 일반적인 쇼트 게임 연습 시간은 2시간에서 2시간 30분 정도이고, 스코어링 클럽은 1시간, 퍼팅은 20분 정도이다. 나머지 시간에는 벙커 샷, 그린 주변에서의 어프로치 샷, 앞서 이야기했던 두 가지 형태의 피치 샷을 훈련한다.

스코어링 클럽을 연습할 때 즉각적이고 정확한 피드백을 얻으면 더 빨리 발전할 수 있다. 또한 각각의 스코어링 클럽으로 풀 스윙뿐만 아니라 3/4 스윙도 개발하길 바란다. 이러한 연습은 정확한 거리를 더 일관되게 보낼 수 있도록 해준다. 연습할 때 각각의 샷이 얼마나 멀리 날아갔는지 측정할 수 있는 방법이 있어야 한다. 우리 눈은 보통 공이

로텔라의 통계 분석을 통한 여섯 가지 규칙

1 드라이버 샷 비거리를 늘리기 위해 애쓰기보다 라운드당 12~13번
   의 온 그린을 위해 열심히 훈련하라.
2 중간 또는 낮은 탄도의 어프로치 샷을 개발하라.
3 벙커 샷의 달인이 되는 법을 배워라.
4 하루에 20분 퍼팅 연습에 투자하라.
5 웨지와 같은 스코어링 클럽에 집중하라(최소한 하루에 한 시간).
6 농구에서 자유투처럼 스코어링 클럽을 연습하는 것은 지루할 수 있
   다. 하지만 뛰어난 골퍼가 되려면 스코어링 클럽에 집중해야 한다.

얼마나 왼쪽 혹은 오른쪽으로 갔는지 알 수 있지만 비거리를 측정하는
것은 어렵다. 어떤 선수들은 90m 이하의 거리를 측정하기 위해 트랙맨
에 의지한다. 또 어떤 선수들은 핸드폰과 연동이 되지 않는 조금 덜 비
싼 분석기를 사용하기도 하고, GPS 거리측정기를 사용하기도 한다. 또
다른 선수들은 거리별로 수건을 놓아둔 채 눈으로 거리를 측정한다. 또
어떤 선수들은 사람이 없는 홀에 캐디나 친구를 사정거리 내에 서 있도
록 하여 거리를 측정한다. 이들은 핸드폰으로 통화하며 정확한 거리를
주고받는다. 대부분의 투어 선수들은 3/4 스윙을 통해 약 30도 정도의
탄도로 공을 보내기 위해 노력한다. 이는 풀 스윙보다 훨씬 낮은 각도이
지만 거리 조절을 더 잘할 수 있도록 해준다. 목표는 피치 샷 그리고 스
코어링 클럽의 풀 스윙과 3/4 스윙으로써 예측 가능성을 높이는 데 있
다. 각각의 샷에 일관된 임팩트를 갖는 것은 중요하다. 일정한 임팩트를
통해 예측 가능한 탄도를 가질 수 있고, 비거리가 얼마큼 가는지 알 수

있으며, 벙커 뒤나 그린 뒤쪽 어려운 핀이어도 두려움 없이 샷을 할 수 있다. 자신이 만약 매일 비거리를 측정해왔다면 각각의 클럽이 정확히 얼마나 멀리 나가는지 알고, 그것을 가능하게 하는 풀 스윙과 3/4 스윙을 가지고 있을 것이다. 나는 골퍼들이 하프 스윙이나 1/3 스윙을 하지 않기 바란다. 최소한 핸디캡 0이 될 때까지는 풀 스윙이나 3/4으로 하는 것이 좋다. 자신의 게임을 면밀하게 살펴봐야 한다.

장수하신 우리 아버지는 100세까지 골프를 하셨다. 파 4홀에서 세 번째 샷을 거의 항상 30~70m에서 치셨다. 파 5홀에서는 네 번째 샷이 같은 거리로 남곤 했다. 라운드 전체에서 그 거리를 잘 해내면 그날 성적은 16타까지 차이 난다. 아버지의 골프가 파 온을 못하는 플레이라 할지라도 점수에 큰 영향을 미치지 않는다는 점은 놀라운 일이다. 아버지는 파 아니면 보기를 기록한 후 다음 홀로 이동한다. 많은 골퍼들이 이와 비슷하다. 30~70m의 피치 샷이 좋은 점수를 기록하는데 가장 중요한 부분을 차지한다. 그러므로 자신의 게임과 관련해서는 다음 2주 동안 자신만의 통계를 기록해보라. 라운드 후 매 홀 각각의 샷을 돌이켜 생각해보자. 그리고 자신에게 물어보라. '평균적으로 어느 클럽을 가장 많이 사용하는가?' '어느 샷이 타수에 가장 많은 영향을 미치는가?' '어느 클럽이 가장 도움이 되는가?' 또는 '어느 클럽이 나를 괴롭히는가?' 나는 아마추어 고수, 심지어 투어 프로들에게도 이런 질문을 한다.

훌륭한 선수들은 좀처럼 OB로 공을 보내지 않는다는 사실이 놀랍지만, 그들은 단지 드라이버 샷에 공들이기를 원한다. 나는 그들에게 이미 티샷은 필요한 만큼 잘하고 있고, 어느 날 드라이버 샷에 자신감이 떨어지더라도 티에서는 다른 선택권도 있다고 말한다. 페어웨이에 올리기 위한 목적이라면 다른 클럽을 칠 수도 있고, 더 쉬운 클럽을 사용할 수 있다. 하지만 벙커 뒤에 바로 핀이 있는 상황에서 피치 샷을 해야 한 다면 벙커를 관통해서 퍼팅할 수는 없는 노릇이므로 다른 선택권 없이 잘 해내야 한다. 자신의 게임과 관련하여 할 수 있는 또 다른 일은 가장 잘 된 경기와 가장 잘 안된 경기를 각각 다섯 라운드씩 선택한 후 통계 를 기록하는 것이다. 그리고 두 수치를 비교한 후 차이점이 무엇인지 살 펴본다. 감히 말하자면 대부분 사람들의 베스트 라운드는 파 세이브를 잘하고 스코어링 클럽을 잘 다루면서 버디를 많이 잡아낼 때 이루어진 다. 이것이 전부는 아니지만 자신의 통계를 잘 살펴봐야 한다. 예를 들 어 나에게 지도받는 어떤 아마추어 골퍼의 통계를 살펴볼 때 그들에게 말해줄 수 있는 무언가가 있다는 점은 매우 의미 있는 일이다. 나는 그 들에게 한 라운드의 모든 샷을 기록해보라고 한다. 첫 번째로 티샷을 살 펴본다. 그들이 벌타 없는 티샷을 꽤 많이 치고 있다는 점은 놀랍다. 나 는 그들에게 그린 공략을 위해 로브 웨지에서부터 8번 아이언까지 사 용한 횟수를 기록해보라고 한다. 거의 항상 10~12번 사이에 있다. 그 것을 기록해놓으라고 한 후 그린을 놓쳤을 때 파 세이브한 횟수도 추가 한다. 모든 자료를 합산해서 분석을 시작하면 좀 더 스코어링 클럽을 잘 다루었다면 더 많은 버디를 잡아낼 수 있었다는 사실을 쉽게 깨달을 수 있다. 어프로치 샷을 한 후 원 퍼팅을 더 많이 했더라면 타수는 더 줄어 들었을 것이고, 정말로 더 좋은 성적이 되었을 것이다.

멕시코 선수인 로레나 오초아는 명예의 전당에 오른 훌륭한 선수 이다. 그녀는 28세에 가정을 이루기 위해 은퇴했으며, 그때까지 LPGA 투어에서 두드러진 활약을 보였다. 성적에 대한 두려움이 없었고 버디가 한 번 나오기 시작하면 쉴 새 없이 버디가 쏟아지곤 했다. 오초아는 연습의 방향을 결정하기 위해 통계를 사용했다. 그녀는 2020년 '골프 다이제스트'와의 인터뷰에서 다음과 같이 말했다.

"자신에 대해서 더 잘 알수록 더 빨리 경기를 지배하게 될 것입니다. 자신의 약점을 개선하기 위해 항상 노력해야 합니다. 어떤 사람들은 자신의 약점이 무엇인지 알고 있지만 그것을 고치려고 하지 않습니다. 게으르면 안 됩니다. 저는 자신에게 항상 말합니다. '약점이 무엇이지?' 60m 샷 혹은 4번 아이언, 혹은 드라이버 샷이 문제라면 저는 두세 시간 동안 연습장에서 시간을 보냅니다. 그러면 그 약점들을 보완할 수 있습니다. 그렇게 경쟁력을 갖추는 것입니다. 저는 경기에서 다른 선수들을 이길 수 있습니다. 저는 이 사실을 알고 있습니다. 일단 여행이 시작되면 쉽게 쉽게 풀어낼 것이고, 하기 싫은 어려운 것들은 잊게 될 것입니다. 중요한 점은 자신의 약점을 빨리 해결하는 것입니다. 이렇게만 노력한다면 성장할 수 있는 여지는 더 많아지게 됩니다. 이는 골프에서뿐만 아니라 인생에서도 마찬가지입니다."

통계를 통해 공부한 것을 자신의 연습에 적용하고 코스에서의 전략으로 활용하라. 그러면 연습 시간과 플레이 시간이 더 유익해질 것이고 보람될 것이다. 이러한 과정을 통해 당신은 자신의 잠재력을 최대한 끌어낼 수 있다. 그리고 자신의 가장 큰 꿈을 성취하게 될 것이다.

퍼팅의 달인이 되는 법

과학은 마음에 있고 느낌은 손안에 있다.
공이 들어가는 모습을 봐야 한다.

-잭 니클라우스

최고의 퍼팅을 하기 위해서는 기술보다 태도에 관한 것이 훨씬 중요하다. 그린에 있을 때는 정말 즐거운 시간을 보내고 있다고 느껴야 하고, 퍼팅할 때는 본능적이고 무의식적이어야 한다. 분석적으로 생각하기보다 반응적으로 해야 한다. 나는 선수들에게 이 점을 이해시키기 위해 열쇠 뭉치를 주고받는 작은 게임을 하곤 한다.

먼저 선수가 열쇠 뭉치를 던질 때마다 나는 한두 걸음씩 뒤로 물러난다. 선수는 내 손이 어디에 있든 빠르게 보고 열쇠 뭉치를 던진다. 그리고 매 순간 내가 다치지 않도록 적당한 스피드로 던진다. 이때 나는 이렇게 말한다. "놀랍지 않아? 자네는 정말 훌륭한 운동선수야. 내 손을 무심코 보고, 내 손을 향해 어떻게 조준할 것인지에 대해 아무런 생각을 하지 않았지. 얼마나 세게 던질지 의식적으로 생각하지 않고 해낸 거야. 자네가 얼마나 좋은 감각을 가지고 있는지 더는 궁금해할 필요가 없어. 우리는 이미 그 능력을 확인한 거야. 나한테 열쇠를 던질 때와 같은 기

183

분으로 퍼팅하면 돼." 이 게임은 퍼팅에 대해 어떤 태도를 가져야 하는 지를 이해시켜준다. 그것은 퍼팅할 때 무의식적인 상태가 되고, 그런에서 자신이 보는 무언가에 본능적으로 반응하는 것이다.

앞 챕터에서는 다른 스포츠 코치로부터 무엇을 배울 수 있는지, 그들이 어떻게 선수로부터 뛰어난 성과를 끌어낼 수 있는지에 대해 많은 이야기를 했다. 나는 훌륭한 운동선수들이 행동하는 방식과 접근 방식이 골프와 비슷하고 본다. 나는 필드에서 겁먹은 사슴처럼 행동하기보다 차라리 잘난 체하고 뻔뻔한 사람이 되거나 자신감이 넘쳐 건방진 사람이 되는 것이 훨씬 더 낫다고 말한다. 분석적이고 비운동적인 사고를 멈춰야 한다. 운동적인 마음가짐과 함께 자신의 능력에 대한 자신감을 가지고 골프를 해야 한다. 이는 볼을 칠 때뿐만 아니라 퍼팅에도 그대로 적용된다. 퍼팅이 운동적이지 않다고 생각할 수도 있지만, 가장 본능적이고 무의식적으로 수행되어야 한다. 퍼팅이 운동적이어야 하는 이유를 설명하자면 다음과 같다.

데니 메카시는 어떻게 무의식의 퍼팅을 할 수 있었는가?

나는 데니 메카시라는 어린 투어 선수를 지도했다. 그는 그린에서 무의식의 퍼팅을 모범적으로 이해한 선수였다. 데니는 2019년과 2020년에 터득한 퍼팅으로 투어에 들어갈 수 있었다. 데니가 나에게 말하기를 홀에 있는 한 점 그리고 홀로 향하는 선을 본다고 했다. 그는 결과에 신경 쓰지 않고 눈에 보이는 것에만 무의식적으로 반응했다. 그리고 망설임 없이 어드레스를 취한 후 스트로크를 했다. 이 방식은 데니가 최상의 자신감을 가지고 퍼팅을 하도록 이끌었다.

나는 몇 년 동안 퍼팅을 정말 잘하는 사람들을 많이 보아왔다. 그들의 특별한 점은 퍼팅할 때 오래 생각하기보다 단순히 보이는 것에 반응한다는 것이다. 퍼팅을 잘하는 사람들 대부분은 분석하는데 많은 시간을 쓰지 않는다. 특히 마지막으로 타깃을 본 후 스트로크까지 시간을 지체하는 법이 없다. 축구나 농구 등 다른 스포츠의 훌륭한 선수들도 퍼팅을 잘하는 사람들과 똑같은 방식으로 한다. 그들은 어떻게 움직여야 할지 그 즉시 감지하면서 스스로 반응하도록 몸을 내버려 둔다. 야구에서 유격수가 땅볼을 잡을 때 발을 어떻게 움직일지, 손을 어떻게 움직일지, 글러브에 들어온 공을 어떻게 잡을지 전혀 생각하지 않는다. 공을 던질 때도 손가락을 어떤 방식으로 사용할지 전혀 생각하지 않는다. 팔을 구부릴 때 손목이 어떤 자세를 취해야 하는지 혹은 1루로 공을 던질 때 팔을 얼마나 빨리 움직여야 하는지도 고민하지 않는다. 그런 동작들은 모두 본능적이고 자연스럽게 이루어진다. 동작의 어떤 부분을 분석하기 시작한다면 아마도 공을 땅으로 던지거나 1루수 머리 위로 넘길 것이다.

퍼팅도 다르지 않아야 한다. 퍼팅할 때는 눈으로써 타깃을 보며 반응하거나 마음에 있는 타깃을 보면서 그 이미지에 반응해야 한다. 퍼팅의 달인들은 볼 위에 서서 보이는 대로 본능적으로 반응한다. 계획한 라인을 따라 공이 홀로 들어가는 모습을 느낄 수 있어야 한다. 퍼팅의 달인들은 스트로크 전에 라인을 볼 때 저마다 다양하게 느낀다. 이렇게 사람마다 다양하게 느낀다는 점은 흥미롭다. 194페이지 '무엇을 상상하는가?' 참조 어떤 선수는 볼에서 홀까지 넓은 선을 느끼고, 또 어떤 선수는 가는 선으로 느낀다. 또 어떤 선수는 한 지점을 바라보면서 그 지점을 넘기면서 굴리려 하고, 또 어떤 선수는 공이 들어갈 홀의 한 지점에 집중한다. 마음으로 감지한 것이라면 어떤 것이든 상관이 없다.

역사상 가장 퍼팅을 잘했던 선수 중 한 명인 잭 니클라우스는 상상하는 것을 좋아했다. 그는 마음속에서 라인이 그려지고 그것이 선명해질 때만 백스윙을 시작했다. 머릿속에 그림이 그려질 때까지 기다렸기 때문에 스톱워치로 루틴 시간을 잴 필요도 없었다. 많은 사람들은 그가 루틴을 실행하지 않은 것으로 생각할 수 있지만, 잭은 분명히 자신의 루틴을 실행했다. 여기에는 미묘한 차이가 있다. 잭의 루틴은 그림에 반응한 것이다. 타이거 우즈도 비슷하다. 타이거의 주니어 시절 또는 아마추어 시절로 거슬러 올라가면 믿을 수 없을 정도의 대단한 퍼팅을 수없이 성공시켰다. 타이거 역시 '머릿속으로 그림을 그린 후 퍼팅한다'라고 말한다. 이 방법은 그가 어렸을 때 아버지로부터 배웠다. 많은 선수들이 그림을 느낄 때도 있지만 항상 그런 것은 아니라고 이야기한다. 이는 좋은 현상이 아니다. 만약 매 순간 마음의 눈으로 그림을 볼 수 없다면 그것은 자신만의 과정에 빠지지 않은 것일지도 모른다. 그렇다면 좀 더 구체적이고 일관된 루틴이 필요하다고 이야기할 수 있다.

선수 생활 동안 훌륭한 퍼팅으로 자신의 역할을 다한 데이비스 러브 3세는 1993년 벨프리에서 열린 라이더 컵 18번 그린에서 승리의 2m 퍼팅을 성공시켰고, 1997년 윙드 풋에서 열린 PGA 챔피언십에서는 4m 우승 퍼팅을 무지개 아래에서 성공시켰다. 데이비스의 퍼팅 루틴에는 주저함이 없다. 그는 마지막으로 라인을 본 후 시선이 돌아오자마자 백스윙을 시작한다. 우리는 이 루틴을 만들기 위해 열심히 노력했다. 시선이 공 위에 있을 때는 시간을 끌지 않아야 한다. 마지막으로 타깃을 보는 시점과 백스윙을 시작하는 시점 사이에는 어떠한 의식적인 생각을 하지 않아야 한다. 대부분의 사람들은 의식적으로 생각하기 시작한다. 아마도 백스윙을 정확하게 빼기 위해, 그런 파악을 다시 하기 위해, 얼마나 세게 쳐야 할지 가늠하기 위해, 손목이 꺾이지 않도록 하기 위해 생각했을지도 모른다. 이 순간의 의식적인 생각은 최악의 상황을 만든다. 왜냐하면 의식적인 생각은 자신의 운동신경을 발휘하지 못하도록 만들고, 타깃에 반응하는 것을 방해하기 때문이다. 이런 상황에서는 마음이 과민반응을 할 수도 있고, 자신감 있고 능숙한 스트로크를 못하게 된다. 공 앞에 서기 전에 모든 생각을 버려야 한다. 데이비스가 말하기를 그것은 마치 애틀랜타 공항의 편의점에서 볼 수 있는 줄지어 매달린 은색 공과 같다고 한다. 하나의 공이 다른 공을 치면서 연쇄반응을 일으킨다는 말이다. 그는 또 자신이 어린 시절을 보냈고 지금도 살고 있는 조지아주의 시 아일랜드Sea Island에 위치한 트랩사격 강사에 대해서 말했다. 사격 강사는 방아쇠를 당길 때 총구가 항상 목표물과 함께 움직여야 한다고 가르친다. 결코 망설임이 있어서는 안 된다는 이야기이다. 이것이 바로 내가 말하는 운동적인 것이다.

오늘날 퍼팅에 관한 교습은 어떻게 하면 완벽한 스트로크를 만들 수 있는가에 초점이 맞춰져 있다. 나는 퍼팅에 대한 당신의 태도가 심히 염려스럽다. 나는 종종 퍼팅 세미나를 시작할 때 이렇게 말한다. "일어서서 오른손을 앞으로 내밀어보세요. 이제 왼손으로 오른 손목을 잡고 앞뒤로 움직이세요." 모든 사람이 어김없이 이렇게 말한다. "이건 완벽한 퍼팅 스트로크네요." 나는 그들에게 말한다. "이미 그렇게 하는 퍼팅법을 알고 있는데 왜 또다시 그 방법을 배우려고 몇 시간씩 보내고 있는 거죠? 손에 퍼터를 쥐고 있다고 해서 달라질 것은 없습니다." 다음으로 중요한 것은 퍼팅 스트로크는 마음속에 있는 그림이나 실제로 눈으로 보는 것에 반응하여 일어난다는 사실이다. 정확한 혹은 완벽한 스트로크를 만들려고 애쓸 필요 없다. 그냥 일어나도록 내버려 두어야 한다.

나는 일관성 있는 루틴을 매우 선호한다. 당신은 그러한 퍼팅 루틴을 어떻게 만들 것인가? 우리는 또다시 다른 스포츠의 훌륭한 선수로부터 그런 행위를 찾아볼 수 있다. 예를 들면 테니스의 서브, 야구의 투구, 미식축구의 플레이스 킥 공을 땅에 놓고 차기, 농구의 자유투 등이 있다. 최고의 선수들은 망설임 없이 일관성 있는 루틴을 가지고 있다. 버지니아 대학에서 뛰었던 NBA 포인트 가드 카일 가이는 이러한 루틴을 잘 보여준다. 버지니아는 2019년 NCAA 전미대학체육협회 챔피언십 준결승전에서 오번을 상대로 마지막 몇 초를 남겨둔 상황에서 2점 차로 뒤지고 있었다. 시계가 0.6초를 가리킬 때 가이는 3점슛을 쏘다가 반칙을 당했고, 3번의 자유투를 받았다. 그는 기적적으로 3번의 자유투를 모두 성공시킴으로써 팀을 승리로 이끌었다. 그는 슛할 때 루틴의 변화가 없었고 주저함이 없었다. 공을 한 번 튀기고, 보고, 그대로 슛!

퍼팅 루틴도 똑같이 적용할 수 있다. 자신이 어떤 종류의 루틴을 하고 있는지는 중요하지 않다. 마지막으로 타깃을 본 후 시선이 공으로 돌아왔을 때 바로 백스윙을 하기만 한다면 어떤 루틴이든 상관이 없다. 그저 매 순간 똑같이 하면 된다. 단순히 똑같은 루틴이라기보다 같은 리듬과 흐름이어야 한다. 1m든 10m든 거리는 중요하지 않다. 퍼터 페이스 정렬, 발 위치 선정, 몸 위치 선정, 공 위로 눈의 위치 등을 포함하여 자신이 개발한 루틴 과정을 기록해보라. 연습 스트로크를 한다면 매번 같은 횟수로 하는지도 확인해보라. 루틴을 기록하는 것 외에도 그린에서 자신에게 소리를 내어 말하는 방법도 있다. 또는 다른 사람들에게 말하는 것도 도움이 된다. 이런 방법은 모든 퍼팅을 같은 방식으로 접근할수 있도록 해주고, 자신의 루틴을 꾸준하게 유지할 수 있도록 해준다. 예를 들면, 매튜 울프는 2020년 US오픈 3라운드에서 2.5m 퍼팅을 깔끔하게 성공시키면서 윙드 풋에서의 최소타수와 동타를 이루었다. 그는 퍼팅에 대한 남다른 접근 방식이 있느냐는 질문에 이렇게 답했다. "나에게 그런 것은 없다. 단지 또 한 번의 퍼팅을 하는 것뿐이다. 나는 모든 퍼팅을 똑같이 대하는 훈련을 해왔다."

보기를 받아들이고 파 하는 법을 배워라

투어 프로 혹은 핸디캡이 낮은 골퍼는 파를 만드는 방법과 보기를 받아들이는 방법을 배우는 데 있어서 약간의 인내심이 필요하다. 골프를 잘한다고 하는 사람들은 어떻게 하면 파를 기록할 수 있는지 혹은 어떻게 해야 최소한 보기로 막는지를 터득한 사람들이다. 그들은 미스 샷을 연달아 두 번씩 하면서 더블 보기나 트리플 보기로 가지 않는다. 이를 위해서는 어프로치 샷 후 퍼팅으로 마무리하는 법을 배워야 하고, 스코어를 지키는 퍼팅을 성공시켜야 한다. 또한 보기를 해도 "그럴 수도 있지. 괜찮아!"라고 말할 수 있어야 한다. 나에게는 멋진 스윙을 가진 친구들이 있다. 하지만 그 친구들은 꾸준하게 라운드에 집중하면서 파를 만들고, 보기로 막는 법을 배우지 못했다.

일단 일관된 셋업과 루틴을 가지고 있다면 퍼팅의 달인이 된다는 것은 대부분 퍼팅에 대한 태도에 달려 있다. 나는 역사상 가장 퍼팅을 잘하는 선수 중 한 명으로 알려진 브래드 팩슨을 1983년, 그가 투어 1년 차일 때 처음 만났다. 브래드는 '트레블 레저 골프'의 작가 밥 컬런을 만났을 때 나에게 배운 것을 다음과 같이 묘사했다. "퍼팅은 정말 태도가 중요합니다. 이 말은 다른 무엇보다도 골퍼의 사고방식이 중요하다는 뜻입니다." 브래드는 그린을 향해 걸어가면서 퍼팅 준비를 시작할 때 경사, 그린 스피드, 바람과 같은 많은 요인을 거의 무의식적으로 파악하는 것 같다고 이야기한다. 그는 경사를 파악하는데 너무 많은 시간을 쓰지 않으려 하고, 단호한 마음을 가지려 한다. 처음에 읽은 경사를 다시 읽으려면 마음이 흔들리기 때문이다.

그는 또 이렇게 말했다. "저에게 퍼팅은 매우 시각적입니다. 마지막으로 타깃 라인을 본 후 스트로크가 알아서 되도록 내버려 둡니다. 저는 스피드에 대해서는 걱정하지 않습니다. 저의 본능과 기술이 해결하도록 내버려 둡니다." 브래드는 마음가짐의 미묘한 균형을 유지하기 위해 노력한다. 집중하고 있지만 너무 열심히 집중하지는 않는다. 루틴에 대해 신경은 쓰지만 지나치게 조심스럽지는 않다. 그는 공이 들어가기를 바라고 들어갈 것이라고 믿는다. 하지만 실수하더라도 속상해하지 않으려 한다. 그가 말했다. "저는 퍼팅할 때 너무 열심히 노력하는 태도로 하지 않아요. 그래야 최고의 퍼팅을 할 수 있거든요."

브래드는 퍼팅이 잘될 때는 첫 번째 퍼팅을 실수했을 때 거의 항상 마크를 한다. 왜냐하면 그냥 살짝 쳐서 넣기에는 거리가 좀 있기 때문이다. 또한 퍼팅이 잘될 때도 보통 최소한 한 번의 쓰리 퍼팅이 나온다. 브래드는 마음가짐이 올바를 때 버디 퍼팅 성공률이 쓰리 퍼팅 확률보다 현저히 높다는 것을 알고 있다.

내가 항상 말하는 것처럼 쓰리 퍼팅을 두려워하면 평생 퍼팅에 대한 두려움을 떨칠 수 없다. 브래드는 오랜 시간 나에게 지도를 받았다. 그가 말하기를 아이들이 퍼팅할 때 부모나 지도자가 홀을 너무 멀리 지나치면 안 된다고 말하기 때문에 퍼팅에 대한 두려움이 생긴다고 한다. 브래드는 아이들이 퍼팅할 때 두려움이 없다는 것을 알았다. 골퍼는 평생토록 이런 태도를 유지해야 한다. 꽤 훌륭했던 선수들은 어렸을 때 올바른 마음으로 퍼팅했다. 대부분의 사람들은 나이가 들면서 너무 의식적인 동작과 함께 두려움을 갖기 시작한다. 나는 브래드가 성장할 때 퍼팅만큼은 그런 두려움이 생기지 않도록 애썼다.

어른들은 아이들에게도 배울 수 있다. 퍼팅에 대한 부분이라면 다른 방법이 필요하다. 어른들도 아이들이 하는 것처럼 퍼팅 게임을 많이 하는 것이 좋다. 나이가 들면 기구를 사용하는 연습과 단순히 반복하는 연습을 많이 하는 경향이 있다. 우리는 연습 그린에서 경쟁을 통한 연습을 잘 하지 않는다. 마찬가지로 골프 선수들은 대회 시간이 가까워지거나 대회 당일에는 기구나 장치를 없애고 홀에 성공시키는 연습을 많이 해야 한다. 이런 연습이 루틴이 되어 퍼팅 그린에서 더 많은 시간을 보내야 한다. 그린 읽기도 같은 방법이어야 한다. 아이들은 아무도 방법을 알려주지 않았어도 거의 대부분 그린을 잘 파악한다. 아이들은 본능적이면서 실패에 대한 두려움이 없다. 투어 프로들은 프로암에서 플레이할 때는 그린 읽기를 훨씬 더 잘한다고 말한다. 왜냐하면 실수해도 부담을 느끼지 않기 때문이다. 당신이 가능하다면 수요일 프로암에서 18홀

동안 친구를 위해 캐디를 해보는 것도 좋다. 단지 재미를 위한 것이므로 두려움을 가질 필요는 없다. 틀림없이 같은 경험을 할 것으로 생각한다. 아마도 그린 읽기를 정말 잘할 것이다.

어떤 선수들은 미스 퍼팅에 대한 걱정 때문에 몇 미터 홀에 가깝게 붙인 좋은 샷을 반기지 않는다. 그들은 그린을 향해 걸어가면서 동반 선수들이 어떻게 생각할까 걱정하기 시작한다. 기억하라. 다른 사람들은 당신에게 전혀 신경 쓰지 않는다. 퍼팅한 후 5초가 지나면 사람들은 당신에 대해서 잊는다. 혹은 어떤 선수들은 첫 홀에서 쇼트 퍼팅에 실패하면 그날 퍼팅감이 안 좋거나 퍼팅에 대한 자신감을 잃을 수도 있다는 두려움을 갖는다. 이런 생각은 라운드 초반에 모든 퍼팅을 성공하지 않는 한 대회에서 통하지 않는 멘탈이다. 그렇기 때문에 퍼팅에 대한 자신의 태도를 바꿔야 한다. 퍼팅을 잘하는 선수들은 그린 위로 공을 올려놓기만 하면 퍼팅이 얼마나 재미있을지를 생각한다.

나는 선수들에게 스스로 이렇게 말하라고 가르친다. "이제 나를 위한 시간이다. 진짜 재미는 그린에서 시작된다." 이는 마치 파티에 갈 준비를 하면서 샤워하고 옷을 입을 때, 우리가 얼마나 즐거울지 미리 상상하는 것과 같다. 그린을 향해 걸어갈 때 이런 기분이어야 한다. 이것이 바로 게임 안의 게임이다. 자신에게 이렇게 말하라. "퍼팅은 내가 다른 사람과 다르다는 것을 느낄 수 있는 순간이다." 다시 말하지만 퍼팅은 태도가 가장 중요하다. 쓰리 퍼팅을 싫어하기보다는 원 퍼팅을 더 좋아해야 한다. 버디 만드는 것을 좋아해야 한다. 18홀의 모든 퍼팅을 즐겨야 한다. 허리를 굽혀 홀에 들어가 있는 공을 집어 올리는 것을 좋아해야 한다. 공이 홀을 지나칠 걱정 없이 퍼팅해야 한다. 공이 지나칠 것을 생각한다면 현재에 집중한 것이 아니다. 이미 다음 퍼팅을 생각하면서 스코어에 미칠 영향을 예상한다면 이는 과정에 집중하지 않은 것이다. 공의 반 정도 짧게 남겨진 퍼팅을 해도 괜찮다. 그럴 때도 있다. 하지만 홀을 지나칠까 걱정해서 짧게 치는 상황이 나오지 않도록 해야 한다.

결과에 무관심한 태도를 가져야 한다. 퍼팅한 후에는 무슨 일이 일어나더라도 받아들여야 한다. 공이 들어가지 않았더라도 의도한 방법대로 과정을 잘 수행했다면 그것은 로텔라 방식으로 들어간 것과 마찬가지이다. 아마도 공이 그린 위의 무언가에 부딪쳤을 수도 있고, 바람이 공을 막아주거나 단순히 경사를 잘못 읽었을 수도 있다. 루틴을 잘 수행하고, 퍼팅 라인을 상상하고, 무의식적으로 타깃 반응에 집중을 잘했다면 그런 자신을 격려해야 한다. 결과로 인해 퍼팅에 대한 느낌이 바뀌도록 해서는 안 된다. 퍼팅에 실패했더라도 루틴을 지키고 더 여유로운 마음으로 자신감을 가져야 한다. 퍼팅에 실패하면 자칫 반대로 신중해지는 경향이 있다. 마음의 여유를 갖고 자신감을 가지라는 말이 스트로크를 느슨하게 하라는 뜻은 아니다. 그것은 라운드가 진행될수록 덜 노력하고 덜 신경 쓰는 것처럼 태도가 편안함을 의미한다. 표정은 부드럽고 마음은 고요해야 한다. 그것은 타깃을 뚫어지게 쳐다보아서는 안 된다는 의미이다. 아무렇지 않다는 듯한 퍼팅을 해야 한다. 자신의 본능을 믿어라. 경사를 파악하는 것도 본능에 맡겨야 한다. 훌륭한 골퍼들은 그린에 올라오자마자 퍼팅을 어떻게 해야 할지 이미 알고 있다. 자신감과 신뢰를 바탕으로 하는 자신의 첫 번째 본능을 믿어야 한다. 그렇지 않으면 있지도 않은 경사를 만들어낼 것이다.

퍼팅에 대한 올바른 태도 중 하나는 자신이 퍼팅하는 그린에 불만

을 갖지 않는 것이다. 그런 상태가 자신의 마음을 지배하도록 두어서는
안 된다. 투어 프로든, 주말 골퍼든 함께 플레이하는 사람들이 그린의
상태와 스피드에 대해 불평하고 있을 때 자신은 그런 함정에 빠지지 않
는다면 명백한 이점을 얻을 수 있다.

무엇을 상상하는가?

퍼팅 라인을 보면 무엇이 보이는가? 퍼팅을 잘하는 정상급 선수들은 한
결같이 눈에 보이는 것을 묘사한다. 우리는 각자 자신의 느낌을 만들 수
있고 만들어야만 한다.

팻 브래틀리

팻은 눈에서 레이저 광선이 나온다고 생각한다. 그는 이것을 공에서 타
깃까지 레이저로 잔디를 태우는 듯한 느낌이라고 설명한다. 그렇게 탄
자국으로 공을 굴려 보낸다.

닉 프라이스

닉은 타깃을 보고 나서 공을 본다. 그는 마음속으로 왼쪽 귀에 카메라를
장착해놓았다고 생각한다. 그러면 그가 공을 보고 있을 때 타깃의 이미
지를 볼 수 있다고 느낀다.

보비 로크

보비는 퍼팅을 할 때마다 한 지점을 선택하고, 모든 퍼팅은 그 지점까지
가는 직선의 퍼팅이라고 생각한다. 그리고 지점까지 간 공은 경사를 따
라 홀로 굴러간다. 홀까지 직선의 퍼팅이 아니라면 그의 시선은 항상 실
제 홀이 아닌 그가 선택한 지점에 있었다.

레이몬드 플로이드

그는 공이 경사를 따라 구르다가 홀을 향해 휘어서 들어가는 모습을 상상한다. 그가 말하길, "나는 항상 공이 떨어지는 모습을 상상합니다. 부정적인 생각을 하면 실패하기 쉬운 만큼 홀로 들어가는 상상을 하면 성공할 수 있다고 강하게 믿습니다."

브래드 팩슨

브래드는 공에서 홀까지 가느다란 선으로 움직임의 자국을 상상한다. 스탠스를 취했을 때 그는 선 위로 공이 출발하는 모습을 본다.

나의 딸, 케이시 (노트르담 대학에서 골프를 쳤다.)

케이시는 비틀즈의 열렬한 팬이다. 그녀는 퍼팅할 때 비틀즈의 멤버인 링고의 입술 라인을 상상한다.

나는 골프 다이제스트 학교에서 가르치면서 전설적인 선생님인 데이비스 러브 주니어와 꽤 많은 시간을 보냈다. 그는 선수 시절 매우 실력 있는 선수였다. 데이비스는 투어 초창기에 돈을 아끼기 위해 게리 플레이어와 방을 같이 썼다. 그들은 남쪽 지방 어딘가의 아주 느린 버뮤다 그린에서 시합을 하고 있었다. 데이비스는 자신이 봤던 그린 중에서도 최악이라고 생각했다. 하지만 매일 저녁 게리가 방으로 돌아와서 이렇게 말하곤 했다. "이봐, 난 이 느린 그린이 좋아. 나를 위한 그린이야." 그리고 다음 주가 되었고, 이번엔 북쪽 지방으로 이동했다. 그곳의 그린은 믿을 수 없을 정도로 매끄러운 잔디였다. 다시 매일 저녁 게리가 찾아와 그가 얼마나 퍼팅을 재미있게 했는지 말하곤 했다. "나는 이 빠른 그린 위에서 퍼팅하는 것이 즐거워. 내가 할 일은 공을 굴려서 홀에 넣는 것뿐이야." 그때 데이비스는 생각했다. '둘 다 잘하기는 어렵겠지.' 하지만 게리와 같은 생각이 훌륭한 선수의 사고방식이다. 그것은 자유의지와 자신만의 현실 창조로 설명이 가능하다. 당신은 느린 그린, 보통의 그린, 빠른 그린에서 모든 퍼팅을 잘하는 사람이라고 확신해야 한다. 그러면 대부분의 다른 선수들보다 확실한 우위에 있게 된다.

가능한 한 많은 퍼팅을 성공시키는 것이 목표일 때 당신은 과연 그렇게 노력하지 않는 태도를 가질 수 있겠는가? 그런 태도에서는 직관적인 퍼팅이 잘되지 않는다. '반드시 넣어야 한다'라는 생각을 버려야 한다. 특정 퍼팅이 중요하다고 생각해서는 안 된다. 오히려 대수롭지 않게 여겨야 한다. 심지어는 매치 플레이에서도 그렇게 생각해야 한다. 홀 승리를 위한 퍼팅이거나 동타를 만드는 퍼팅이라도 그것이 중요한 문제가 아니라고 생각하면서 루틴에 집중해야 한다. 그저 공이 홀로 들어가는 모습을 상상해야 한다. 볼 위에 서 있는 동안 홀에 성공시키기 위해 신중한 태도를 버려야 한다. 그냥 움직임을 이어가야 한다. 그것은 마치 농구에서 뛰다가 쏘는 슛과 같다. 보고 반응하는 것이다. 단지 공이 어디로 갈지만 바라보면 된다. 연습그린에서 보고 쏘는 게임을 시도해보자. 홀에서 3m 정도 떨어진 곳에 9개의 공을 내려놓고 한 번에 하나씩 퍼팅한다. 한 번만 보고 치는 것이다. 각각의 공을 칠 때 더 여유를 가지고, 더 자유롭게 자신감을 가지고 퍼팅한다. 여섯 번째 공을 칠 때쯤이면 아마도 자유로움을 느낄 수 있을 것이다. 자신이 얼마나 잘 굴리고 있는지 놀랄 수도 있다. 방향과 거리 모두 좋아질 것이다. 이제 자신은 타깃에 반응하고 있는 중이다.

퍼팅의 달인으로 태어나는 사람은 없다. 하지만 우리는 자신을 퍼팅의 달인으로 만들 수는 있다. 퍼팅을 잘하기 위해 연습 그린에서 할 수 있는 또 다른 게임들이 있다. 쇼트 퍼팅 연습을 많이 하면 공이 홀에 들어가는 장면을 많이 볼 수 있다. 직선의 2m 퍼팅은 상상력을 발휘할 수 없다. 이런 연습을 몇 시간씩 하기보다는 퍼팅을 성공하기 위한 길이 오직 하나만 있지 않다는 것을 이해해야 한다. 이를 위해 다양한 길, 다른 스피드로써 퍼팅하는 것을 즐겨야 한다. 테크닉에 빠져 있는 사람들은 직선에서 연습하는 것을 좋아한다. 왜냐하면 자신의 스트로크가 완벽한지 확인하면서 보강할 수 있기 때문이다. 하지만 그런 연습은 상상력과 터치감을 개발시키지 못한다. 오른쪽에서 왼쪽, 왼쪽에서 오른쪽으로 크게 휘는 라인에서 더 많은 퍼팅을 한다면 스피드를 판단하는 본능이 개발될 것이고, 스피드에 따라 휨의 정도를 파악하는 능력도 좋아질 것이다. 이 연습은 퍼팅의 달인이 되기 위해 상상력에 생명을 불어넣는다. 그러면 퍼팅 라인이 한 가지만 있는 것이 아님을 깨닫게 된다.

2008년 마스터스에서 나는 남아프리카 공화국 출신의 트레버 이멜만과 함께 있었다. 당시 벤 크렌쇼와 함께 퍼팅에 대한 이야기를 나눌 수 있는 자리를 마련했다. 벤은 오거스타에서 퍼팅하는 것을 아주 좋아한다고 말했다. 그 이유는 볼을 치는 스피드에 따라 5~7가지의 라인으로 퍼팅을 성공시킬 수 있기 때문이다. 나는 이 말이 트레버에게 어떤 영감을 주었고, 그로 인해 마스터스에서 우승할 수 있었다고 믿는다. 브래드도 비슷한 연습을 했다. 그는 나와 함께 같은 퍼팅을 3개의 다른 스피드로 성공시키는 연습을 수 년 동안 해왔다. 또한 나는 항상 브래드에게 드라이버와 샌드웨지로 퍼팅하는 연습을 추천했다. 그런 클럽들은 퍼팅에 대한 올바른 생각을 가지고 있다면 성공에 대한 기대를 낮추고 어떤 것으로도 퍼팅을 성공시킬 수 있다는 깨달음을 준다. 가끔은 2번 아이언을 사용했는데, 헤드를 옆으로 돌려서 헤드 끝의 좁은 부분으로 퍼팅했다. 이런 연습을 하다 보면 퍼터가 아닌 다른 클럽으로도 얼마든지 공을 잘 굴릴 수 있다는 것에 놀라게 된다.

직선의 궤도인가? 아크를 그리는 궤도인가?

스트로크를 위한 연습을 하고 싶다면 볼 없이 거울 앞에 서보자. 이 방법은 기술적인 문제를 해결하기 위한 연습이다. 우리는 정확한 스트로크가 무엇인지에 대해 큰 논쟁을 벌일 수 있다. 자신의 퍼팅 궤도가 직선을 그리는가? 아니면 작은 아크 혹은 큰 아크를 그리는가? 보비 로크와 같은 사람들은 헤드를 약간 안쪽으로 뺀 후 다운 스윙할 때는 임팩트 라인을 따라간다. 어떤 스트로크를 원하든 억지로 궤도를 만들지 않고도 자연스럽게 자신이 원하는 궤도를 그릴 수 있는 퍼터를 사용해야 한다. 큰 아크를 원한다면 라이 각이 작아서 누워있는 퍼터를 쓰는 것이 좋고, 직선의 궤도를 원한다면 라이 각이 큰 수직의 퍼터를 쓰는 것이 좋다. 만약 작은 아크를 원한다면 주문 제작이 아닌 표준의 퍼터를 사용하면 된다. 자신에게 맞는 퍼터를 선택한 후 스스로 방해만 하지 않는다면 나머지는 퍼터가 알아서 해줄 것이다.

폴 런얀의 방법도 시도할 만하다. 폴은 1938년 매치 플레이로 진행되었던 PGA 챔피언십 결승에서 8&7로 샘 스니드를 꺾고 쇼트 게임의 거장으로서 가장 존경받는 선수 중 한 명이 되었다. 그는 쇼트 퍼팅을 할 때 홀의 뒷부분을 치는 상상을 했고, 중간 정도의 퍼팅에서는 홀

안쪽의 낮은 부분을 친다는 상상을 했으며, 롱 퍼팅을 할 때는 가장자리에서 떨어지는 상상을 했다.

2011년 로열 세인트 조지스 골프장에서 브리티시오픈이 열리기 전날, 퍼팅 그린에서 대런 클라크를 만났다. 그가 말하길 "버디를 잡으려면 샷을 1m 이내로 붙여야 할 정도로 퍼팅이 좋지 않아요." 대런은 좀처럼 성공하는 퍼팅을 보여주지 못했다. 그는 거의 절망에 빠져 있었다. "박사님, 공이 퍼터 페이스를 떠나자마자 길을 잃어버려요. 정말 괴롭습니다." 대런이 한탄하듯 말했다. 이번 시합에서 나의 목표는 대런이 10대 때 했던 퍼팅으로 돌아가게끔 만드는 것이었다. 나는 그가 무의식의 퍼팅을 하길 바랐다. 사실 우리는 이런 방식을 게임 전체로 적용했다. 나는 대런이 결과에 대한 걱정 없이 눈으로 보고 반응하는 퍼팅을 하도록 유도했다. 그리고 이런 방식으로써 재미를 가지길 바랐다. 우리가 이런 재미를 느낄 수만 있다면 더 무의식적이고 더 과정 지향적인 경향을 보일 것이다.

대런에게 말했다. "자네는 퍼팅하는 법을 알고 있어. 그러니 못하는 척을 하지 않았으면 좋겠어. 그리고 다른 사람들이 옳다고 말하는 것을 애써 하지 않았으면 좋겠어. 자네는 대런 클라크의 퍼팅을 해야 해." 그가 퍼팅을 잘했을 때는 의식적인 생각에서 벗어나 본능으로 했다. 대런에게 이 점을 상기시켜주었다. "그냥 보고 치는 거야. 그런 후 결과가 어떻게 되든 받아들이는 거야. 의식적으로 전쟁을 치르는 순간, 승리는 물 건너가는 거라고." 대런은 퍼팅할 때 무의식적이 되도록 자신을 내버려두지 않았다는 것을 인정했다. 그는 생각이 많았고 마음가짐도 변했다. 자연스럽게 할 수 없는 방법만 골라서 하고 있었다.

나는 과거에 대런과 했던 것처럼 골프 공으로 캐치볼을 하면서 기본적인 테스트를 시작했다. 대런은 매번 내 손을 향해 정확히 공을 던졌다. "공을 던질 때 체중을 어디에 둘지 생각했어? 아니면 손의 방향을 어떻게 할지 생각했어?" 대런은 고개를 저었다. "자네는 공을 던질 때마다 내 손으로 정확하게 던졌을 뿐만 아니라 내가 다치지 않도록 적절한 속도로 던졌어." 나는 계속해서 말했다. "조준에 대해 전혀 생각하지 않고도 나에게 어떻게 공을 던질지 무의식적으로 알았던 거야. 내가 다치지 않도록 얼마큼의 세기로 던져야 하는지도 알았던 것이지. 그것이 바로 자네가 퍼팅할 때 해야 하는 방법이야. 의식적인 생각을 하지 않는다면 그렇게 할 수 있다는 말이지. 짧을까 걱정하면 순간적으로 때릴 것이고, 홀을 지나칠까 걱정하면 슬쩍 대고 말 거야. 그냥 보이는 대로 믿고 하면 적절한 스피드로써 올바른 방향으로 보낼 수 있어. 굳이 어떻게 할 것인지 마음먹을 필요가 없다는 이야기야."

말을 끝낸 나는 대런에게 몇 개의 퍼팅을 쳐보라고 했다. 그리고 이렇게 조언해주었다. 무의식적인 방법에서 재미를 찾고, 공 뒤에서 준비할 때 타깃을 정하고 라인을 선명하게 상상해야 한다. 그리고 맑은 정신으로 몰입할 수 있을 때까지 어드레스를 취하면 안 된다. "그런 후 공이 어디로 갈지 바라보고 퍼팅하는 거야. 공 위에 서면 마음을 바꾸지 말고." 내가 말했다. "일단 어드레스를 취한 후에 마음을 바꾸고 싶다면 어드레스를 풀고 퍼팅 과정을 처음부터 다시 시작해야 해. 예를 들어 라인에 대해 의심이 나거나 스피드에 대해 걱정된다거나 하면 처음부터 다시 시작하는 거야. 가끔 TV에서 나에게 지도받는 선수들이 어드레스를 풀고 나오면 해설자들은 이렇게 말을 하더라고. '이런! 나쁜 생각을 한 것 같습니다.' 혹은 '이건 좋지 않습니다!' 하지만 나는 손뼉을 치면서 생각하지. 스스로를 절제하면서 퍼팅 하나를 살린 것이라고. 루틴에 대해서도 생각하지 않아야 해. 타깃을 보고 저절로 일어나도록 내버려두는 것이 루틴이거든. 이렇게만 한다면 좋은 루틴이 될 거야. 시선이 공으로 돌아왔을 때 시간 끌지 말고, 방금 눈으로 보았던 것에 무의식적으로 반응하는 거야. 왜냐하면 대부분의 사람들은 의식의 마음을 켜고 생각을 시작하거든. 의식의 마음을 꺼야 해. 스피드와 라인은 스스로 알아서 나오게 될 거야."

중요하게 생각하는 퍼팅과 대수롭지 않게 생각하는 퍼팅

〈중요하게 생각하는 마음〉
- 이기려면 이 퍼팅을 꼭 성공해야 한다. 정말 중요한 퍼팅이다.
- 한 타를 줄일 수 있는 찬스다. 이 퍼팅을 꼭 성공해야 해.
- 상대가 잘하고 있다. 이 퍼팅을 반드시 넣어야 해.
- 이 기회를 놓칠 수 없다.
- 첫 번째 홀이니까 출발이 좋아야 해.
- 마지막 홀이다. 이 퍼팅은 정말 중요해.

〈대수롭지 않게 생각하는 마음〉
- 이건 또 하나의 퍼팅일 뿐이야.
- 이 퍼팅은 연습 그린에서 한 것과 똑같네.
- 모든 퍼팅을 똑같이 할 거야.
- 이 퍼팅은 그냥 재미있게 할 거야.

대런은 곧 퍼터 페이스 중앙에 정면으로 공을 맞추기 시작했고 스피드도 괜찮았다. 이제 자신이 해야 할 일을 하기 시작한 것이다. 나는 대런에게 1.5m 거리에서 퍼터의 힐 부분으로 공을 치도록 했고, 토우 부분으로도 치도록 했다. 그는 연달아 성공시키기 시작했다. 그리고는 2.5m 정도의 거리에서 샌드웨지를 이용하여 퍼팅하도록 했다. 대런은 10개 중 8개를 성공시켰다. 이 훈련은 성공에 대한 기대치를 낮추고 그에 따라 부담감을 줄여주는 연습법이다. 내가 말했다. "클럽을 조준할 때 얼마나 적은 노력을 하는지 생각해봐." 그리고 대런은 다시 퍼팅을 시작했고, 공은 홀에 떨어지기 시작했다. 그는 자신감을 되찾았다. 퍼팅이 정상으로 돌아오자, 어프로치 샷이나 풀 스윙에 대한 부담감도 많이 줄었다. 대런은 결국 브리티시오픈에서 더스틴 존슨과 필 미켈슨을 3타차로 따돌리며 합계 275타로 우승했다. 그는 무의식적인 스트로크로써 다시 본능적인 퍼팅을 하게 되었고, 결국 '올해의 선수'가 되었다. 당신이 만약 최고의 퍼팅 달인이 되고 싶다면, 의식적인 방식을 버리고 감각적인 백스윙과 함께 타깃에 무의식적으로 반응하는 퍼팅을 터득해야 한다.

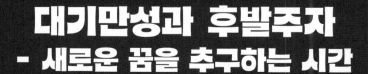

대기만성과 후발주자
- 새로운 꿈을 추구하는 시간

> # 만약 자신의 나이를 생각하지 않는다면
> # 자신의 역량을 몇 살 정도로 생각할 수 있는가?
>
> **-사첼 페이지**

타이거 우즈, 마이클 조던 그리고 톰 브래디는 현대 시대에 가장 뛰어난 운동선수들이다. 이들 중 오직 한 사람만이 어린 시절부터 뛰어난 업적을 세울 운명이었는데, 그는 바로 타이거 우즈이다. 타이거는 다섯 살때 이미 코스에서 파를 기록할 정도로 뛰어난 골프 신동이었다. 출전하는 시합마다 우승 행진을 이어갔으며, 아마추어 주니어 챔피언십과 US 아마추어에서 각각 세 번의 우승을 거두었다. 대학 시절에는 스탠퍼드 대학 소속으로 NCAA전미대학체육협회에서 개인전 우승을 차지했으며, 이후 화려하게 프로로 전향했다. 타이거는 열정과 야망을 겸비한 타고난 재능을 가지고 있었기 때문에 선수 시절 초기부터 최고가 되는 것이 당연한 듯 보였다. 현재 40대 후반이 된 타이거는 메이저 대회 15승을 비롯해 통산 82승을 거두고 있으며, 여전히 도전을 이어가고 있다.

마이클 조던은 고등학교 2학년 때 팀에서 퇴출까지 당했지만, 3학년이 되면서 급속도로 기량이 좋아지기 시작했다. 마이클이 스타로 발

돋움했던 노스캐롤라이나 대학에 있을 때, 코치인 딘 스미스는 모험하듯 마이클에게 장학금을 제공하여 비난을 받았다. 대학에서 활약하는 동안 마이클은 NCAA 챔피언십에서 결정적인 득점에 성공했다. 마이클은 그때의 경험으로 열정이 불타오르기 시작했고, 자신이 최고가 될 수 있다는 것을 깨달았다. 그리고 그는 10년 이상 NBA 무대를 지배했다.

톰 브래디는 고등학교 시절을 무명으로 지냈다. 간신히 미시간 대학에 들어갈 수 있었고, 대학 2학년까지는 거의 경기에 출전하지 못했다. 그는 두 시즌 동안 프로 스카우트들의 관심을 끌 정도로 충분히 실력을 향상시켰다. 그럼에도 불구하고 브래디는 NFL미식축구리그 신인 선발 순위 199위에 그쳤다. 그 해에 199번째로 브래디가 선발되기 전, 다른 6명의 쿼터백이 먼저 선발되었다. 딱히 격려할 만한 일은 아니었다. 게다가 뉴잉글랜드 패트리어츠에서의 첫 시즌 역시 팀 전적 5승 11패를 기록하면서 별 볼 일 없이 끝났다. 브래디는 인내심을 가져야 했고, 자신의 날이 올 것이라는 믿음을 가져야 했다. 꽤 오랜 시간이 지난 뒤, 그는 마침내 해냈다. 그 다음 시즌 동안 브래디의 상황은 잘 맞아떨어지기 시작했다. 패트리어츠는 다섯 번의 패배로 힘든 한 해를 보내기도 했지만 플레이오프에서 합심하여 슈퍼볼 진출에 성공했다. 브래디는 세인트루이스 램스와의 경기에서 최고의 활약은 아니었지만 그래도 충분히 좋은 경기를 보여주었다. 패트리어츠는 결승전에서 48야드 필드골을 성공시키면서 20-17로 간신히 이겼다. 이 승리 이후 브래디의 놀라운 경력이 시작되었다. 그는 9번의 슈퍼볼에서 활약했고, 총 6번의 슈퍼볼 우승 반지를 차지했다. 이 이야기는 늦은 나이에 성공하거나 인생 후반부에 늦게 골프를 시작한 사람들에 대한 것이기도 하다.

나이가 어떻게 되나요?

사첼 페이지는 이런 말을 했다. "나이는 항상 걸림돌이 되는 의문점입니다. 신경 쓰지 않는다면 나이가 문제 될 일은 없습니다." 다음은 나이에 관한 다양한 생각들이다.

- 나이가 많기 때문에 다른 모든 것보다도 안정감에 가치를 둘 것인가?
- 더 좋은 어떤 것도 포기할 정도로 그 젊은 날의 순수함 어디로 갔는가?
- 젊었을 때 가질 수 있었던 즐거움과 기쁨, 이것을 마지막으로 느꼈을 때가 언제였는가?
- 어린 나이에 나이가 많은 사람처럼 생각하고 행동했는가?

자신이 대기만성형이든 후발주자이든 마이클 조던뿐만 아니라 톰 브래디의 스토리를 마음에 잘 새겨두길 바란다. 이 책을 읽는 독자들 중에도 여태껏 골프에 집중할 수 있는 기회를 갖지 못했지만 이제부터라도 그 기회를 갖고 싶다고 생각하는 사람이 있을 것이다. 아마도 인생 초기에는 그런 기회가 없었을 것이고, 어렸을 때는 골프에 대해서 알지도 못했을 것이다. 행여 알았다 하더라도 좋아하지는 않았을 것이다. 보통 어렸을 때는 개인 스포츠보다 팀 스포츠를 더 좋아한다. 혹은 골프는 지루한 운동이고, 신체적인 활동도 많지 않고, 시간이 너무 많이 걸린다고 생각했을지도 모른다. 성인이 되어 골프를 좋아하기 시작했더라도 생계를 꾸려나가고, 경제적으로도 자리를 잡느라 골프에 집중하지 못했을 것이다. 혹은 어린 나이에 골프를 많이 했다 하더라도 대학에 가느라 또는 가족을 부양하느라 골프를 포기했을지도 모른다.

당신은 이제 다시 마음을 잡고 골프를 할 수 있는 준비가 되었는가? 골프를 정말 좋아했지만 좋은 지도자를 만나지 못했거나, 연습을 충분히 하지 못했거나, 잘못된 연습을 해왔거나, 능력에 대한 자신감이 부족했을 수도 있다. 이유가 무엇이든 이제 자신의 골프 실력이 얼마나 향상될 수 있을지 기대하면서 시간을 투자해보자. 마음속 깊은 곳에 항상 이런 욕망을 품고 있지 않았던가?

이제 혼자가 아니라는 사실을 알고 자신감을 가져보라. 골프에 온 정신을 다해 노력한다면 나이가 몇 살이 되었든 골프를 정말 잘할 수 있고, 목표한 바가 무엇이든 이룰 수 있다. 골프의 기막힌 특성 중 하나는 반드시 나이가 젊어야 잘할 수 있는 스포츠가 아니라는 점이다. 골프는 나이에 상관없이 잘할 수 있다. 수많은 골퍼가 정상에 오르기 위해 오랜 시간을 투자한다. 일부 선수들은 늦은 나이에 발동이 걸린다. 어떤 선수들은 노력의 방향이 잘못되기도 했고, 또 어떤 선수들은 최고의 골퍼가 되겠다는 자신에 대한 믿음 없이 우선순위를 다른 곳에 두었다.

발동이 늦게 걸린 사람들은 그동안 추구해온 다른 부분에서의 노력은 꽤 성공적이었을 것이다. 그들은 인생에서 혹은 사업에서의 성공 때문에 골프도 자동적으로 잘 될 것이라 생각한다. 그러나 반드시 그렇지는 않다. 그들은 자신의 성공을 위해 얼마나 많은 에너지와 시간을 보냈는지 돌이켜 생각해봐야 한다. 아마도 꽤 오랜 시간이 걸렸을 것이다. 인생의 다른 측면에서 성공하도록 도왔던 많은 원리는 골프에도 똑같이 적용된다. 다른 사람들이 골프에 대한 자신의 노력에 대해 의아하게 생각하고, 왜 그렇게 많은 시간과 에너지를 투자하는지 궁금해할지라도 골프에 도전하려면 대단한 인내심과 끈기 그리고 자신의 잠재력에 대한 믿음이 필요하다. 흥미롭게도 골프를 일찍 시작한 젊은이들에게는 처리해야 할 다른 문제가 있다. 그들은 어린 나이에 골프를 쉽게 접할 수 있었고, 꽤 정기적으로 좋은 성과를 얻어왔기 때문에 과도한 기대치가 따르며 이를 제어해야만 한다. 그들은 어릴 때부터 끊임없이 칭찬을 받아왔고, 무한한 잠재력을 가졌다는 말을 들어왔다. 단순히 좋게 들릴 수 있는 이야기지만 부담감이 생기면 다른 문제를 일으키기도 한다. 그러나 이것은 대기만성형의 사람들 혹은 후발주자들이 직면하는 문제와는 매우 다른 문제이다.

인생에서 늦게 골프에 빠지든, 지금까지 게임에서 많은 성공을 거두지 못했든 간에 이제 중요한 다짐을 할 때이다. 인생에서나 다른 어떤 일에서도 마찬가지이지만, 꿈을 좇고, 꿈과 목표 안에서 성장하고 성공하는 자신의 모습을 보는 것은 좋은 태도이다. 나는 당신이 자신의 머릿속에서 또는 자신의 도전에 도움을 줄 수 있는 사람들과의 관계 속에서 계획을 세우고 새로운 사고방식을 가졌으면 한다.

무언가 다짐했다면 지켜야 한다. 당신의 연습은 효율적으로 진행될 것이고, 게임에서 점수를 낮추기 위한 가장 중요한 부분에 많은 시간과 에너지를 쏟을 것이다. 그 부분은 많은 사람들에게 쇼트 게임에 집중하는 것을 의미한다. 피치 샷, 칩 샷, 벙커 샷, 퍼팅까지 포함하여 그린 주변에서 할 수 있는 모든 샷에 시간을 투자해야 한다. 전설적인 선수 폴 런얀은 그린 주변에서의 샷들이 중요하다는 것을 누구보다 이해했고, 쇼트 게임에 관한 책을 쓰기도 했다. 그는 PGA 챔피언십에서 2승을 거뒀으며, 그중 하나는 샘 스니드의 희생이 있었다. 1938년 36홀 매치 플레이 결승전에서 런얀은 샘보다 드라이버 비거리가 40m 정도 뒤

졌지만 이를 쇼트 게임으로 극복했다. 런얀은 샘을 8&7로 물리치고 우승했다. 나는 골프 다이제스트 스쿨에서 런얀과 수년 동안 같이 일했다. 그는 90세까지 큰 꿈을 가지고 있었고, 놀랍게도 91세에 마스터스 파3 경기에 참가했다. 런얀처럼 아무도 모르는 자신만의 꿈과 포부를 가져야 한다. 런얀의 목표는 자신의 나이를 역대 가장 많은 타수로 깨는 것이었다. 70세부터 매일 도전하기 시작한 그는 평상시의 플레이에서는 무려 15타 이상의 차이로 자신의 나이를 깼고, 이를 지켜본 많은 사람들이 놀라워했다. 런얀의 기록은 셀 수 없을 정도이다. 그가 90대 나이에 들어서 이렇게 말한 적이 있다. "거의 대부분 제 나이를 이겼습니다. 여전히 저는 최고의 경기를 할 수 있고 제 나이를 이길 수 있습니다."

'골프 다이제스트'에 따르면 한 경기에서 자신의 나이 미만으로 가장 큰 타수를 기록한 선수는 밥 찰스이다. 그는 유럽 시니어 투어 경기에서 76세의 나이로 66타를 쳤다. 투어 경기가 아닌 기록은 존 파월이 보유하고 있다. 그는 2017년 서던 캘리포니아 지부 PGA 시니어 시합에서 86세 나이로 64타를 쳤다. 자신의 나이와 무려 22타 차이였다. 월터 모건은 시합에서 자신의 나이를 이긴 최연소 선수이다. 그는 챔피언스 투어에서 61세 나이로 60타를 쳤다.

이 모든 기록은 골프에서 새로운 목표에 대한 열망을 계속 가지려면 어떻게 해야 하는지를 보여준다. 어떤 아마추어 골퍼들은 나이가 들어서야 뒤늦게 골프에 눈을 뜨고 좋은 플레이를 한다. 어떤 선수들은 PGA 투어와 LPGA 투어에서 성공하기까지 수년의 시간, 심지어 수십 년의 시간이 걸리기도 한다. 또 어떤 선수들은 정규투어에서는 별 볼 일 없다가 챔피언스 투어에 와서 두각을 나타내기 시작한다. 톰 레먼은 대형 선수로 변신하기까지 미니 투어에서 수년간 고군분투했다. 마침내 그는 브리티시오픈에서 우승하며 라이더 컵 주장이 되기도 했고, 챔피언스 투어에 와서도 우승을 계속 이어갔다. 베른하르트 랑거는 20~30대에도 좋은 경기력을 보여주었지만, 50대에 와서는 그보다 훨씬 뛰어난 경기력을 보여주었다. 그는 마스터스에서 2승을 거두었고, 라이더 컵에서도 강한 모습을 보여주었다. 그는 챔피언스 투어에서 40회 이상의 우승 기록을 가지고 있다. 다이아몬드 이tooth를 가진 캘빈 피트는 골프를 알기 전까지 차를 끌고 다니며 이주 노동자들에게 옷과 귀금속류의 물건을 팔았다. 그는 23세에 처음으로 골프채를 잡았고 28세에 프로가 되었다. 그리고 32세에 PGA 투어에 합류했다. 마침내 그는 1985년 42세에 플레이어스 챔피언십에서 우승을 차지했다. 캘빈은 10년 연속 드라이버 정확도 부문에서 1위를 기록했다.

당신이 신동이 아니었다면

오늘날 리더보드 정상에서 볼 수 있는 성공한 선수들의 대다수는 골프 신동이었다. 몇 명의 예를 들자면 타이거 우즈, 렉시 톰슨, 로리 맥길로이뿐만 아니라 저스틴 토마스, 매튜 울프, 리디아 고, 콜린 모리카와 같은 선수들이다. 당신이 만약 신동으로서 골프에 재능이 있고, 여러 사람으로부터 마음먹은 것을 모두 이룰 수 있다는 말을 들어왔다면 큰 꿈을 가지는 것은 훨씬 쉽다. 하지만 늦게 시작하고, 늦은 나이여도 상관이 없다. 장기적으로 큰 목표를 가질 수 없고 단기 목표를 설정해야 하는 골퍼라면 끊임없이 목표를 재설정해야 한다. 일반적으로 당신이 가

> 지고 있는 장점은 당신이 스스로에게 많은 것을 기대할 수 있는 유일한 사람이라는 점이다. 당신은 신동이 가지는 그 부담감이 없다. 그렇기 때문에 자신이 무엇을 하든, 어떤 종류의 긍정적인 결과든 훌륭하다고 생각할 수 있다.

　나에게 지도를 받았던 마크 윌슨과 아담 롱은 PGA 투어에서 우승과 함께 성공하기까지 한동안 2부 투어에서 버티면서 PGA 투어 Q스쿨에 여러 번 참가했다. 다나 퀴글리도 비슷한 경우이다. 그는 PGA 투어에서 우승 한 번 없이 무명으로 지냈다. 챔피언스 투어에 들어와서야 꽃을 피웠다. 그는 챔피언스 투어에서 11번 우승했다. 디키 프라이드는 앨라배마 대학에서 눈에 띄는 선수도 아니었고 부상과 건강 문제로 고통을 받았음에도 불구하고, 25년 동안 PGA 투어와 웹닷컴 투어2부 투어를 오가며 선수 생활을 해왔다. 2015년에는 웹닷컴 투어에서 21년 만에 프로 첫 우승을 하여 상금랭킹 40위에서 5위로 뛰어올랐다. 그리고 다음 시즌 PGA 투어 카드를 받았다. 마이크 구디스는 노스캐롤라이나 대학에 다닐 때 골프팀에 소속되지도 않았던 아마추어 골퍼였다. 49세에 프로로 전향해서 챔피언스 투어 자격을 획득했다. 2007년부터 매년 챔피언스 투어카드를 유지하며 경기를 했고, 2009년에 알리안츠 챔피언십에서 첫 우승을 기록했다.

　래리 넬슨은 골프 선수로 성공할 가능성이 희박한 사람이었지만, 그는 메이저 대회에서 3번이나 우승했다. 라이더 컵의 스타였던 넬슨은 21세까지 골프채라곤 건드리지도 않았다. 고등학교 때는 다른 스포츠를 하느라 바빴고, 대학에 간 이후에는 베트남 전쟁에 참전해야 했다. 그는 베트남에서 돌아온 후 골프를 치기 시작했다. 넬슨은 케네소주에서 학교를 다니면서 골프에 푹 빠졌다. 골프장이 학교 바로 옆에 있었다. 그는 주니어 시합도 나간 적이 없고, 대학 시합에도 나간 적이 없다. 심지어 아마추어 시합 경험도 없었다. 넬슨은 『벤 호건의 다섯 가지 레슨』이라는 책으로 독학했고, 골프 강사였던 군대 친구와 훈련을 같이 했다. 그는 매일 열심히 훈련하여 9개월 만에 70타를 깼고, 27세에 비로소 PGA 투어에 참가할 수 있었다. 타이거 우즈와 비교해보자면, 타이거는 27세까지 PGA 투어에서 31승을 했고 메이저 대회에서 7승을 했다. 넬슨은 1981년, 1987년 PGA 챔피언십과 1983년 US오픈에서 우승하면서 가장 두려운 경쟁자 중 한 명이 되었다. 처음 출전했던 1979년과 1981년 라이더 컵에서 그는 전례 없는 9승 무패의 기록을 세웠다. 이후 챔피언스 투어에 와서는 19번의 우승을 차지했다. 넬슨은 게임 안에서 다른 선수들의 좋은 플레이를 신경 쓰지 않았다. 넬슨은 자신의 운명을 믿으면서 목표를 높게 세웠고 큰 꿈을 꾸었다. 그리고 그것을 이루는 데 필요한 일들을 해나갔다.

톰 카이트와 팻 브래들리도 다소 늦게 성공한 경우이다. PGA 투어에서 19승을 한 카이트는 30대 초반의 나이에 성공 가도를 달리기 시작했다. 그는 20년 동안 투어 생활을 하면서 1989년 40세의 나이에 올해의 선수로 선정되었고, 1992년 42세가 되던 해에 그의 유일한 메이저 대회인 US오픈에서 우승했다. 50세에 들어서는 챔피언스 투어 10번의 우승으로 투어 강자가 되었다. 브래들리는 프로 턴 이후 7년 동안 침체한 선수 생활을 했고, 30대에 들어서 자신의 첫 번째 메이저 대회인 1981년 US여자오픈에서 우승하면서 꽃을 피우기 시작했다. 그녀는 35세에 전성기를 맞이하여 4개의 메이저 대회 중 3개 대회 우승을 차지했고, 총 7승의 메이저 대회 우승 기록을 가지고 있다. 브래들리가 30번째 우승했을 때, 인생 목표였던 LPGA 명예의 전당에 헌액되었다. 그녀는 새로운 꿈을 찾기 시작했고 솔하임 컵의 주장이 되었다. 벤 호건은 프로 전향 후 투어 첫 대회에서 우승하기까지 7년간 힘든 시간을 보냈고, 이후 8년 동안 메이저 대회에서 우승하지 못했다. 흥미로운 사실은 카이트는 주니어 때 벤 크랜쇼에게 패배했고, 브래들리는 투어에서 낸시 로페즈에게 많은 패배를 당했다는 것이다. 그리고 호건은 심지어 어린 시절 캐디 시합에서 바이런 넬슨에게 대부분 패배했다.

또 다른 후발주자는 알렌 도일이 있다. 그는 46세가 될 때까지 프로로 활동하지도 않았다. 46세라는 나이는 잭 니클라우스가 마지막 메이저 대회이면서 6번째 마스터스에서 우승했던 나이이다. 도일은 2년 동안 이따금 나이키 투어에 참가했고, 48세에 PGA 투어에 참가하기 시작하여 자신의 컷 통과 절반을 해냈다. 50세가 되었을 때는 시니어 투어에 참가해서 전성기를 맞이했다. US시니어오픈 2연승을 포함하여 몇 년 동안 1,300만 달러의 상금을 벌어들였다.

나에게 지도받았던 시카고 출신의 아마추어 골퍼 빌 션 주니어도 늦은 나이에 골프를 치기 시작했다. 그는 보험회사를 운영하면서 자신의 모든 시간과 에너지를 사업과 가족을 위해 쏟은 후, 자신이 얼마나 골프를 잘할 수 있는지 도전해보기로 결심하고 10년 동안 골프에 매진했다. 빌은 결국 1998년, 2000년 US시니어 아마추어 챔피언십에서 우승했고, 1999년에는 영국시니어 아마추어 대회에서 우승했다. 그는 골프에 전념하기로 마음먹으면서 자신이 할 수 있는 만큼 최선을 다하겠다고 다짐했다. 조엘 허쉬 또한 빌과 비슷한 경우였다. 허쉬는 휴스턴 대학과 일리노이 대학 팀에서 골프를 했지만, 자신은 투어에서 살아남기 힘들 것이라 판단다고 보험회사를 창업하기로 결심했다. 20년 후 사업이 탄탄하게 자리를 잡으면서 그는 아마추어 대회에 집중했다. 허쉬는 58세의 나이에 웨스턴오픈에 참가할 자격을 얻었고, 9번의 US아마추어에서 활약했으며, 그가 참여한 수많은 대회 중 영국 시니어 아마추어 대회에서 2승을 거두었다.

명예의 전당에 헌액된 벳시 킹도 후발주자이다. 그녀는 1977년 LPGA 투어에 합류한 이후 1984년 캠퍼여자오픈에서 첫 우승을 하기까지 인내심과 함께 7년이라는 세월을 보내야 했다. 벳시는 그 시즌에 2번의 우승을 추가했고, 명예의 전당에도 올랐다. 그녀의 게임은 마침내 제자리를 찾았다. 벳시는 자신의 선생님이었던 에드 올드필드를 떠올렸다. 에드는 스윙에 대해 중요한 조언을 해주었는데 그것은 톱 스윙에서 클럽 페이스가 덜 닫히도록 하고, 안쪽에서 시작되었던 다운스윙이 좀 더 아래로 다운스윙이 되도록 하는 것이었다. 또한 퍼팅 스트로크를 좀 더 부드럽고 길게 만들었다. 우승하기 위해서는 경기를 치르는 4일 내내 완벽한 골프를 해야 한다는 자신의 생각을 알아차리기도 했다. 그녀는 말했다. "실수가 있어도 여전히 우승할 수 있다는 것을 깨달았습니다. 그것은 실수에 대해 어떻게 생각하느냐에 대한 문제입니다. 이런 깨달음으로 부담감이 많이 없어졌습니다." 벳시는 이후 5년 동안 LPGA 투어에서 20승을 거두었다. 이 기록은 그 기간 동안 남자든 여자든 세계의 어떤 골프 선수가 따낸 것보다 많은 승수였다. 1894년 첫 우승 이

후, 그녀는 10년 동안 1년에 한 번씩은 꼭 우승했다. 1989년에는 6승을 거두면서 상금왕이 되었다.

이렇듯 큰 성공을 거둔 몇몇 운동선수들과 골프 선수들은 어린 시절에는 신동이었지만 한동안 고생한 후 나중에서야 성공했다. 누구에게든 늦었다는 말은 필요 없다. 언제 시작하든 상관이 없다. 중요한 것은 얼마나 방향을 잘 잡고 가느냐이다. 여기서 소개한 선수들은 모두 길을 찾았으며, 길을 찾기 위해서는 도전해야 한다. 하지만 도전을 통해 흥미를 가질 수 있어야 하고, 자신이 좋아하는 게임에 자신만의 재능으로 할 수 있는 것이 무엇인지를 찾아야 한다.

누구나 자신에게 가지는 기대가 있고, 다른 사람들이 자신에게 거는 기대도 있다. 이것을 이해해야 한다. 오로지 자신을 위해 설정한 목표와 자신에게 거는 기대에 집중해야 한다. 자신이 만약 후발주자라면 어린 시절 수년 동안 자신을 이겨온 어떤 신동이라 할지라도 내가 승리할 수 있다고 믿어야 한다. 지금은 자신의 실력이 향상되었다는 깨달음을 얻고 다음과 같이 말할 수 있다. "이봐, 그 선수들이 나랑 경기하면 엄청난 압박감을 가지게 될 거야. 왜냐하면 그들은 나를 무조건 이겨야 한다고 생각할 것이고, 이기지 못하면 매우 당황스러워할 게 뻔하거든." 물론 그들이 자신과 다른 사람들을 상대로 성공적인 경험을 가졌을지도 모른다. 하지만 언제나 상황은 바뀔 수 있다. 스스로에게 이렇게 말하라. '부담감은 내가 아닌 상대에게 있다.' 또한 결과 지향적이 아닌 과정 지향적으로 되어야 한다는 사실을 잊으면 안 된다. 다른 사람들의 기대가 아닌 자신만의 기대에 집중하며 살아가는지 확인해야 한다.

때때로 늦은 나이에 시작하는 사람들은 '내가 이기적인 것은 아닌가?'라고 생각할 수도 있다. 왜냐하면 다른 일보다 자신의 꿈과 자신을 위한 일을 우선순위로 두게 되면 죄책감을 느끼기 때문이다. 이러한 사고방식은 역효과를 불러일으킨다. 내가 말하고자 하는 바는 자신의 인생과 인간관계를 포기하라는 것이 아니다. 나는 단지 삶의 일부로서 자신의 골프가 얼마나 성장할 수 있는지 매일 전념하라는 것이다. 어느 시점이 되면 자신에게 이런 질문을 해야 한다. '그것이 나에게 가치 있는가?' '나의 성장을 위해 내가 기꺼이 지불할 것이 있는가?' 진정으로 이 물음대로 실천하고 자신의 최종 목표를 추구하고자 한다면 레이저 초점과 같은 집중이 필요하다. 그러면 우선순위가 무엇인지, 그 우선순위에 얼마나 많은 시간과 에너지를 써야 할지를 알게 된다. 그 시간 동안에는 무엇도 자신의 도전을 방해할 수 없다. 이런 태도가 어쩌면 자기중심적이고 이기적인 것처럼 생각될 수도 있다. 그러나 인생에서 자신과 자신의 꿈을 제1번으로 만들지 못한다는 것은 부끄러운 일이 될 수 있고 기회를 잃어버리는 것일 수도 있다. 당신은 끊임없이 자신의 도전에 성공할 것이라는 믿음을 가져야 한다.

만약 경기에 출전한 경험이 없거나 한동안 시합에 출전하지 않은 상태에서 다시 시합에 나간다면 거의 대부분 불편함을 느낄 것이다. 자신과 한 조가 된 나머지 선수들 혹은 라운드가 시작되기 전 옆에서 몸을 푸는 선수들은 줄곧 이것을 경험해왔다. 그 환경에 익숙하지 않은 몇몇 선수들은 잘하는 선수들과 한 조가 되었을 때 경기가 잘 안 된다고 말한다. 아마도 디펜딩 챔피언이나 더 유명한 선수와 같은 조가 되는 것을 꺼렸을 것이다. 하지만 또 다른 선수들은 잘하는 선수들과 한 조가 되었을 때 더 잘 된다고 말하기도 한다. 내가 이들에게 해주고 싶은 말은 두 부류 모두 조 편성에 너무 신경을 쓴다는 점이다. 누구랑 같이 치든 자신에게 이렇게 말하라. '나의 게임을 할 수 있는 나만의 방법이 있잖아. 무슨 일이 일어나도 나의 계획을 실행할 거야. 나는 어떤 상황에도 이런 마음가짐과 이런 감정을 유지할 거야.' 어떤 날은 아무 말도 하지 않는 사람을 만날 수도 있고, 또 어떤 날은 말이 많은 사람을 만날 수도 있다. 혹은 자신의 게임에 대해서 이야기하는 것을 좋아하는 사람이나 전날 특정 홀에서 자신에게 있었던 일을 말하려는 사람을 만날 수도 있다. 일단 라운드가 시작되어 끝날 때까지 자신을 방해하지 않도록 가능한 모든 조치를 취해야 한다. 마음이 흔들리지 않도록 현재에 집중하는 훈련을 해야 한다. 자신의 게임 계획에 집중하고, 프리 샷 루틴에 전념해야 한다. 한 번의 샷을 할 때마다 샷 하기 전, 샷 하는 동안, 샷을 한 이후에 주로 하는 것에 집중해야 한다. 머릿속에서 창조하는 자신만의 게임에 빠져야 하고 자신만의 세계로 들어가야 한다. 이것은 자신이 소유하고 있는 것이고, 자신만이 조절할 수 있는 것이다.

경기에 들어가서 자신이 할 수 있는 것이 무엇인지 알고자 한다면 산만함을 없애고, 한계를 무시하며, 두려움에 맞서야 한다. 이런 마음에 익숙해질 때까지 경기를 피하지 말고 경쟁 상황 속에 자신을 두어야 한다. 그리고 만약 라운드하는 동안 설렘에서 오는 긴장감이 없다면 그것은 게임이 자신에게 중요하지 않다는 의미이다. 잭 니클라우스는 긴장감이 없다면 최선을 다하는 플레이를 할 수 없다고 말했다. 잭은 긴장감을 원했다. 빌 러셀은 수많은 NBA 챔피언십에서 우승한 후에도 여전히 중요한 경기 전에 구토를 하곤 했다. 그는 실제로 그것을 원했다. 그런 증상은 다가오는 게임이 자신에게 어떤 의미가 있음을 나타내는 것이다.

프레디 제이콥슨이 베른하르트 랑거에게 배운 것

스웨덴 선수인 프레디 제이콥슨은 투어에서 첫 우승을 한 후 이렇게 말했다. "나와 같은 조의 한 선수는 내가 헤매는 동안에도 좋은 경기력을 유지했다. 나는 그 선수가 무엇 때문에 잘 치는지 궁금했다. 그 선수는 베른하르트 랑거였다. 나는 나를 돌아보고 잘하고 싶은 마음이 너무 컸다는 것을 깨달았다. 나는 그가 얼마나 여유로운 마음인지, 얼마나 과정에 몰입하는지를 볼 수 있었다. 그는 아마도 그런 멘탈에 있어서 최고의 선수 중 한 명일 것이다. 집중을 방해하는 것들은 불쑥 튀어나올 수 있다. 예를 들면 10홀이나 12홀을 지날 때쯤, 골프 카트를 탄 어떤 사람이 갑자기 나타나 '잘하고 있어 친구!'라고 말하면서 지나가기도 한다. 자신이 만약 선두에 있다면 이런 말이 신경 쓰일 수 있다. 하지만 나는 이렇게 생각했다. '좋아, 몇 주 전에도 겪었는데 그냥 일단 좋은 샷을 만드는 것에 집중하고 결과가 어떻게 나오는지 보자.' 내가 우승할 때는 모두 이런 생각이었다. 나는 고요했고 행복했다. 나는 평화로운 마음으로 게임을 즐겼다."

그렇다고 경기 전에 꼭 토해야 한다는 것은 아니다. 요점은 최고의 선수들도 중요한 경기에서는 퍼팅할 때 손 떨림을 느낀다는 것이다. 그들은 심지어 그것을 바라기도 하고 그럴 때 어떻게 대처해야 하는지를 배운다.

자신이 만약 늦은 나이에 시작하는 사람이라면, 게임이 자리를 잡고, 빛을 볼 때까지 수개월 혹은 수년이 걸릴지도 모른다. 이 시간을 견뎌내기 위해서는 자신만의 방법이 있어야 한다. 많은 늦깎이 골퍼들은 너무 늦었다고 평가하는 소위 전문가들과 회의론자들을 이용해왔다. 그들의 평가가 틀렸음을 증명하는 것이 도전에 대한 동기가 되었다. 또 다른 방법은 자신의 능력을 믿어주고 성공할 것이라는 믿음을 주는 지원 네트워크를 구축하는 것이다. 그 네트워크는 골프 지도자, 체력 트레이너, 영양사, 멘탈 코치, 배우자 또는 가족까지 포함될 수 있다. 당신은 그들에게 자신의 목표가 무엇인지, 포부가 무엇인지 솔직하게 말할 수 있어야 한다. 또한 그들이 자신에게 직접 피드백을 주도록 해서 계속 발전하고, 꿈을 위해 노력해야 한다.

훗날 자신이 골프를 잘하게 되면 아주 기적 같은 일이 일어났다고 생각될 수도 있다. 기적이라 생각해도 좋고, 그렇지 않아도 좋다. 아직 성공에 이르지 못했다고 해서 조급하지 않아도 된다. 스스로가 기적이 일어날 것이라고 믿는다면 여전히 기적이 일어나지 않을 이유는 없다. 피델리티 인베스트먼트의 전 부회장인 게리 버크헤드에게 물어보라. 나는 그가 59세일 때 상담을 시작했다. 그는 은퇴 이후의 삶을 즐기고 의욕적인 삶을 위해 목표와 도전이 필요하다는 것을 느꼈다. 그는 매일 아침에 일어나기 위한 이유와 목적을 찾고 싶어 했다.

그가 선택한 도전은 골프를 얼마나 잘 칠 수 있는지 시험해보는 것이었다. 그는 처음부터 매우 높은 목표를 설정했다. 핸디캡 18인 골퍼가 US시니어오픈에 출전하는 것을 목표로 삼은 것이다. 그는 우선 쉽고 단순한 루틴으로 훈련했다. 그리고 어떤 상황에도 흔들리지 않고 과정에 집중하기로 다짐했다. 코스 안팎에서 하루에 몇 시간씩 일주일에 6일 동안 쇼트 게임을 위해 시간을 보냈다. 게리는 한 명의 지도자에 정착하여 자신의 스윙이 완성되기까지 여러 명의 지도자를 겪었다. 스윙은 단순하게 무의식적으로 물 흐르듯 만들어졌다. 그는 오히려 대회에서의 플레이가 더 좋았고, 코스에서 결코 화를 내는 법이 없었다. 시간이 지남에 따라 게리는 엄청난 발전을 이뤄냈다. 결국 몇 타 차로 시니어오픈 예선을 통과하지는 못했지만 핸디캡이 2까지 떨어졌다. 그는 프로 골퍼들과 함께 겨루는 시니어 미니 투어에서 이븐파를 칠 정도로 실력이 향상되었다. 믿을 수 없는 성과였다. 게리는 플로리다 남부와 케이프 코드에서 개최된 클럽 챔피언전과 그 밖의 다양한 시합에서 우승했다. 79세의 나이에도 불구하고 그는 여전히 도전을 즐긴다.

큰 성공
- 골프와 삶의 건강한 관점 유지하기

미래는 자신의 꿈이 아름답다고
믿는 사람들의 것이다.

-엘리노어 루즈벨트

이 책은 자신의 가장 큰 꿈을 추구하는 것, 최고의 자리에 오르는 것, 최고의 샷을 만드는 것에 대한 내용으로 채워져 있다. 그러나 인생은 골프에서 승리하는 것 이상의 가치가 있다. 그리고 결국 많은 사람들은 그 가치를 깨닫게 된다. 그것은 인생에서 혹은 스포츠에서 가장 성공적인 사람들로부터 배울 수 있다. 나는 17살 때부터 5년 동안 여름 수영 프로그램에서 신체적 혹은 정신적으로 장애가 있는 아이들을 가르쳤다. 그 아이들은 신체와 정신적인 문제에 따라 '경증' '중증' '심각한 장애'로 분류되었으며, 그들은 모두 버몬트 브랜든에 있는 브랜든 훈련학교에서 살았다. 그 지역은 내가 자란 곳에서 가까웠다.

나는 캐슬턴 대학을 졸업한 후 브랜든 훈련학교의 교사로 근무했고, 내가 다녔던 마운트 세인트 조세프 고등학교에서 농구 코치를 시작했다. 브랜든 훈련학교에서 근무하는 동안 코네티컷 대학의 몇몇 교수들이 나의 교수법을 평가하기 위해 찾아왔다. 결국 그들은 내가 특수 교육에서의 석사 학위를 받도록 장학금을 제공하기로 했다. 그러나 나는 코치로서 스포츠 경기력에 깊은 관심이 있었기 때문에 또 다른 석사 학위와 스포츠 심리학 박사 학위를 취득했다. 코네티컷 대학에서 공부하는 동안 E. O. 스미스 고등학교에서 라크로스와 농구를 가르쳤다. 이때 나는 모든 유형의 아이들과 운동선수들을 대상으로 한 교육 경험을 많이 쌓았다.

그중에서도 가장 큰 인상을 남겼던 것은 여름 동안 장애가 있는 아이들을 가르쳤던 경험이었다. 나는 그 아이들을 가르치면서 태도에 대한 것을 많이 배웠다. 그들은 자신의 인생에서 100가지 중 99가지 일이 잘못되고 있을지 모르지만, 하루 종일 한 가지 일에 대해 신나게 이야기하면서 시간을 보내곤 했다. 놀라운 능력이었다. 그 경험은 나에게 넓은 시야를 갖도록 해주었다. 나는 그 아이들로부터 배운 교훈을 절대 잊지 못한다. 그것은 나에게 지각의 힘에 대해 가르쳐주었고, 자기가 가지고 있지 않은 것보다 가지고 있는 것에 집중하는 법을 가르쳐주었다. 이 어린 친구들 중 일부는 스포츠뿐만 아니라 인생에서 성공하는 것에 대한 엄청난 불평등에 직면하고 있었다. 하지만 그들은 너무도 긍정적인 태도를 가지고 있었고, 다른 사람들이 어떻게 생각하는지 신경 쓰지 않았다. 또한 무슨 일이 일어나더라도 성공하는 일에 집중했다. 이 아이들은 한계를 생각하지 않았고, 무엇을 하든 행복과 열정을 선택했다.

왜 어떤 사람들은 운 좋게 정상적인 신체와 정신을 가지고 태어났고, 또 어떤 사람들은 그렇지 않은가? 나는 그 답을 알 수 없다. 하지만 진정한 챔피언은 꿈과 목표를 추구하는 강한 정신 그리고 열심히 노력하는 헌신적인 태도를 가지고 있으며, 신체적인 능력보다 정신적인 측면이 훨씬 더 중요하다는 것을 알고 있다. 이러한 접근 방식은 스포츠뿐만 아니라 삶의 즐거움 또한 크게 높일 수 있다.

조던 스피스는 자폐증을 가지고 있는 여동생 때문에 이와 비슷한 인생관을 가지게 되었다. 브룩스 켑카는 플로리다에 있는 자신의 집에서 가까운 어린이 병원을 방문한 후 골프에 대해 다시 생각하게 되었다고 말한다. 개리 우드랜드는 다운 증후군을 가지고 있는 에이미 보커스테트와 2018년 TPC 골프장에서 만나 좋은 친구가 되었다. 이때의 감동적인 영상은 엄청난 조회 수를 기록했다. 에이미는 우리에게 무엇인가 생각하게끔 만드는 선수이다. 우드랜드는 말했다. "에이미의 태도, 에이미의 에너지, 에이미의 사랑. 그녀가 만든 이 비디오는 많은 사람들에게 영향을 주었습니다. 우리는 그 모습을 지켜보고 있습니다. 계속 말하지만 그것은 전파력이 아주 강합니다. 세상은 더 많은 것을 필요로 합니다. 그리고 특히 지금 세상에서 일어나고 있는 모든 일에는 더 많은 에이미가 필요합니다." 우드랜드는 이듬해 에이미와 다시 만났다. 그는 그녀가 페블 비치에서 개최된 US오픈에서 우승할 수 있도록 영감을 주었다고 말했다. 우드랜드는 'I Got This Foundation 역주: 지적장애를 가진 사람들에게 골프를 가르치고 경기에 참여할 수 있도록 후원하는 비영리단체'에 25,000달러를 기부했다. 이 단체의 이름은 에이미가 TPC 골프장 파3 16번 홀에서 파 세이브를 한 이후에 했던 선언에서 따와서 명명되었다.

"나 할 수 있어! I got this!"
– 에이미 보커스테트

아내 바바라의 영향을 많이 받은 잭 니클라우스는 그들의 자선단체인 니클라우스 어린이 건강관리 재단을 위해 많은 시간을 쏟고 있다. 재단을 위한 모금 활동, 참전용사 지원을 위한 프로그램, 그리고 유망한 선수들을 도와주는 일 등으로 바쁜 시간을 보낸다. 하지만 잭의 전성기 시절 그에게 가족은 최우선 순위였다. 결혼생활에 집중했고, 다섯 자녀에게 집중했으며, 나중에는 손주들에게 집중했다. 그러다 보니 1년에 15개 이상의 대회에 출전하지 않았다. 이런 이유로 PGA 투어에는 잭 니클라우스 규칙이라는 것이 생겨났으며, 이는 선수들에게 투어 카드를 유지하기 위해서는 최소한 15개 이상의 대회에 참가할 것을 요구했다. 잭은 자녀들의 경기도 놓치지 않았다. 아들 재키, 게리, 스티브, 마이클 혹은 딸 난이 경기를 하게 되면 심지어 시합 중에도 비행기를 타고 날아갔다. 그리고 다음 날 아침 티오프 시간에 맞춰 돌아왔다.

게리 플레이어도 비슷했다. 대회에 참가하기 위해 전 세계를 날아다니고 있음에도 불구하고, 그는 아내 비비안과 가족을 부양하기 위해 최선을 다했다. 그에겐 4명의 딸과 2명의 아들 그리고 많은 손주들이 있다. 게리만큼 골프 이외의 활동을 많이 하는 선수도 없었고, 게리만큼 좋은 인성을 위해 노력하는 선수도 없었다. 그가 잭에게 끼친 영향은 매우 커서 잭과 바바라는 4번째 아이의 이름을 게리라고 지었다.

우리는 스포츠에서의 최고 스타들이 코스에서, 코트에서, 경기장에서 혹은 링에서 보여준 헌신과 성과들로 인해 그들을 숭배하는 경향이 있다. 하지만 그것은 인생의 다른 관점에서 교훈을 준다. 우리는 골프에서뿐만 아니라 골프 이외의 삶에서도 자신이 최고가 되고, 큰 성공을 거두는 방향으로 찾아갈 수 있다. 나는 잭이 성공할 수 있었던 이유가 여기에 있으며, 마음속에서 결과의 중요성을 감소시킨 그의 삶에 대한 접근법 때문이라고 생각한다. 실제로 잭은 골프 이외의 활동이 더 중요하다고 여긴 점이 오히려 경기에서의 압박을 줄여줬다고 말한다. 그는 공저자인 켄 보우든과 함께 쓴 책 『Playing Lessons』에서 우승에 대한 자신의 생각 10가지를 열거했다. 이는 이미 앞에서 많이 다룬 내용이기도 하다.

1 좋은 스윙과 퍼팅 스트로크의 기본을 배우고 언제나 그 기본에 충실하라.

2 플레이보다 연습을 더 많이 하고, 특히 쇼트 게임에 집중하라.

3 동반 선수와 전체 선수가 아닌 자신과 코스를 상대로 경기하라.

4 매홀 계획을 세워 플레이하고, 반드시 자신의 능력만큼 그 상황에 필요한 현실적인 샷을 하라.

5 침착함을 유지하라. 골프는 100% 공정한 게임이 아니라는 점을 받아들이고, 인간이기 때문에 실수할 수 있다는 점을 받아들여라.

6 실수와 나쁜 운을 더 심각하게 만들지 말고, 리커버리 샷을 할 때는 보수적인 전략을 선택하라.

7 현재에 집중하라. 오직 한 샷 한 샷만 생각하고 플레이하라.

8 첫 홀부터 최선을 다하라. 골프는 한 번의 샷 혹은 한 홀 경기가 아닌 18홀의 게임이다.

9 '포기'하는 샷을 치지 마라. 무슨 일이 일어나든 계속 도전하라.

10 경기에서 지든 이기든 경쟁의 경험을 즐겨라.

조지 번즈의 사고방식

보드빌(역주: 희극, 노래, 춤, 곡예, 마술 등으로 구성된 공연) 스타이자 전설적인 코미디언 조지 번즈는 디즈니 채널에서 아이들을 향해 다음과 같이 말했다. "자신이 하는 일을 사랑하든 혹은 자신이 하는 일에 대한 소중한 마음을 배우든 다른 선택지는 없다고 생각한다." 조지 번즈는 100세까지 살았다.

전설적인 농구 선수 코비 브라이언트는 자신의 뛰어났던 경기 그 이상을 보여준 누군가의 훌륭한 본보기였다. NBA 슈퍼스타였던 그는 13세 딸 지아나와 함께 헬리콥터를 타고 가다가 추락사했다. 그의 나이 51세의 일이다. 살아생전 그는 날마다 어린 농구 선수와 운동선수들을 가르치면서 살아왔고, 스포츠를 통해 불우한 아이들의 꿈을 실현하기 위해 설립한 '맘바 재단'에 많은 시간을 쏟았다. 그는 경력 초기에는 완벽한 선수가 아니었다. 이는 기록으로도 확인할 수 있다. 하지만 그는 진정한 의미의 롤모델이 되었고, 팀 동료, 상대 선수, 친구들 그리고 가족들로부터 수많은 존경을 받는 사람이 되었다. 그는 모든 스포츠에 적용할 수 있는 10가지 규칙을 세우고 지켰다. NFL미식축구리그 챔피언 필라델피아 이글스는 라커룸 벽에 그 코비의 규칙을 붙여 놓았다. 이 규칙은 확실히 최고가 되기를 바라는 골프 선수에게도 적용될 수 있다.

1 매일 매일 발전하라.
2 그들이 틀렸음을 증명하라.

3 자신의 약점을 보완하라.

4 훈련했던 것을 실행하라.

5 최고의 선수로부터 배워라.

6 승리와 패배로부터 배울점을 찾아라.

7 마음가짐을 훈련하라.

8 야망을 가져라.

9 팀을 믿어라.

10 스토리텔링을 배워라.

이 규칙은 골프와 인생에서 자신이 올라갈 수 있는 최고의 자리를 위해 할 수 있는 것들이다. 대부분은 이 책 초반부에서 이야기했던 내용이다. 그중에서도 마지막 내용은 특별히 중요하다. 가능한 한 최고의 골퍼가 되기 위해 자신만의 이야기를 창조해내야 한다. 자신만이 처한 현실, 자신만의 꿈, 가능한 한 성공적인 자신의 모습 상상하기 그리고 그것들을 성취하기 위해 할 수 있는 모든 일에 전념하기. 훌륭한 스토리텔링은 자신의 목표에 도달하도록 돕는다. 그것은 자기 자신과 능력에 대한 영원한 믿음을 필요로 하지만 마음만 먹으면 할 수 있다.

리디아 고는 그야말로 자신만의 스토리를 이어가는 중이다. 한국에서 태어나 뉴질랜드에서 자란 그녀는 골프 신동이었으며, 남녀 통틀어 17세 나이로 최연소 세계랭킹 1위에 오른 선수가 되었다. 그녀는 또한 15세에 LPGA 투어 최연소 우승 기록을 세웠고, 18세에는 LPGA 메이저 대회 최연소 우승 기록을 세웠다. 그런 후 그녀는 잠시 슬럼프에 빠져 길을 잃었다가 긍정적인 태도와 강한 직업의식으로써 다시 최고의 자리로 돌아왔다. 23세에는 여전히 15세라도 된 것처럼 자신에게 소설 같은 편지를 썼다. 그 편지는 골프 채널의 랜달 멜에 의해 2020년 출판되었다. 우리는 골프라는 게임을 긴 안목에서 바라볼 수 있어야 한다. 이를 위해 리디아의 사실적이고 긍정적인 접근 방식은 배울 만하다.

그녀는 이렇게 말했다. "골프는 어렵다. 그래서 많은 팬들이 좋은 플레이를 보기 위해 나온다." 팬들은 연습장에서 견고하고 일관성 있는 골프 스윙을 만드는데 얼마나 많은 시간이 걸리는지 알고 있다. 그들은 수천 번의 벙커 샷에 들어가는 땀과 좌절을 알고 있다. 그들은 저녁 식사 전 2m짜리 퍼팅을 100번 성공시켜야 할 때 얼마나 많은 헌신과 노력이 들어가는지 알고 있다. 그들은 긴장감 속에서 샷을 하기 위해 필요한 용기를 높게 평가한다. 다행스러운 소식은 게임이 빠르게 망가지기도 하지만, 열심히 노력한다면 자신감과 함께 다시 돌아올 수도 있다는 것이다. 그렇게 되면 험난한 여행을 극복하며 더 강하고 더 현명해진다.

아직 당신이 알아야 할 몇 가지가 더 있다. 스윙은 잘 될 때도 있고 잘 안될 때도 있지만 가족과 친구들, 당신을 아끼는 사람들은 당신이 어떤 골프를 치더라도 당신에 대한 사랑을 멈추지 않을 것이다. 트로피는 과거 성취했던 것의 상징이다. 가족과 친구들은 자신이 미래에 무엇이 되고 어떤 사람이 될지를 보여준다. 그들의 응원, 웃음, 존재만으로도 인생 최대의 승리라 할 수 있다.

코비 브라이언트가 마이클 잭슨과
그 외의 사람들로부터 배운 점

코비 브라이언트는 레이커스에 처음 입단했을 때 되도록 많은 게임에 출전해서 잘하는 선수가 되겠는 결심을 자주 이야기했다. 그는 성공에 대한 조언을 얻고자 전설적인 가수 마이클 잭슨을 만났다. 잭슨은 코비에게 최고가 되는 법을 연구해야 한다고 말하면서 자신은 영화 '사랑은 비를 타고'에서 춤추는 진 켈리의 장면으로부터 많은 영감을 받아 자신의 노래와 댄스를 완전히 다른 수준으로 끌어올렸다고 말했다. 그 후 코비는 한쪽 발을 축으로 도는 기술인 피벗 동작을 연구하기 위해 하킴 올라주원을 찾아가기로 결심했다. 코비는 마이클 조던이 하는 말도 모두 귀담아들었다. 그리고 제리 웨스트도 찾아갔다. 제리는 그에게 자신을 믿는 것은 좋지만 최고가 되기 위해서는 겸손해야 한다고 조언했다. 올라주원이 나중에 말하기를 많은 사람들이 코비를 오만하고 이기적이라고 생각하지만, 7일 동안 코비와 함께 지내본 바로는 누구도 그만큼 더 나아지기 위해 노력하는 사람은 없다고 했다. 코비를 통해 얻을 수 있는 교훈은 자신의 잠재력을 폭발시키기 위해서는 최고의 사람들로부터 조언을 구하는 것에 주저하지 말고, 자신이 할 수 있는 만큼 열심히 노력해야 한다는 것이다.

만약 자신이 누군가에게 끌려 다니거나 조종당하고 있다고 가정한다면, 다른 사람들은 자신을 비난하고 자신의 주변 사람들을 의심할 수 있다. 그런 비판과 비난은 자신에게 마음의 상처를 주기도 하지만, 주변 사람들에게 던지는 비난의 칼은 자신에게 주는 상처보다 더 큰 상처를 준다. 하지만 그것들은 또한 자신을 더 강한 사람으로 만들고 자신의 편에 있는 사람들에게 고마움을 갖도록 만든다. 시합에서 친 샷들과 성적에 대한 책임이 자신에게 있듯이, 당신은 또한 그렇게 되도록 결정한 책임도 스스로에게 있다. 다른 사람들의 조언은 중요하다. 그러나 선택은 자신의 몫이다. 이 점을 인정해야 한다. '나' 다워져야 하고 행복해야 한다. 실천하라. 모든 일이 잘될 것이다.

다른 스포츠 코치들의 지혜로운 말은 자신의 골프에 길잡이가 될 수 있다. 100세까지 사셨던 나의 아버지는 지혜로운 사람이었고, 존 우든의 열광적인 팬이었다. 존은 12년 동안 전국대회에서 10승을 기록한 UCLA의 전설적인 농구 감독이다. 아버지가 가장 좋아했던 존의 어록은 다음과 같다. "거짓말을 하지 말고, 속이지 마라. 요행을 바라지 말고, 푸념하지 마라. 불평하지 말고, 평계를 대지 마라." 존 역시 이 말을 자신의 아버지로부터 들은 것이라고 한다. 그의 아버지는 4명의 아들에게 이것을 가르쳤다. 그리고 존은 골퍼들에게 다음과 같은 조언을 제시한다.

- 자신의 일에 열정을 가져라.
- 사람들이 자신을 테스트할 때 화내지 마라.
- 실패를 두려워하지 마라.
- 사소한 일에도 주의를 기울여라.
- 자신에게 충실하고 자신이 속한 곳에 충실하라.
- 성공은 승리로 정의되지 않는다는 것을 기억하라.

존은 또한 "인생에서 모든 승자와 패자는 전적으로 자신의 선택으로 결정된다. 그러나 오직 승자만이 그 사실을 인정한다"라고 말했다.

존은 다른 팀의 선수들을 스카우트하지 않았다. 왜냐하면 선수들이 해야 할 일을 실천한다면, 상대가 누구든 이길 수 있다고 믿었기 때문이다. 또 다른 전설적인 감독 빈스 롬바르디 역시 같은 말을 자주 했다. 일반적인 사람들의 의견에 반대되는 '성공은 승리로 정의되지 않는다'는 존의 주장에 동의하곤 했다. 롬바르디는 "승리가 중요한 것이 아니라 게임을 어떻게 하느냐가 중요하다"라는 유명한 말을 남겼다. 뉴욕 스태튼 아일랜드의 뉴 드롭 고등학교에서 풋볼 코치로 크게 성공한 나의 사촌 살 소마는 롬바르디가 뉴저지 잉글우드에 있는 세인트 세실리아 고등학교에서 코치로 있었을 때 함께 훈련한 적이 있었다. 그때 롬바르디는 레드 샌더스라는 이름의 밴더빌트 대학 축구 코치로부터 그 어록을 들었다고 했다.

> 우리가 어떤 존재인지는 알고 있지만,
> 앞으로 어떤 사람이 될지는 모른다.
> – 윌리엄 셰익스피어
> (PGA 투어 선수 매트 월리스의 문신에도 이 문구가 있다.)

그는 이렇게 말했다. "저는 그가 무슨 의미로 그 말을 했는지는 모르지만, 제가 이해하기로는 승리에 전념하는 것이 전부라는 이야기입니다. 승리하기 위해 노력하라는 것이고, 그 자체가 자신의 목적이 되어야 한다는 뜻입니다." 그리고 또 말하기를 "게임의 결과나 최종 성적에 관해 말하는 것이 아닙니다. 제가 코치로 있는 동안 우리는 종종 패배했지만, 선수들이 최선을 다하고 우리가 할 수 있는 방법으로 경기했다면, 저는 라커룸에서 선수들의 등을 토닥이며 축하해주면서 그들이 얼마나 자랑스러운지 말할 수 있는 첫 번째 사람입니다. 반대로 점수판에는 우리가 승리한 것으로 기록되어 있었지만 저는 우리 팀이 실력 발휘를 제대로 하지 못한 것처럼 느낄 때도 있습니다. 이때 저는 우리 선수들에게 자극을 줄 수 있는 첫 번째 사람입니다." 승리하기 위해 최고의 경기를 해야 할 때, 사람들은 이기는 것만이 중요하다고 생각하기 시작한다. 모든 사람이 그렇게 생각하기 쉽지만, 이기는 것이 전부는 아니다. 하지만 나는 당신이 골프장에 나가서 얼마나 좋은 경기를 할 수 있는지 도전해보고 두려움 없이 자신감을 가지고 플레이하기를 바란다. 그리고 잘 풀리지 않더라도 상관없다고 받아들여라. 당신은 최선을 다해 도전했기 때문에 여전히 후회 없이 자신답게 살 수 있다.

그러나 그것을 추구하는 동안 이기는 것을 생각하지 않아야 한다. 결과를 생각하기보다는 현재에 집중하며 과정만 생각해야 한다. 이는 마치 위대한 멕시코 출신의 로레나 오초아가 투어에 있을 때 골프에 대해 또는 삶에 대해 접근하는 방법과 비슷하다. 그녀는 2020년 여름 골프 다이제스트에서 다음과 같이 설명했다. "저는 매일 모든 것을 분석했습니다. 생각하는 법, 걷는 방법, 캐디와 소통하는 법, 캐디가 답하는 법, 캐디가 나를 바라보는 법, 리듬에 관한 것 등 제가 중요하다고 생각하는 세부적인 것들을 고민했습니다." 로레나는 자신의 경력 혹은 인생을 위해 다른 사람들의 기대에 부응하는 삶을 살지 않았고, 오로지 자신의 마음을 따랐기 때문에 선수 생활을 하면서도 경쟁으로부터 벗어날 수 있었고 용기를 가질 수 있었다.

나는 이러한 로레나의 태도에 감탄한다. 1930년 보비 존스처럼 로레나 역시 정상에 있었던 28세에 은퇴했다. 그녀는 은퇴한 것에 대해 후회하지 않는다고 말한다. 로레나는 2번의 메이저 대회 우승과 27번의 투어 우승 그리고 4년 연속 롤렉스 올해의 선수에 선정된 후 LPGA 명예의 전당에 헌액되었다. 멕시코에서 3명의 아이들과 함께 가정을 꾸린 그녀는 과달라하라에 재단을 설립하여 소외된 아이들을 위한 학교를 운영하는데 집중했다. 로레나는 이 일을 가장 자랑스러워한다. 그녀는 이렇게 말했다. "제가 경기를 잘할수록 더 많은 것을 돌려줄 수 있었고, 재단을 설립하여 더 많은 아이들을 도와줄 수 있습니다. 이 재단은 제가 경기할 때 항상 동기부여가 되었습니다. 지금까지 우리 학교를 거쳐 간 아이들이 5천 명이 넘습니다. 우리는 많은 사람들의 삶에 영향을 미쳤습니다. 신은 그들을 돕기 위해 저에게 골프를 잘할 수 있는 기회를 주셨습니다. 그것은 특별한 것이고, 저는 그 일을 계속할 것입니다."

마지막으로 골프와 삶에 적용되는 최고의 교훈을 생각해본다면, 나는 언제나 게리 버크헤드가 생각난다. 나의 학생이자 친구인 게리는 믿을 수 없을 정도로 재능이 있고 의욕이 넘치는 사람이다. 게리에 관한 이야기는 이전 챕터에 이미 자세히 소개했다. 게리는 59세에 새로운 도전이 필요하다고 생각했다. 그는 핸디캡 18에서 2로 가는 것을 목표로 했고, 체계적인 시스템 안에서 믿을 수 없을 만큼 노력해서 그것을 성취했다. 그는 골프 지도자, 체력 트레이너, 영양사 그리고 나와 함께 하루 6~8시간, 일주일에 6일 동안 훈련했다. 그리고 쇼트 게임에 몇 시간씩 투자하는 날이 많았다.

그는 플로리다와 케이프 코드에서 열린 시니어 챔피언십에서 여

아놀드 파머의 사무실에 걸려있는 어록

당신이 할 수 있다고 생각하든
할 수 없다고 생각하든
아마도 생각한 대로 될 것입니다.

만약 패배할 것이라고 생각하면 패배할 것이고,
할 수 없다고 생각하면 할 수 없을 것입니다.
승리를 원하지만 승리할 수 없다고 생각하면
틀림없이 승리하지 못할 것입니다.

성공은 미지의 세계로부터 자신의 의지와 함께 시작된다는 것을 알게
될 것입니다.

모든 것은 마음에서 시작됩니다.
자신이 우월하다고 생각하면 우월해질 것입니다.
목표를 달성하려면 높은 곳을 생각하며 자신을 믿어야 합니다.
인생의 성공은 항상 더 강하고 더 빠른 사람에게 가는 것은 아닙니다.
조만간 혹은 나중에 승리하는 사람은 바로 '할 수 있다'고 믿는 사람입
니다.

러 번 우승하면서 자신의 목표를 달성했다. 이런 과정에서 그는 사업에
서 크게 성공하도록 만든 원칙들을 결코 잊지 않았다. 그는 『멋진 인생』
이라는 제목으로 자신의 삶과 경력에 대한 책을 썼다. 그 책은 오직 자
녀들과 손자들을 위한 것이었다. 책의 내용은 피델리티 인베스트먼트의
부회장으로 퇴임할 때까지 보험과 금융업을 통해 얻은 원칙과 교훈으

로 구성되었으며, 아칸소 리틀 록에서 태어나 콜롬비아와 하버드를 졸업하며 성공한 삶 전반의 이야기를 소개했다. 책의 마지막 부분에서 그는 '세상에 접근하기, 자신을 드러내기, 의미 있는 인생 살아가기'와 같은 삶의 교훈에 대한 내용을 몇 페이지에 걸쳐 기록했는데, 그 중 일부는 다음과 같다.

- 높은 목표를 세우고 목표 달성을 위해 계획을 세워라.
- 실패에 대한 두려움을 극복하라.
- 직접 보고 느껴라. 그리고 관계를 구축하기 위해 일정한 거리를 두어라.
- 힘든 일을 대신할 수 있는 것은 없다.
- 마약, 술, 담배를 멀리하라.
- 모든 사람들을 존중하라.
- 스트레스를 해소하기 위한 긍정적인 방법을 찾아라.
- 좋은 마음가짐을 연습하라.
- 항상 옳은 일을 하라.

게리는 '항상 최선을 다하라'라는 제목으로 이 책의 주제와도 연관된 내용을 서술했다. 게리는 생애 최고의 샷을 만들면서 다음과 같은 내용을 기록했다. "중요한 목표가 아닐지라도 최선을 다하는 것이 중요하다. 시간이 흐르면서 최선을 다하는 것은 습관이 된다. 자신을 속이지 않았다는 사실에 만족하게 된다. 게다가 주변 사람들이 자신에게 의지할 것이다. 이런 의미에서 최선을 다하는 것은 사람들과 관계를 맺는데 도움이 된다. 나의 친구 중 일부는 레슨을 받거나 연습을 더 자주 한다면 골프를 더 잘할 수 있을 것이라고 말한다. 하지만 그들은 최선을 다해도 훌륭한 골퍼가 되지 못할 것 같은 두려움 때문에 진심으로 전념하지 않는다. 두려움이 오늘날 최고의 골퍼인 타이거 우즈, 브룩스 켑카, 로리 맥길로이만큼 되기 위해 최선을 다하려는 자신을 방해하지 않아야 한다. 내가 그들이 될 수 없다. 나는 내가 할 수 있는 한 최선을 다한다는 것에 만족한다. 항상 최선을 다하라. 그러면 어떤 수행을 하든 이런 종류의 만족감을 느끼게 될 것이다."

미식축구선수 드마커스 워커가
플로리다 주립대에서 어떻게 뛰어난 활약을 했는가?

드마커스 워커가 플로리다 주립대에서 경기할 때(현재는 덴버 브롱코스에 뛰고 있다.) 'USA Today'와의 인터뷰에서 이렇게 말했다. 그는 혹독한 플로리다 여름에 자신의 몸을 너무 혹사시켜서 종종 구토를 했다. 그는 이 시즌을 '토하는 월요일'이라고 불렀다(이 훈련은 학교에서 진행한 것이 아니고 스스로 한 것이다). 드마커스는 평범한 선수에서 팀의 최고 수비수로 성장했다. 그는 자신이 최고가 되고 싶다고 말했기 때문에 토가 나올 정도로 열심히 운동했다. 그가 말했다. "저는 기술이 완벽해지고 점점 발전하는 것이 좋습니다. 저는 고통을 싫어하지만 즐거움을 소중하게 생각합니다. 승리를 위한 희생은 얼마든지 감당할 수 있습니다." 이것은 특별한 마음가짐이다. 무언가를 간절히 원하고 확실한 믿음을 가지고 있다면 그런 종류의 고통은 자발적인 마음과 함께 견딜 수 있다. 그것은 드마커스의 직업윤리와 최고를 향한 추진력 있는 자신감에 대해 많은 것을 말해준다.

인생에 대한 게리의 조언은 큰 꿈을 품고 살아갈 수 있도록 해준다. 다음은 내가 좋아하는 게리의 조언이다.

– 자존감을 정확히 측정하라

우리는 사람들이 우리를 어떻게 생각하고, 우리의 성공을 어떻게 바라보는지에 관심을 둔다. 그러나 다른 사람들의 인식과 기대가 자신을 어떻게 바라보고 평가하는지를 결정하면 안 된다. 자신에게 중요한 것이 무엇인지, 성취하고 싶은 것이 무엇인지, 자신에게 의미 있는 일이 무엇인지를 생각하라. 정기적으로 자신을 돌아봐야 한다. 실천을 잘 해나간다면 자신의 삶이 어떻게 진행되고 있는지, 자신의 기대에 부응하고 있는지를 적절히 판단할 수 있다.

– 겸손하라

겸손은 시간이 지남에 따라 교만보다 훨씬 더 나은 지위를 갖는다. 자신의 업적이 자연스럽게 드러나도록 하라. 사람들에게 자신이 얼마나 대단한지 말하기보다 다른 사람들의 성과를 존중하라. 그러면 많은 사람들로부터 존경과 칭찬을 받게 될 것이다. 소셜 미디어는 겸손을 방해한다. 페이스북, 인스타그램, 스냅챗, 트위터 등의 소셜 플랫폼은 다른 사람들로부터 관심을 받기 위해 사용된다. 기억하라. 인생에서 자신이 성취한 것에 대해 겸손한 사람들은 결국 가장 큰 존경을 받게 된다.

– 정직과 신용을 유지하라

정직과 신용은 성격의 측면에서 가장 가치 있는 것이다. 그런 기질에 손상이 간다면 사람들은 결코 잊지 못할 것이다. 그들은 자신에 관한 생각을 바꿀 것이다. 약속한 일은 꼭 지켜야 하며 항상 진실을 말해야 한다. 자신에게 정직과 신용이 최고의 자산이 된다면 좋은 보상이 따라올 것이다.

- 잘 먹고 운동하라

영양은 체력과 함께 어떻게 느끼는지, 어떻게 수행하는지에 중요한 역할을 수행한다. 영양에 대해서 공부해야 한다. 나의 아내 던과 나는 건강 상태를 체크하기 위해 영영사의 도움을 받는다. 패스트푸드는 가능한 한 피하는 것이 좋다. 나는 마라톤을 2번 뛰었다. 그리고 무릎이 더 이상 허락하지 않을 때까지 날마다 조깅을 한다. 현재는 일주일에 3번 정도 뛴다. 나는 트레이너와 함께 근력운동과 유산소운동을 한다. 이런 운동은 정말 큰 차이를 만든다. 자신의 몸을 아끼고 매일 건강에 신경 써야 한다.

- 가장 중요한 것은 가족이다

돌이켜보면, 나는 내가 일하는 동안 가족과 함께 많은 시간을 보내지 못한 것이 후회된다. 전립선암에 걸렸을 때 나는 우선순위를 다시 생각했고, 가족이 다른 무엇보다 중요하다는 것을 깨달았다. 가족은 사랑, 지지, 가치 교육, 도와주기, 성공 축하, 좌절에 대한 대처, 우정 등 아주 많은 것에 대한 기반이다. 가족 구성원들이 서로에게 헌신하는 것은 우리 모두의 삶을 풍요롭게 한다.

마지막으로 나는 다음의 조언이 누구에게나 적용될 수 있고, 누구나 실천할 수 있는 최고의 지침이라고 생각한다.

– 자신이 사랑하는 일을 하라. 자신이 하는 일을 사랑하게 될 것이다

자신의 강점과 흥미 위주로 인생 계획을 세우는 것은 아주 좋은 생각이다. 만족스러운 삶을 살 수 있을 것이다. 더 열심히 일하게 되고, 일한 만큼 보람을 느낄 것이다. 자신이 사랑하는 일을 하게 되면 누구보다 더 잘하게 될 것이다. 나는 약속할 수 있다. 자신이 하는 일을 사랑한다면 분명히 더 큰 행복을 얻을 수 있다. 그 누가 행복하고 싶지 않겠는가?

역사상 가장 위대한 권투 선수인 무하마드 알리가 35세의 나이에 은퇴를 생각하면서 한 말이 있다. "신은 제가 조 프레이저나 다른 선수들을 이겼기 때문에 저를 칭찬하지 않습니다. 신은 우리가 서로 얼마나 돕고 사는지 알고 싶어 합니다. 저는 우리가 심판받을 것이라고 믿습니다. 부동산을 늘리고 사업을 한다고 우리가 천국에 갈 수는 없습니다. 신은 우리가 서로 어떻게 돕는지 알고 싶어 합니다. 그래서 저는 저의 명성과 인기를 사용하여 자선단체를 지원하고, 사람들을 돕고, 사람들을 화합시키는 데 저의 삶을 바칠 것입니다." 알리는 이 서약을 지켰다. 알리는 많은 자선단체와 전 세계를 위해 자신의 이름을 빌려주었고, 함께 시간을 보냈다. 특히 메이크어위시 재단Make-a-Wish Foundation 과 스페셜 올림픽에 많은 도움을 주었다. 알리는 이렇게 말했다. "저는 항상 권투 선수에 그치지 않고 그 이상의 존재가 되고 싶었습니다. 3번의

241

헤비급 챔피언 이상으로, 모든 사람들이 잘 알고 있는 저의 얼굴과 저의 이름을 사용하여 전 세계 사람들에게 희망을 주고 응원을 해주고 싶었습니다." 게리 버크헤드가 말했듯이 알리는 옳은 일을 했다.

> 자신이 무언가를 하기 전에
> 자신이 큰 일을 할 수 있을 것이라고 기대해야 한다.
> – 마이클 조던

1980년대부터 나와 함께 해온 톰 카이트는 항상 옳은 일을 하는 또 한 명의 사람이다. 우리가 처음 만났을 때 톰은 "알다시피 저는 목표 대신에 꿈에 대해 말하는 것이 너무 좋습니다"라는 말을 했다. "왜 그럴까?" 하는 내 질문에 톰이 말했다. "제가 어렸을 때, 어른들은 목표가 있어야 한다고 말했습니다. 제가 그것을 이루면 착한 아이가 되어 칭찬을 받았을 것이고, 목표를 이루지 못한다면 나쁜 아이가 되어 매를 맞았을 것입니다." 톰은 나를 보며 말을 이었다. "하지만 꿈은 저의 모든 것입니다. 꿈은 제 삶의 신념입니다. 제가 은퇴 후에도 활짝 웃는 모습으로 아침마다 꿈을 쫓아야 한다고 말할 수만 있다면 저는 행복한 사람으로 죽을 것입니다. 제가 얼마나 많은 트로피를 모았는지, 얼마나 많은 돈을 벌었는지는 중요하지 않습니다. 그것이 내 인생의 전부입니다."

톰이 증명하듯이, 나는 지난 몇 년 동안 선수들과 함께한 모든 일을 통해 꿈은 단지 사람들의 머릿속에 있다는 것을 배웠다. 모든 사람들은 작은 마을, 큰 도시, 이 나라 혹은 다른 어떤 나라든 엄마로부터 태어난 사람에 불과하다. 누구나 삶을 위해서 자신만의 아이디어를 만들어 낼 수 있다. 삶은 자신의 것이기 때문에 반드시 자신의 신념을 믿고 현명한 선택을 해야 한다. 그리고 열정을 갖고 그 신념을 따라야 한다.

기억하라. 인생에서 스포츠는 단지 게임일 뿐이고, 즐기다 보면 훨씬 더 잘하기 마련이다. 삶을 너무 심각하게 생각하지 않아야 한다. 명심하라. 어차피 어느 누구도 영원히 살 수는 없다.

나가는 말

낙천주의자는 모든 난관에서 기회를 찾아낸다.

-윈스턴 처칠

나의 삶은 인간의 잠재력을 발견하고, 재능을 발굴하며, 용기를 북돋아 주는 일로 채워졌다. 나는 많은 선수들에게 어떤 사람이 될 것인지, 어딜 향해 가고 싶은지에 대한 비전을 가져야 한다고 가르쳤다. 반대하는 사람들을 거부할 수 있어야 하며, 그 과정에서 많은 좌절을 극복할 수 있을 만큼 충분히 강해져야 한다고 가르쳤다. 또한 불가능하다고 생각하는 일을 누군가 해내기 전까지 어떤 것도 불가능해 보일 수 있다고 가르쳤다. 하지만 불현듯 이뤄낼 수도 있고, 어쩌면 그것을 해내는 첫 번째 사람이 되어야 할지도 모른다고 가르쳤다. 자신이 그 길을 이끌어 가는 사람이 될 수도 있다.

나와 함께 했던 많은 골프 선수들 또는 다른 종목의 운동선수들이 말했을지도 모르지만, 나는 자기 자신을 믿는 법을 가르치는 것이 좋다. 이는 분명한 사실이다. 진정으로 자신을 믿을 때 다음 샷을 생애 최고의 샷으로 만들 수 있다. 자신이 하는 일을 완수할 수 있도록 능력에 대한 최대치의 자신감을 갖는 것이 목표가 되어야 한다. 나는 선수들이 가능한 것은 무엇인지 알고, 불가능이라는 단어는 존재하지 않는다는 것을 이해할 때 큰 만족감을 느낀다. 다른 누군가가 자신을 믿는 것보다 스스로 믿는 것이 더 가치 있다는 점, 나는 이 사실을 가르치는 것이 좋다. 나는 사람들에게 진정한 믿음이 무엇인지, 전념과 헌신이 무엇을 의미하는지 가르치는 것이 좋다. 사람들에게 불안을 떨치고, 두려움 없이 경기한다는 게 무엇을 의미하는지 가르치는 것이 좋다. 또한 '자기 자신을 방해한다는 것에서 벗어나기'가 무엇을 의미하는지, 그저 좋다고 하는 말이 최대의 적이라고 가르치는 것이 좋다.

나는 선수들이 성공을 위해 수천 시간, 수백 일을 투자한 후 결과에 대해 죄책감을 느끼지 않도록 가르치는 것이 좋다. 또한 그들에게 큰 승리를 거둔 후에도 다음 날 아침에 일어나 처음부터 다시 시작해야 한다는 점을 가르치는 것이 좋다. 나는 선수들에게 얼마나 잘할 수 있는지 열심히 노력하면서 또한 즐거움을 가지는 것이 가능하다는 사실을 가르치는 것이 좋다. 나는 선수들에게 경기가 잘 안된 날에도 무언가를 배울 수 있다는 사실이 중요하다는 점을 가르치는 것이 좋다. 그런 뒤 그런 날은 머릿속에서 지워버린다. 나는 선수들에게 다른 선수들의 방법과 꽤 차이가 있을지라도 자신을 위한 방법을 찾도록 용기를 내고, 기꺼이 그 방법대로 해야 한다고 가르치는 것이 좋다. 나는 선수들에게 경기하는 동안 결과에 대해 생각하지 않고, 과정 지향적인 태도로써 결과를 얻어야 한다는 점을 가르치는 것이 좋다.

나는 나와 함께 하는 모든 선수들이 최고가 되도록 노력한다. 나의 마음속에는 선수들을 완전하게 새로운 수준으로 끌어올리는 방법이 있다는 믿음이 있다. 나는 종종 자신들에게는 보이지 않을지도 모르는 재능을 그들에게서 보곤 한다. 나는 선수들과 일할 때 마치 시간이 멈춰 있는 듯하고, 그것이 아무 문제가 되지 않음을 느낀다. 나는 보통 아내가 귀띔해 줄 때까지 점심시간을 잊기도 하고, 학생들에게 간식을 줘야 할 시간도 지나친다. 나는 사람들 자신이 할 수 있다는 것을 깨닫게 해줌으로써 그들을 매료시키는 일이 좋다.

나는 스포츠 심리학자로서 경력 초기에 빈스 롬바르디가 그린베이 패커스 팀 전체를 자신의 집으로 초대해 뒷마당에서 가족과 함께 음식을 먹으며 즐거운 시간을 보낸다는 것을 알았다. 그가 이런 활동을 팀워크라고 부르지는 않았지만 그런 활동에 어떤 의미가 있는지 알고 있었다. 롬바르디는 팀원들이 함께 하는 시간이 얼마나 중요한지를 느끼고 있었다. 아마도 그는 경기장에서 코칭을 하는 것보다 그런 시간이 더 중요하다고 느꼈을지도 모른다. 나는 또한 토머스 제퍼슨이 버지니아 대학과 학교의 중심지인 잔디광장The Lawn을 디자인한 것에 영향을 받았다. 그곳은 원래 대학이 있었던 땅이었다. 그래서 모든 학생들은 1층에 있었고, 교수들은 2층에 있었다. 제퍼슨은 가장 중요한 배움은 교실 밖에서 이루어진다고 믿었다. 롬바르디와 제퍼슨은 나의 선수들이 버지니아에 있는 내 집으로 와서 머물도록 하는데 가장 큰 영향을 준 사람들이다.

나는 나에게 지도받는 많은 선수들이 이틀 동안 나와 함께 지내면 좋겠다고 생각했다. 나는 이것이 아무런 방해 없이 의미 있는 진전을 이룰 수 있는 최고의 방법이라는 사실을 깨달았다. 지금도 여전히 그렇게 하고 있다. 이 방법은 선수들이 신뢰를 갖고, 자신감을 획득하며, 현재에 집중하는 법을 배우고, 자신의 재능을 믿고, 궁극적으로 자신의 꿈을 이뤄내는 방법을 알아낼 수 있는 아주 기막힌 방법이다.

많은 사람들은 자신에게 큰 재능이 있다는 사실을 인정하는 데 두려움을 갖는다. 나는 항상 이 사실을 흥미로워했다. 사람들은 수행을 잘하지 못했을 때, 틀림없이 자신의 부족함이라고 여긴다. 그래서 재능이 없는 척하는 것이 더 안전하다고 느낀다. 나는 놀라운 이 현상을 자주 보고 그들을 깨우치기 위해 열심히 노력한다.

나는 평생토록 골퍼들이 자신감을 갖도록 또는 자신을 믿고, 자신의 기술을 믿도록 하기 위해 시간을 보내왔다. 하지만 이런 자신감은 지속적이고 부지런한 노력을 통해 얻어지는 그 능력에 바탕을 두어야 한다. 자신감은 쉽게 얻어지지 않는다. 큰 노력 없이는 좀처럼 오지 않는다. 적어도 골프라는 이 멋진 게임에서는 그렇다. 자신감은 반드시 두려움 속에서 도전을 통해 획득되어야 한다. 이러한 과정을 통해 자신감은 더욱 커지면서 더 오래도록 지속된다. 선수들은 시간과 에너지를 쏟아부으며 골프를 잘하기 위해 애쓰지만 여전히 시합에서 자신의 기술을 믿는 것에 어려움을 겪고, 자기 자신을 믿지 못해 힘들어한다. 나는 이런 선수들을 돕는 것에 가장 큰 만족감을 얻는다. 스스로를 신뢰하고 기술에 믿음을 가지는 것은 자신의 선택이다. 선수들이 그 사실을 깨우칠 때 보람을 느낀다.

열심히 노력하여 좋은 기술을 가진다고 해서 자신감이 보장되는 것은 아니다. 하지만 좋은 기술을 가졌다는 것은 자신감을 획득하기 위한 훌륭한 출발을 의미한다. 대부분 최고의 선수들이 가진 자신감은 기술 개발의 결과로써 정당화된다. 일반적으로 체계적이고 꾸준하게 준비할 때 오래 지속되면서 바위처럼 단단한 자신감이 생성된다. 이런 방식으로 개발되지 않고, 학습되지 않은 자신감은 보통 반짝하거나 오래가지 못한다. 자신감은 시간과 에너지를 바탕으로 생성된다는 것을 명심해야 한다. 기술과 자신감을 개발하는 데 시간이 좀 걸린다고 해서 답답해하지 않아도 된다. 이는 최고의 선수들은 물론 대부분의 선수들이 거치는 과정이다.

나는 매일 내가 하는 일에 최고가 되기 위해 노력한다. 나 역시 많은 에너지가 소모된다. 보통은 하루가 끝나면 녹초가 된다. 하지만 다음 날 아침 다시 일을 시작하는 것이 너무 기다려진다. 나는 매일 선수들을 만날 때, 마치 미래의 '최고 선수'가 될 것처럼 대해준다. 내가 미래의 스타가 될 새로운 선수와 언제 만날지는 알 수 없다. 선수들은 종종 자신의 게임을 성장시키기 위해 나와 함께 2~3일을 보내거나 수많은 전화 통화를 한다. 이렇게 나를 믿어준 선수들에게 감사한 마음이다. 한편으로는 이 일을 평생토록 해왔다는 것은 정말 믿기 어렵다. 나는 매우 의욕적이고 재능 있는 많은 선수를 가르쳐왔다. 내가 이런 선수들을 가르치면서 나의 꿈을 펼칠 수 있는 기회를 가졌다는 것은 감사한 일이며 축복이다.

나는 누군가와 일할 때 내가 정확히 무엇을 원하는지, 정확히 무엇을 찾는지 알고 있다. 때로는 선수가 나를 믿지 않을 때도 있다. 그러나 내가 선수들을 설득하고, 좋은 태도를 갖도록 믿음을 주고, 마침내 선수들로부터 다짐을 받는 날이 올 때면 감동이 벅차오른다. 내가 꾸준히 보는 것은 선수들이 기회가 왔을 때 최상의 정신 상태로 그 기회를 잡아내며 최고의 선수가 되는 것이다.

선수들이 자신의 꿈을 이뤄내고, 큰 경기에서 우승하며, 행복하고 건강한 삶을 영위하도록 돕는 일에는 언제나 기쁨과 보람이 있다. 하지만 당연히 잘할 것이라고 생각되는 선수들 혹은 모든 사람들이 기대하는 영재들을 돕는 것에 비해 아무도 성공하지 못하리라 생각했던 늦깎이 선수들을 도울 때는 또다른 기쁨이 있다. 이런 선수들에게는 각자 다른 문제가 있고, 다른 어려움이 있으며, 이에 따라 다른 도전이 필요하다. 나의 인생에서 가장 큰 기쁨 중 하나는 그들이 골프와 삶에서 꿈꾸어 왔던 것을 이루고, 장기적으로 성공을 거둘 수 있도록 돕는 것이다. 자신의 목표를 최대한 높게 설정하고, 내가 이 책에서 제시한 방법들을 실천하며, 항상 생애 최고의 샷을 만들기 위해 최대한 노력한다면 나는 당신이 자신만의 게임으로 최고의 성공으로 이르는 길을 찾을 수 있다고 확신한다.

나의 삶은 나의 일과 놀이, 내 가족과 친구들 그리고 신에 대한 믿음이 전부이다. 나는 모든 제자를 가족처럼 대한다. 그것은 나의 기쁨이다. 나는 항상 가족과 고객을 위해 시간과 에너지를 사용한다. 나는 훌륭하신 부모님, 사랑하는 이모와 삼촌 그리고 조카들, 사랑하는 나의 멋진 아내 달린과 딸 케이시 그리고 사위 마이클과 8명의 손자들, 이 모든 사람들과 함께 축복받은 삶을 살아왔다. 나는 운이 좋은 사람이고, 좋아하는 일을 하고 꿈을 이루면서 기쁨이 넘치는 삶을 살고 있다.

감사의 말

나의 이전 책들처럼 감사의 말을 전해야 할 사람들이 많다. 나는 이 시대 최고의 골퍼들과 지도자들로부터 배우고 가르칠 수 있는 소중한 기회를 가졌으며, 그들 대부분은 이 책에 언급되었다. 나는 그들 모두에게 감사의 말을 전한다. 또한 아래 기재된 사람들에게도 감사의 말을 하고 싶다. 편집자 마이클 바루찌니, 에이전트 라페 사갈린의 안내와 지원에 감사한다. 서밋 브랜즈뿐만 아니라 아쿠쉬네트와 타이틀리스트 임직원에게도 감사한다. 그들은 나를 위해 항상 함께 해주었다. 그리고 지난 40년 동안 나의 일을 도와준 골프 다이제스트와 이 책의 완성을 위해 애써준 사이먼 앤드 슈스터 출판사의 스테파니 프레리치와 에밀리 시몬슨에게도 감사의 말을 전한다.

옮긴이의 말

밥 로텔라 박사의 책을 세 권째 번역한다. 첫 번째 책인 『Your 15th Club 한국어판 『열다섯 번째 클럽의 기적』을 처음 읽었을 때 번역 출판에 대한 욕심이 일어났다. 이 책을 수업 교재로 쓰면서 제자들과 함께 보면 참 좋겠다는 생각을 하기도 했지만, 무엇보다 나는 평소 로텔라 박사를 멘탈 코치로서 존경해왔고, 골프 멘탈에 대해서 누구보다도 큰 관심을 가지고 있었기 때문이다. 하지만 나는 번역 전문가가 아니었기에 과연 이 책을 번역할 수 있을까 하는 의심이 앞섰다. 그래서 영어 공부를 새로 시작하는 마음으로 번역에 도전했다. 하지만 시간이 지날수록 패기 넘쳤던 처음의 각오와 달리 많은 어려움에 부딪쳤다. 때때로 한 문장을 가지고 몇 시간씩 씨름해야 했고, 동냥젖 얻듯 영어 좀 한다는 사람들에게 묻기 바빴다. 한 장 한 장 넘기는 것이 마치 가파른 산 정상을 향한 무거운 발걸음과 같았다.

이런저런 스트레스 때문에 중도 포기를 고민하기도 했다. 하지만 인내심으로 버텨냈고 마침내 끝을 보고 말았다. 첫 번역서 출간이라는 감격을 맛보면서 함부로 번역에 손을 대서는 안 되겠다고 생각했다. 하지만 두 번째 책 『The Unstoppable Golfer 한국어판 『밥 로텔라의 쇼트 게임 심리학』』의 존재를 알고 난 후, 나는 알 수 없는 힘에 이끌려 또다시 인고의 시간을 자처했다. 글로써 모두 표현할 수 없는 고통을 감내하며 2년이라는 시간을 보냈다. 나는 또다시 번역은 이제 그만 하겠노라고 다짐했다.

그런데 이게 무슨 운명의 장난인가. 그 사이 로텔라 박사가 신간을 내놓았다. 잠시 야속한 마음이 들었다. 하지만 그 야속함은 당연히 내가 해야 하는 일로 여기는 마음의 결정이었다. 마치 로텔라 박사가 '놀 시간이 어딨냐'는 듯, 이 책은 나에게 던져준 숙제처럼 느껴졌다. 나는 끔찍한 출산의 고통을 겪으면서 다시는 아이를 갖지 않겠다고 다짐한 어느 아기 엄마의 변덕처럼 언제 그랬냐는 듯 망설임 없이 번역에 착수했다. 여전히 번역하는 과정은 고통스러웠다. 하지만 두 번의 경험 때문인지 영어와의 싸움이 두렵지 않았다. 오히려 로텔라 박사를 다시 만나는 기쁨, 세계 최고의 골프 멘탈 강의를 듣는 설렘, 내가 로텔라 박사 책을 번역할 수 있다는 영광, 온갖 긍정적인 마음이 가슴을 채웠다.

그렇다. 나에게 로텔라 박사는 스승이다. 한 번도 만나지는 못했지만 그는 나에게 가르침을 주기도 하고, 격려를 해주기도 한다. 때로는 나를 지지해주며 나에게 커다란 자신감을 심어준다. 지구 반대편에서 나와 똑같은 일에 기뻐하고 감동하며 살아가는 사람이 있다는 사실만으로도 나에게 큰 힘이 된다. 때로는 코칭에 실패하며 자책하는 순간이 와도 로텔라 박사의 존재로서 위안이 된다. 내가 로텔라 박사의 책을 주저 없이 번역해야 한다는 의무감을 가질 수 있는 이유가 여기에 있는 듯하다.

로텔라 박사는 자신의 일을 자랑스러워하며, 선수들과 함께 시간 가는 줄 모르고 일한다. 그리고 일을 통해 보람과 기쁨을 가진다고 말한다. 나 역시 선수들에게 자신을 믿는 법을 가르침으로써 선수 개개인의 재능을 발굴하고, 잠재력을 끄집어내는 일이 매우 흥미롭다. 선수들에게 용기를 북돋아 주고, 실패에 좌절하지 않도록 하며, 도전을 즐기도록 돕는 일은 나에게도 보람된 일이며, 가슴 벅찬 일이 아닐 수 없다. 자신감이 없는 선수가 자신감을 갖는 일, 깊은 슬럼프에서 빠져나오는 일, 불안으로 가득 찬 마음에서 희망을 꽃피우는 일은 마치 무에서 유를 창조하듯 그 무엇보다도 감동스럽고 기쁘다. 그것은 마치 기적과 같다. 나와 함께한 선수들로부터 이런 감정들을 느낄 때마다 '멘탈 코치하길 잘했다'라는 생각이 든다. 이 자리를 빌어 그동안 나와 함께한 모든 선수들에게 고마운 마음을 전하고 싶다.

이 책의 번역이 끝나갈 무렵, 4년 동안 코칭을 해왔던 제자가 처음으로 KLPGA 정규투어 시드전을 통과하는 기쁨을 맛보았다. 1부 투어 진출은 모든 골프 선수의 열망이자 꿈이기에 그 기쁨은 다른 시합에서의 성과보다 컸다. 하지만 많은 선수들이 그렇듯 이 선수 역시 골프에 대한 부담감과 스트레스 때문에 힘든 나날을 보냈다. 코칭 과정에서 골프를 포기한 적도 있었다. 훈련도 열심인 선수였기에 주위를 안타깝게 했다. 이렇게 아무리 열심히 노력해도 계속해서 원하는 성적이 나오지 않을 때 선수는 자책감, 죄책감, 무기력감, 후회 등 온갖 부정적인 마음으로부터 헤어 나오지 못한다. 그리고 결국 마음의 상처를 입고 선수 생활을 접는다. 선수에게 자신에 대한 믿음을 심어주고 다시 도전하도록 설득하는 것이 쉽지는 않았지만, 나는 이 선수로부터 "다시 해보겠다"는 다짐을 받아냈다. 그리고 4년 후 마침내 그토록 자신이 바라왔던 일을 이뤄냈다. 불가능하다고 여겼던 일이 가능하다는 것을 느꼈을 때 선수는 비로소 긍정적인 마음으로 세상을 바라보는 관점을 바꾸게 된다. 2023년을 맞이하면서 나는 또 한 편의 드라마를 썼다. 로텔라 박사처럼 나 역시 나의 일에 큰 보람을 느낀다.

골프의 길은 참으로 험난하다. 무턱대고 열심히 한다고 성공하는 것도 아니고, 특별한 레슨을 받는다고 해서 성공하는 것도 아니다. 경험이 많거나 완벽한 연습조건이 갖추어져 있다고 해서 성공하는 것도 아니다. '노력은 배신하지 않는다'는 말이 있지만, 이는 성공한 사람들이 자신의 노력을 치켜세우기 위해 하는 말일 뿐이다. 어떤 노력이어야 하는지 그 방향과 내용이 중요하지 않을 수 없다. 골프에서 단순한 양적인 노력은 완벽하게 배신할 수 있다. 멘탈 코칭을 받고자 나를 찾아오는 선수들의 반 이상은 하나같이 열심히 노력하는 선수이고, 여기저기 유명한 지도자로부터 레슨을 받았던 선수들이다. 그들은 마지막 지푸라기라도 잡는 심정으로 나를 찾아온다.

많은 노력에도 불구하고 상처받는 선수들은 골프에서 무엇이 중요한지, 자신이 무엇에 집중해야 하는지 알지 못한다. 그들은 '왜 남들처럼 잘 안되는지' '나는 소질이 없는 것인지' '레슨이 부족한지' 등등의 신세한탄과 함께 괴로운 시간을 보낸다. 골프를 하다 보면 뜻대로 잘되지 않는 상황이 오기도 하고, 실력이 정체되거나 퇴보하는 경우도 있다. 그들이 이 순간 깨닫지 못하고 있는 커다란 교훈은 지금 겪고 있는 힘겨운 시간들이 성공으로 가는 중요한 시행착오 과정이라는 점이다. 그저 실패한 게임에 실망과 신세한탄만 하고 있다간 그 교훈을 놓치고 말 것이다. 골프에 지친 선수들은 잠시 채를 내려놓고, 자신이 가고 있는 골프의 길을 되돌아봐야 한다. 그리고 새로운 방향 설정에 주저하지 않아야 한다.

골프에서의 실수와 실패는 자신만의 기준을 만들어가는 중요한 정보이다. 어쩌면 골프는 누가 더 실패를 잘 이용하느냐의 게임인지도 모른다. 로텔라 박사는 실패와 좌절을 긍정적으로 받아들이는 태도는 멋진 기술이며, 실패의 경험을 잘 헤쳐나간다면 더 강해질 것이고, 그 실패에 대해 오히려 감사한 마음을 갖게 될 것이라고 말한다. 그리고 위대한 골퍼가 되고자 한다면 역경을 소중히 여기고, 나쁜 것도 자신의 운명처럼 받아들여야 한다고 말하고 있다. 로텔라 박사는 골프의 길을 정확히 안내해주고 있다. 골프로 힘든 시간을 보내고 있는 선수라면 이 책의 내용에 주목하며 꼭 실천하길 바란다. 불가능을 가능으로, 무에서 유를 창조하며, 좌절이 희망으로 바뀌는 엄청난 경험을 할 수 있을 것이다.

끝으로 번역에 도움을 주신 이소미 선생님과 나의 제자 앤디 강 선수에게 감사한 마음을 전한다. 그리고 책을 출판할 수 있도록 도움을 주신 예문당의 임용훈 대표님과 전민호 편집장님께도 감사의 뜻을 전한다.

한국의 '밥 로텔라'를 꿈꾸며
골프멘탈코치 이종철